U0936300

珍藏本·增订本

纪念版

汉译世界学术名著丛书

城市

——有关城市环境中人类行为研究的建议

〔美〕罗伯特·E.帕克
欧内斯特·W.伯吉斯 著

杭苏红 译

张国旺 校

商务印书馆
The Commercial Press

Robert E. Park and Ernest W. Burgess

THE CITY

Suggestions for Investigation of Human Behavior in the Urban Environment

根据美国芝加哥大学出版社 2019 年版译出

汉译世界学术名著丛书
（120 年纪念版·珍藏本）
增订本出版说明

2017 年 10 月，为纪念商务印书馆创立 120 周年，本馆推出"汉译世界学术名著丛书"（120 年纪念版·珍藏本），计七百种。近五六年来，仰赖学界同人倾力支持，订正旧译，增补新译，拓展新著，积累日多。为满足读者需要，本馆在七百种的基础上，继续推出"汉译世界学术名著丛书"（120 年纪念版·珍藏本·增订本）三百种。至此，"汉译世界学术名著丛书"累计出版，已达千种。

今后，本馆将继续推进丛书的翻译出版工作，在积累单本名著的基础上陆续分辑刊行，汇印出版。为促进中外文明互鉴、推动我国学术发展，使"汉译世界学术名著丛书"这项对我国学术文化有基本建设意义的重大工程发挥更大作用，诚望海内外学术界、翻译界继续给予支持，帮助我们把这套丛书出得更好。

商务印书馆编辑部

2024 年 2 月

汉译世界学术名著丛书
（120年纪念版·珍藏本）
出 版 说 明

2017年2月11日，商务印书馆迎来120岁的生日。120年前，商务印书馆前贤怀揣文化救国的理想，抱持“昌明教育，开启民智”的使命，立足本土，放眼寰宇，以出版为津梁，沟通中西，为中国、为世界提供最富智慧的思想文化成果。无论世事白云苍狗，潮流左右激荡，甚至战火硝烟弥漫，始终践行学术报国之志，无改初心。

逐译世界各国学术名著，即其一端。早在20世纪初年便出版《原富》《天演论》等影响至今的代表性著作，1950年代后更致力于外国哲学和社会科学经典的译介，及至1980年代，辑为“汉译世界学术名著丛书”，汇涓为流，蔚为大观。丛书自1981年开始出版，历时三十余年，迄今已推出七百种，是我国现代出版史上规模最大、最为重要的学术翻译工程。

丛书所选之书，立场观点不囿于一派，学科领域不限于一门，皆为文明开启以来，各时代、各国家、各民族的思想与文化精粹，代表着人类已经到达过的精神境界。丛书系统译介世界学术经典，引领时代思想，为本土原创学术的发展提供丰富的文化滋养，为推动中国现代学术和现代化进程做出了突出的贡献。

为纪念商务印书馆成立120周年，我们整体推出“汉译世界学术名著丛书”120年纪念版的珍藏本，寄望既利于文化积累，又便于研读查考，同时向长期支持丛书出版的译者、编者和读者致以敬意。

两甲子后的今天，商务印书馆又站在了一个新的历史时间节点上。我们不仅要铭记先辈的身影和足迹，更须让我们的步伐充满新的时代精神。这是商务人代代相传的事业，更是与国家和民族的命运始终紧密相连的事业。我们责无旁贷，必须做好我们这代人的传承与创造，让我们的努力和成果不仅凝聚成民族文化的记忆，还能成为后来人可以接续的事业。唯此，才能不负前贤，无愧来者。

商务印书馆编辑部

2017年10月

人文与生态（代译序）

田　耕

芝加哥学派是中国学界最为熟知的学术渊源，这与二战之前燕京社会学派将社会学中国化的努力息息相关。1933 年，执掌燕京大学社会学系的吴文藻先生邀请芝加哥社会学派的帕克教授（Robert E. Park）来北平为燕京大学社会学系的学生讲授社区研究的理论和方法。正当盛年的芝加哥学派和迅速成长的中国社会学家有了直接的联系。帕克的讲座受到了比在美国更为热烈的回应，也影响了一批才华横溢的中国社会学者。帕克的燕大之行将芝加哥学派的一些核心的思想和研究路数与中国社会学的奠基连在了一起。

当时尚在燕京大学社会学系读本科的费孝通先生，不仅留下了关于帕克在京讲座的详细笔记，也记下了他对帕克所讲的社区研究的基本感受。[①] 尽管费先生对帕克在中国城乡分野的研究设想颇有质疑，但他进入研究生后的第一个田野工作，即对广西花篮瑶的研究，却明确显示了他学习芝加哥式的社区研究的痕迹。

① 参见费孝通:《费孝通文集》(第 1 卷)，群言出版社 1999 年版。

和同时代盛行于中国西南的民族–边疆的研究相比，费先生的著作敏锐地将汉族移民进入对瑶家社会的改变放在了社区变迁的视角下进行考察。流动、迁徙、移民和融合等主题，被富有想象力地从城市研究带入传统上被历史研究主导的民族边疆。[①] 这个转移，在费先生留学英国归来，接替他的老师吴文藻主持“魁阁”社会学工作站之后仍然可见。[②] 芝加哥学派的影响力，在中国近代史上最动荡不安的年代，却催生了早期中国社会学最重要的一些实践。

非常巧合的是，被吴先生所欣赏和被费先生带入到边疆民族研究的社区研究路数，很大程度上是芝加哥学派变革自身传统的产物。在进步主义之后的美国社会学界，帕克和他的学生们通过对城市社区的研究，有力地改变了芝加哥乃至美国社会学的风气。这个改变如何而来，重要性在何处，是这篇序言想要介绍的。

不过，读者需要留意的是，虽然帕克领导下的芝加哥学派在知识上的贡献和影响力已被公认，但这个芝加哥学派的鼎盛期却并不长久。大萧条以及随之而来对学界，尤其是学术市场的震荡终结了芝大社会学对年轻的美国社会学会（American Sociological Society）的统治。[③] 战后的芝加哥学派经历了一个接近 20 年的不稳定期，对芝加哥学派的继承和再创也在这段时间内摇摆不定。

---

① Liping Wang, “Disunifying the Nation”（working paper）.

② 费孝通、张之毅：《云南三村》，社会科学文献出版社 2006 年版。

③ Charles Camic，“On Edge: Sociology during the Great Depression and the New Deal,” in *Sociology in America: A History*, Edited by Craig Calhoun, University of Chicago Press, 2007, pp. 242–243.

二战之后的第一个10年（1945–1955）哈钦斯校长（Robert M. Hutchins）在“伟大传统”（Great Traditions）观念下对芝大社会学进行了大刀阔斧的改造。在哈钦斯的主持之下，芝大的文理师资首次从一个校级的统一体变成了持续至今的四大学部并列的局面。但更为重要的是，本科生学院作为贯彻阅读经典最重要的机构，在芝大的重要性持续上升。哈钦斯认为应该在这样一个学术的母题中孕育社会学这样的专门学问，而不是相反。因此，此前的芝加哥学派在机构上被分为社会学系和本科生的社会学学部。而后者在哈钦斯执掌芝大的10年中，显然是真正的芝加哥学派。引人注目的是，哈钦斯的芝加哥学派招收了很多认同伟大人文教育传统的社会学家，构成了一个为期短暂，但是影响深远的隐形的芝加哥学派。这其中包括了第一流的弗洛伊德学者瑞夫（Philip Reiff），深受韦伯影响的神学–历史学者纳尔逊（Samuel Nelson），为中国学界熟悉的社会学家贝尔（Daniel Bell）和科塞（Lewis Coser），以及罕见地在两个社会学系都能任教的希尔斯（Edward Shils）。[①] 哈钦斯离开后的芝加哥学派重新统一于社会学系。[②] 这种摇摆不定的状况持续到1970年代初贾诺威茨（Morris Janowitz）出任系主任的时候。贾诺威茨重新确立了社会学系的发展方向，芝加哥社会学的研究工作重新进入了相对稳定的状态。社会学的左翼倾向和分支社会学的专门化在这段时间内并行

① Andrew Abbott, 1999. *Department and Discipline: Chicago Sociology at One Hundred*, University of Chicago Press, pp. 37–39.

② 1962年被聘入系的从事齐美尔研究主持的社会理论学者列文（Donald Levine）某种程度上代表了这个隐形芝加哥学派的最后一人。

不悖。[①]

《城市》是帕克时代的芝加哥学派的一些纲领性文字。这些文字在帕克来华授课之前的 1925 年就已结集出版，也随着社会学中的芝加哥学派的起落而扬名和式微。鉴于主旨和篇幅，这篇导言将集中在影响中国社会学最大的帕克时代，简略回顾芝加哥社会学的传统，希望有助于读者理解芝加哥学派的含义，以及这本出版于 90 年前的老书的经典意义。

一

在两次世界大战之间，芝加哥学派给美国社会学的研究带来了强烈的转变。帕克和伯吉斯被大多数的社会学人和学科史研究者认为是芝加哥学派最卓越的导师。但在 1920 年代的芝加哥，芝加哥大学的许多研究生却是从托马斯（W.I. Thomas）的巨著《身处欧洲和美国的波兰农民》中汲取了研究灵感。[②]社会秩序在分化和重组之间的交替往复一直是社会学研究的母题。而托马斯这部卷帙浩繁的作品则代表了早期芝加哥学派对社会秩序及其治理相当历史性的关怀。对托马斯来说，基本社会秩序的组织化程度，而不是特定类型的社会组织，才是社会学应该关注的重要问题。这种对社会“非组织化”（disorganization）的关心，一直延续到帕

① Abbott, *Department and Discipline*, pp. 138–140.

② Andrew Abbott, “Organization and the Chicago School,” In *The Oxford Handbook of Sociology and Organization Studies: Classical Foundations*, Oxford University Press, 2009, p. 400.

克时代芝加哥社会学的训练当中。[①]

在托马斯那里，个体生命研究和史学的研究一脉相承，通过对个体独特的生命感受力来描述“社会失序”的状态。托马斯是不折不扣的个体主义者。在他皇皇巨著中通过数量庞大的日记、通信等文件被呈现的波兰农民，是流离的生命共同体。波兰农民的经典形象，也闪现在机器轰鸣的匹兹堡（Pittsburgh）和春田（Springfield），构成了进步主义（Progressivism）下研究美国生活的象征。

在进步主义时代的美国，芝加哥社会学面对的是方兴未艾的社会调查。调查员对工业化和城市化迅速冲击的传统社会充满了震惊、不满和怜悯。“社会问题”（Social Question）和道德衰败随之而来，而调查员们深入社会问题的第一线，通过参与程度不同的田野工作和充满激情的描述，来揭示种种道德不毛之地的源起与现状。显而易见，美国的核心工业地带是社会调查的热点地区。

帕克对现代城市中的“失序”与“秩序”之间的流转往复同样关注，而城市中人不知疲倦的流动对帕克而言是现代人最基本的生命样态，但身处异乡的波兰农民的生命叙事，并不是帕克那里把握芝加哥这样的庞然空间的社会学钥匙。记者出身的帕克认为社会学一定要把握那些城市中飘零的个体结成社区的共同纽带，和在城市中生存下去的共同记忆。一言以蔽之，社会学的关键在于破解社区何以成为共同体的问题。

① Abbott, “Organization and the Chicago School”, p. 412.

这样来看，帕克对社区研究的关注、强调和改造并不是偶然。但他主导的芝加哥学派也并不是重起炉灶。社区研究方法的生长和在帕克之前就已经进入芝加哥社会学视野的“社会组织”密切相关，其核心是时间与过程中的组织。[①] 在一战之前，芝加哥社会学的研究，尤其是博士论文的研究并没有将美国工业化对社会组织、社区结构带来的社会冲击和道德后果看作是一个核心的题目。在 20 世纪的头 15 年中，芝大的年轻社会学家们仍然坚定地以城市中的各种社会组织，尤其是慈善组织为自己最重要的研究对象。[②] 这些积累当然也影响了成熟的帕克。但对初出茅庐的帕克却非如此。帕克和他同时代的许多美国学者一样，年轻的时候都在欧洲的一流大学里面学到自己日后研究的第一门技艺。欧洲在世纪之交的经济危机与“社会问题”丛生的状况，刺激了许多帕克的同龄人，但怎么从自己的土地上找到学问的新脉，是帕克们在从德国式的研究型大学毕业之后面对的共同问题。[③]

一战的胜利，很大程度上柔化了进步主义时代激荡的道德批评乃至左翼的政治风气。芝加哥社会学的经验母体——城市社区，此时也迎来了更为充分和复杂的组织发育和形变。恰在此时，帕克和伯吉斯的两位前辈——斯莫（Albion Small）和亨德森（Charles Henderson），以及才华横溢但我行我素的托马斯都离开了社会学系。帕克和伯吉斯的学术兴趣，导引了芝加哥社会学历史

① Abbott, *Department and Discipline*, p. 7.

② Abbott, “Organization and the Chicago School”, p. 407.

③ 罗斯的著作更宽泛地介绍了一战后学科转型的形态，参见 Dorothy Ross, *The Origins of American Social Science*, Cambridge University Press, 1991, p. 424ff。

上最为关键的一次转型，这个转型从“破”和“立”的角度来看都有非凡的意义。[①] 从“破”的角度上来说，帕克和伯吉斯合著的两本著作：《城市》和《作为科学的社会学的导引》（*Introduction to the Science of Sociology*）强有力地批判了风行于进步主义时代的社会调查。[②] 从“立”的角度来看，帕克和他最忠实的追随者深刻改造了芝加哥学派的田野工作模式，从而为城市社区的研究奠定了新的基础。[③] 帕克本人对城市中的族群融合和文化交流的兴趣则给芝加哥社会学注入了新的经验血液。

当帕克 1914 年接受托马斯的邀请加入芝加哥大学社会学之后，他首要的教学任务是“社会调查”的课程。这门课程对曾在新闻业有着不浅资历的帕克来说，应当是最合适不过的。不过，这一段经

① 正如兰诺看到的那样，“破”和“立”恰恰是《城市》的两个版本的主题：帕克在 1915 年撰写的同名长文是为《城市》这本书的雏形。在这篇文章中帕克的重点不在重新确立城市研究的新路，而在于清理出社会调查这一传统的问题。而当十年后这篇长文扩充成书时，已经成为芝加哥学派当仁不让的新导师的帕克则重在阐清“人文生态学”的概念，参见 Pierre Lannoy, “When Robert Park Was (Re)Writing ‘The City’: Biography, the Social Survey and the Science of Sociology,” *American Sociologist*, spring, 2004, pp. 34–62。

② 迪冈的著作将芝加哥学派看作是美国社会学摆脱进步主义的社会调查风潮的象征，而帕克则当仁不让地成为这个转折的核心人物，参见 Mary Deegan, *Jane Addams and the Men of Chicago School*, 1892–1918, Transaction Publishers, 1988，以及 Abbott. *Department and Discipline*, p. 31。而在研究民国社会学成长的中国思想史学者那里，从社会调查到社区研究多少也是学派重造学科的另一个典型，参阅黄兴涛等主编：《清末民国社会调查与现代社会科学兴起》，福建教育出版社 2008 年版。

③ 林德纳的研究则更为细致地将帕克和马林诺夫斯基代表的民族志传统关联起来，这对于理解 20 世纪 20–30 年代中国社会学和人类学的学术成长是很有意思的一点，参见 Rolf Lindner, *The Reportage of Urban Culture: Robert Park and the Chicago School*, Cambridge University Press, 2006。

历恰恰培养了帕克将社会调查和“芝加哥”社会学分离开来的决心。帕克对其同时代带有调查色彩的城市社区研究近乎冷漠的疏离预示着他改造这个流行于进步主义时代的研究思路的第一步。在这个意义上，帕克和邀请他来芝大的托马斯并无分歧。[①]

对1880年代到1920年代影响芝加哥的巨大移民潮的观察和研究是促成帕克等人改造芝加哥社会学的第一个历史契机。[②]城市的发展对社区，尤其是移民群体和从事特定工作的工人群体的聚集形态具有怎么样的影响？这些社区对居住在其中的居民的文化延续和社会关系的再生发挥了怎样的作用？大量移民的加入及其所带来的融入问题（assimilation）即使在进步主义时代的社会调查，比如“匹兹堡调查”（the Pittsburgh Survey）中屡见不鲜。但帕克认为社会学应该提供一种新的科学去探索这一美国社会的大问题。在帕克看来，这门新的科学可以揭示出城市人口和位于城市空间的各种体制、设施是如何结合在一起的。这一结合的过程，是帕克所谓的生态组织化的过程（ecological organization of the city），而这一结合的结果，是城市成为一种心物合一的机制（psychophysical mechanism）[③]。要研究这个心物合一的机制，人类生态学这个新学问需要弄清楚其两个基本面向：城市的物质结构和道德秩序。[④]

① Lannoy, “When Robert Park Was (Re)Writing ‘The City’: Biography, the Social Survey and the Science of Sociology”, p. 39.

② Robert Park, and Ernest Burgess, *Introduction to the Science of Sociology*, University of Chicago Press, 1924, pp. 28–87.

③ 参见本书第2页。下文凡引述本书的内容，皆为页边码。

④ 参见本书第4页。

城市的道德意义和进步主义时代社会调查所秉持的道德观最重要的分歧在于，前者认为城市社区之居民形成了各种不同的民情（*mores*），也就是说，人群在城市中变成了不同的社会群体。各个社会群体的习惯、流动和相互关系，构成了城市社区这个整体。而在帕克的前辈们，即社会调查的积极实践者们看来，城市的道德出现问题，根本在于城市的下层人群——无论是从财富分配、机会分配或者种族的观点来看——缺乏支持和资源。正因为身处不同社区中的人意味着在不同的民情里面成为不同的人，帕克认为此前由社会工作者和调查性的新闻田野工作承担的社会调查虽然充满了批判意识，却不能揭示出城市作为社会道德问题的根本底蕴。[①]

因此，与其说帕克对社会调查的“反动”是要弥补之前社会批判色彩浓厚的调查所缺乏的“科学性”，不如说是他试图寻找移民大潮冲击下美国都市的民情的根本基础。这一点，帕克和他在德国学习时期的老师齐美尔一样，毫不犹豫地将陌生人这个形象作为他寻找的新学问的起点。城市中最基本的民情，就是建立在熟识基础上的初级社会关系（primary relationship）被陌生人之间形成的次生关系（secondary relationship）冲击并因此趋于解体。[②] 城市作为一个“社会的实验场”体现的正是初级社会关系

---

① 帕克对 1910–1914 年凯洛格（Paul Kellogg）主持的匹兹堡调查赞赏有加，这很大程度上出于后者在新闻报道的卓越性上，而这种卓越性恰是帕克认为社会学研究所需要借鉴的新思路。

② 参见本书第 23–31 页，不过，帕克并不认为初级的社会关系和次生的关系注定只是后者取代前者那么简单。在 20 世纪初期的芝加哥政府中，政治机器（political machine）的实质，恰恰是在日益形式化的政府机构中树立个人化的忠诚关系，并用这种帕克认为封建性的人身关系来控制组织上日渐“非个人化”的政府机构，参见本书第 35 页。

在现代社会中的解体过程。这种危机在多大程度上颠覆了支持传统社会关系的“道德秩序”，这是帕克想在研究城市的新学问中探究的问题，也是在实际转折时备受“社会问题”困扰的大西洋两岸孜孜以求的新路。[①]

二

帕克的社会学探索并没有执着于铺陈齐美尔的灵感。在他看来，这种次级关联的出现和城市中的流动性（mobility）密不可分。流动性也成为《城市》这本文集乃至帕克时代芝加哥学派研究的核心词。伴随着不可抑止的流动性，“城市人口中的那些来去随意、流动性强的群体一直面临着无休无止的焦虑，他们不仅受到每一次新思潮的鼓动，还总感到一种持续存在着的恐慌，从而使社区始终处于某种危机之中”。[②]这一流动性和城市中日臻完善的媒体和交通相关，但它却使得原本会造成传统社会崩裂的“紧要关头”日益成为城市人口的日常，帕克看得很清楚，“在群众与公众当中，他们所处的每时每刻都可被称为‘紧要的’（psychological）”。[③]正因为帕克将城市中的紧张、危机和紧要的时

① 在《城市》一书的另一作者伯吉斯看来，城市生活成为经典社会学家那里的重要关注对象，恰恰是因为在城市生活中能找到所有“社会问题”的最为剧烈的形态，见本书第 47 页。关于世纪之交的“社会问题”和道德危机，参见 Daniel Rodgers, *Atlantic Crossings: Social Politics in a Progressive Age*, Harvard University Press, 1998。

② 参见本书第 22 页。

③ 参见本书第 20–21 页。

刻都看作是“心理”危机，这些生活中的紧张就恰恰是可以控制的。掌控这些紧张背后的集体心理，也就能理解现代社会或将经历的一切动荡，从骚乱到革命，莫不如是。

这种直通内心，而却永远无法把陌生人去陌生化的关系，恰是现代社会中人与人关联的核心。在帕克看来，城市生活的目的，并不是把在充分流动基础上的社会关联变成像农夫与土地那样的纽带，而是让城市人认识到城市这个社会对其生活方式的期待。社会学需要如何观察和理解这样充满陌生化的民情呢？

公共舆论和劳动分工是帕克认为最重要的两个分析入手点。在帕克看来，新闻而不是信息，是城市中的民情最重要的载体，因为新闻中流通的是城市中人面对的充满紧张和不确定性的生活状态（critical situation）。[①] 在帕克看来，作为民情之载体的社区是通过公共舆论（public opinion）联系起来的，因此认识舆论的演变机制也就是研究各种民情之间是如何关联的。

劳动分工对城市的意义要言之是塑造了职业群体的特征和性格。各职业群体不仅将城市人口归入分工与交换的大体系，也是城市所独有的群体。不过，帕克敏锐地看到，分工的核心是纪律，因此职业群体，无论显隐都可以在纪律塑造群体性格的取向上进行深入的考察。也就是说，职业群体的归属与通常所见的政治态度与道德习惯之间的关系是城市所独有的历史关联。[②]

① 帕克非常明确地指出，正是这些生活中的紧要时刻，使得那些死的信息（dead matter is mere information）变成了和生活相关的鲜活新闻（live matter is news），参见本书第 19 页。

② 参见本书第 14–15 页。

在帕克看来，流动性增加的第一个基本后果，就是道德秩序的不稳乃至解体。在针对酗酒和风化的道德运动中，正是城市社会中前所未有的流动性创造了表达人的自然的独一无二的空间。帕克尝试用道德区域（moral region）来初步描述这一流动性带来的后果。道德区域的存在表明人在主流的道德秩序下被压抑的激情和欲望需要一个空间去发泄出来。[①] 这种对空间的分隔，和根据职业以及经济利益进行的分隔有着重要的差别。帕克认为，这种分隔方式使得每一个社区都会成为一个道德风尚意义上的单元，也就是道德区域，而这些道德社区的形貌和个体的人所创造的形式是殊途同归的：两者都在表达受到压抑的欲望。

道德社区和社会习染（social contagion）相辅相成，共同构成了现代城市分隔人群的基本机制。种种和常人性情相悖的激情越来越在特定空间中沉淀下来并变化出新的形态。这种空间形态的生产和演变，构成了社会学处理人的自然的一个独一无二的入手点。帕克说得很明白，城市充分而彻底地展示了人类本性（human nature）中的善与恶。[②]

这一对城市的民风与道德秩序的关注，是帕克将城市看成人性的实验场的根本原因。[③] 正因为如此，帕克在本书的开始就很明白地指出，这种新的学问和人类学有着有趣的关联，因为城市内部所蕴含的基本冲动却与原始社会的并无二致。[④]

---

① 参见本书第 43 页。

② 参见本书第 46 页。

③ 参见本书第 5-7 章节的内容。

④ 参见本书第 3 页。

帕克的合作者伯吉斯对流动性的界定则带有更强的有机体论的基调：流动性实在是城市的新陈代谢。在伯吉斯看来，流动性的本质是给社会生活带来新的经验和挑战，而城市社会对流动与流动人口的反应如果能和城市中人的人格发展结合，那么会带来有益的反应，反之则会产生种种“失范、解体和病态”。[①]简言之，伯吉斯那里的城市研究，就是对流动性的种种测量和对其前因后果的探究。

伯吉斯用“入侵”（invasion）的各阶段来描述城市社区变化的基本过程。入侵现象的发展过程可以划分为：（a）初始阶段，（b）第二阶段或称发展阶段，（c）高峰阶段。[②]而社区变化的结果，则是与各个城市空间相适应的人口组成了所谓的城市中的“自然区域”，各种区域之间的边界及其变动，则是进一步研究城市社区生长的表征。在帕克和伯吉斯合著的那本广为人知的社会学教材中，两位芝加哥社会学黄金时代的代表学者将空间性很强的“竞争”概念作为看待社会的基本前提。[③]

不难看出，伯吉斯对空间性的强调和帕克看重的社会变迁的基本形式，如冲突、吸纳、连续等，形成了很好的互补，[④]多少为帕克时代的芝加哥学派找到了分析的核心，即时空中的“位置”（location）[⑤]。

① 参见本书第 59 页。

② 参见本书第 75 页。

③ Park and Burgess. *Introduction to the Science of Sociology*, p. 558.

④ 帕克在燕京大学讲学的时候也同样强调了这些基本形式，参见北京大学社会学人类学研究所主编：《社区与功能——派克、布朗社会学文集及学记》，北京大学出版社 2002 年版，第 13 页。

⑤ Abbott, *Department and Discipline*, p. 204.

这个以竞争作为基本阐释机制的定义，在帕克的学生与合作者麦肯齐（R. D. McKenzie）那里发生了改变。麦肯齐在其收入本书的文章中首次强调人文生态学的核心是一种时空关系。[①] 尽管这一阐释和帕克所期待的“人文生态学”未必严丝合缝，但麦肯齐毕竟将两位老师那里的“流动性”概念与更为广阔的历史视野联系起来。在本书第三章的开头，麦肯齐将人类社区分成了四个基本类型：初级供应型社区（primary service community）、商业型的社区、工业型城镇以及特殊社区。前三者的兴起和规模都深受商品生产和流动的影响，并且是物质分配的环节。第四类则和特定的社会需要相关。[②] 决定各类社区的地址有两大动力，即“工业竞争和劳动分工这两种最能开发人类潜能的制度”。[③] 工业竞争导致了物品的流动，分工改变了人的流动，两种流动在空间上的印记，就是城市社区的兴起和变化。其宏观和长期的表征，就是人口规模和构成的变动。流动性和人类生产与分配的基本动力联系起来。社区的四种生态学类型也很有趣地呼应了苏格兰启蒙运动中的古典社会思想关于社会类型演进的说法。[④] 在人文生态的思路里面，流动性不仅成为人口的特征，也成为社区变化的基本形态。

直到 1920 年代的末期，上文中勾勒的基本问题意识才有了较为成熟的研究方式和理论感受力。年轻一代的芝加哥社会学家也在这个时期贡献了一批扎实和富有想象力的城市社区研究。比如思拉舍（Frederic Thrasher）的《帮派》(*The Gang*, 1927)，佐尔博

① 参见本书第三章。

② 参见本书第 67-68 页。

③ 参见本书第 12 页。

④ 参见本书第 66-70 页。

（Harvey Zorbaugh）的《黄金海岸和贫民窟》（*The Golden Coast and the Slum*，1929），沃思（Louis Wirth）的《城中区》（*The Ghetto*，1929）以及扬（Vislick Young）的《俄国城的朝圣者》（*The Pilgrims of the Russian Town*，1932）等。城市空间秩序和失序与社区的文化结构、人口流动，以及和社区之中特定类型的社会组织的关系成为上述研究关注的主要问题。

尽管这些研究的作者并没有致力于将“人文生态学”作为一个完全清晰的概念或者独立的研究主旨来展开，而是很大程度上继承了早期芝加哥学派对社会秩序的“治”（organization）和“乱”（disorganization）的关心。但帕克和伯吉斯重视的“时空位置”却已经成为了这些新一代芝加哥社会学家的研究单位。种种位置在城市机体中的变化，是城市之新陈代谢的一部分。这些空间上的位点，也因此成为城市的自然史的一部分。帕克关注的“道德区域”（moral region）和伯吉斯那里强调的“自然区域”（natural area）因此被统一起来。在芝加哥学派具体的社区研究中，这种基调体现得更为明显。比如帕克的学生安德森（Nels Anderson）所描述的无家可归者的聚居区的兴起，很大程度上是由于城市运输带来的都市空间的外扩以及“同心圆”诸层次之间的变形。[①] 帕克在《城市》当中的洞见和局限，需要在他指导下完成的田野工作中才能看得更为清楚。这也是读者在理解帕克时代的芝加哥学派所特别需要注意的。

在这篇序言结束的时候，作者需要指出，人文生态学一直被

① Nels Anderson, *The Hobo: The Sociology of the Homeless Man*, University of Chicago Press, 1923.

作为帕克时代的芝加哥学派留给之后的芝加哥乃至美国社会学最重要的研究门径。作为社会研究的基本思考方式，人文生态学的确成为帕克身后遍布社会学各分支领域的常见分析思路之一。[①] 然而，如果重看帕克时代芝加哥社会学的论说与研究，人文生态学的整体性，远远没有像从事组织和人口研究的社会学所理解的那样严丝合缝。恰恰相反，芝加哥学派在帕克时代的历史——恰恰表明以生态学的方式研究城市——和帕克将城市看作是人性的实验场这样的人文式的进路之间有着复杂的关系。这种关系本身也可能是读者今天再读近百年前的芝加哥社会学所可以思考的问题之一。[②]

结　语

今天，无论是芝加哥学派还是当年从北京辗转到四川、云南的燕京学派似乎都在远去。不过，吴先生和费先生的例子表明，社会学的成长总是充满了在历史中学习的契机。在试图复兴芝加哥学派的社会学家贾诺威茨看来，即使是1967年的美国社会学，仍然需要这本40多年前的旧著中蕴含的想象力、概念和论说。这

① 例如，斯廷奇库姆在其作品中对之娴熟的运用和简练的阐释，参见 Arthur Stinchcombe, *Economic Sociology*, New York: Academic Press, 1983。

② 当今最致力于理解和重塑芝加哥学派遗产的学者阿伯特将这种充满张力的关系看作是社会学思维从“自然史”（natural history）到“情境史”的过渡，参见 Abbott, *Department and Discipline*, 199ff。这种理解很有启发，但社会学的“自然史”和情境史的意义，尤其需要对社会学和社会思想中的“自然”和“行动”有充分的检讨，这就超出了阿伯特在他出色研究中关注的可预期性（predicability）和突生（emergency）之间的区分，笔者会另撰文进一步讨论这个问题。

是贾诺威茨认为这本“老书”应该收入到芝加哥大学出版的“社会学遗产”系列（Heritage of Sociology）的原因。而这本“老书”的中译本面世，比起贾诺威茨所谓的美国社会学的补课时间又晚了恰好半个世纪。时光流逝，我们面对的这本老书，在今天的芝加哥大学社会学系都未必是当仁不让的必读书，但50年前贾诺威茨所说的遗产却未见得变轻。芝加哥社会学派的研究理念，尤其是社区研究的理论与方法、贡献和局限在何处，当然是一般社会学读者都会问的问题。但对中国的社会学人来说，面对它的感受恐怕更为复杂。因为这些文字里面也蕴含着我们许多的前辈面对一个异己学问的感受和随之而起的理想。所谓的遗产，不仅是芝加哥社会学的过往，也是我们的前辈从这些陌生的传统走向中国社会学的努力，这种努力应该和这本老书一起，活在我们今天的研究和人生里面。

目　　录

前言：21 世纪的城市 *

> 大城市生活“灯红酒绿”，商业中心充满各种新奇之物，人们熙熙攘攘，讨价还价之声不绝于耳；娱乐场所奢华炫目；黑社会遍布恶习与犯罪；并且，个人的生命财产随时都可能遭到各种灾祸、抢劫、杀人事件的威胁。因而，城市已经成为最具冒险、危险的区域，刺激和兴奋汇集之地。
>
> 罗伯特·E. 帕克、欧内斯特·W. 伯吉斯，《城市》（1925）

本书是一部试图探究现代城市典型特质的雄心之作。它成书的年代，深受进步主义观念的影响。当它在 1967 年再版、由莫里斯·贾诺威茨（Morris Janowitz）写作新序之时，美国城市正在进入一个动荡的时期，这种变化或许使得该书的作者们，以及他们在芝加哥学派城市社会学的同仁们颇感诧异。在这 42 年间，城市发生了变化。帕克与伯吉斯曾经研究过的城市，也就是那个作为 20 世纪初期工业大熔炉、挤满了移民、发展迅速的芝加哥，在城市危机和日益集中化的市中心贫困面前，正在逐渐衰败。城

---

* 本篇序言为芝加哥大学出版社 2019 年新版《城市》所加，中译本已获得授权。——编者

市居民，特别是白人，大规模地迁往郊区。城市财政危机开始出现，城市犯罪率急剧上升，种族关系已紧张至沸点，去工业化（deindustrialization）威胁着整个社区的经济组织和社会组织。

虽然今天的城市看上去和1967年相去甚远，但《城市》的这一最新版本，也同样是在一个重要的世界性时刻出现的。在过去的四分之一世纪里，让人意想不到的是，犯罪率发生了急剧下降，因而重新塑造了城市肌理（the urban fabric）。像纽约、旧金山、亚特兰大、达拉斯和芝加哥这样的大城市，都在后工业经济中获得了蓬勃的发展。城市是发展与创新的引擎——因而，绅士化（gentrification）已成为城市议程中最具争议的议题之一。如今，向城市迁移也已成为一种突出的现象，其影响范围远远超出了美国。以拥有世界上最多人口的中国为例，在1980年至2018年间，它的城市化比例从不足20%增长到了60%左右。因而，户口登记制度这一按照城市居住或农村居住而形成的系统，就对人们的幸福感起到了更加重要的决定作用。这与美国社会中富裕都市人和其他人之间日益扩大的鸿沟，有着相似之处。

不平等日益加剧。我们生活的城市中，富人与穷人的差异愈加明显，同时，乡村和城市的分隔也展现了更深层次的政治性冲突。尽管犯罪率下降了，但是大规模监禁使得有色人种社区内部的人员分离，针对警务执法所产生的种族冲突也再一次高涨。更为普遍的是，种族隔离和邻里之间的不平等仍在大城市中根深蒂固地存在。

在这样的新世界中，这本新版的《城市》有什么价值呢？似乎每个人都对城市社会学的芝加哥学派有自己的看法，因而也对该书是否有助于理解当代城市中那些数量庞杂、相互矛盾的社会状况，有自己的判断。我认为帕克和伯吉斯提出的指导性思想与原则——不一定是其中的具体内容——确实是有所裨益的；而且，即便他们没有帮助，再次阅读这一曾影响了近一个世纪以来学者和公众思想的城市研究的经典作品，也将使读者们受益良多。

重访芝加哥学派

罗伯特·帕克最初的职业是记者，他在德国获得博士学位后才开始从事社会学和城市研究。与之不同，欧内斯特·伯吉斯在芝加哥大学接受了社会学训练，出于对生态学的浓厚兴趣，开始关注城市研究。两人的合作非常紧密。他们将芝加哥作为城市研究的实验室，进行了一系列不同类型的经验研究，其主题涵盖贫民窟、青少年犯罪、流动工人、出租车舞厅和波希米亚。

《城市》一书涵盖广泛的知识基础，其中的一些章节影响深远，比如如何研究城市、城市扩张（仅凭其中的同心圆区域图表，就能值回购书费了）、生态学方法、报纸的历史、社区组织和青少年犯罪，以及邻里研究的科学基础。后来曾发表著名论文《城市化作为一种生活方式》（“Urbanism as a Way of Life”，1938）的路易斯·沃思，在该书中还提供了一份城市研究书目。其中的具体内容现在看来可能过时了，但是他有关如何应对学科过度专业化和资料纷乱庞杂——这些情况现在变得更糟糕了——的思考，仍然颇有启发性。正如沃思指出的，关键是决定哪些相关，哪些不相关。并且，他对文献的理论性分类方案，至今仍有参考价值。

这样的书并不多见。不同于当今科学杂志上冗长乏味的论述，芝加哥学派的论文，包括这本《城市》专著，容易阅读、有说服力、吸引人，甚至有时颇具诗意。帕克和伯吉斯也勇于探讨很多不论是在当时还是现在都通常不会被城市学学者思考的概念，比如道德距离、浪漫情绪、魔法与心智（谁会知道这个概念呢？）、流动工人的心灵、堕落，以及自我控制。这些概念中的一些并没有得到足够的发展，特别是其中有关城市对心灵之影响的概念。不过，它们却没有一个是枯燥乏味的。

对芝加哥学派持批评态度的人，或许会反对我的这一评价。他们的批评现在已经是老生常谈，甚至都有些过时了。不论是批评芝加哥派忽视政治经济，批评他们的生物隐喻、有关自然区域的概念、同心圆区划理论，还是批评他们忽视了制度性种族主义的危害，批评他们过于笼统——这里只列举了众多批评中的一些——固执的批评者都认为没有必要再读这本书，特别是处于我们这个被很多城市研究者称为独一无二的新自由主义时代。

对于这些批评，至少有两类回应。一类是完全为帕克和伯吉斯辩护，强调这些批评基本上都是歪曲夸大。比如，一直以来，同心圆区划就因为看上去过于简单和图式化而颇受诟病。不过，伯吉斯自己曾解释说，同心圆是一个理想类型，它并不是用来分析具体城市的："不需赘言的是，无论是芝加哥抑或是其他城市都不完全符合这一理想图式"（51-52）[①]。也有人认为，对自然区域这一概念的批评言过其实了。比如，杰拉尔德·萨特尔斯（Gerald

---

① 括号中给出的是原书页码，见本书第 76 页。——译者

Suttles）（1972，8）就指出，帕克和伯吉斯想强调城市居民的聚集并不单单依靠规划者的人为设计，而是更多出自众多独立个体的自我决定，这些决定背后是他们对道德、政治、生态和经济的考量。人们既可以将种族隔离看作一种结构性的力量，同时也可以将其看作自下而上的众多居住选择的结果。

另一类回应是承认《城市》中存在一些错误。比如，芝加哥学派最有力的辩护者之一——安德鲁·阿伯特（Andrew Abbott）就承认，当人们阅读帕克关于种族问题的文字时，"会感到尴尬"（1997，1158）。其他学者，比如玛丽·乔·迪根（Mary Jo Deegan）和艾尔东·莫里斯（Aldon Morris），在批评帕克和芝加哥学派方面走得更远，不仅涉及种族议题，也包括性别议题。不过，20 世纪初的许多书写都有类似的问题，阿伯特曾就此发表过评论："当我们阅读一部经典作品时，要忽视掉其中旧的意识形态、奇怪的用语，以便将精力集中于……那些常在的、永恒的、持久的内容"（1997，1158）。我也赞同这种意见。重要的不是时代的特殊性，而是那些基本思想和宏大理论图景的价值。

幸运的是，芝加哥学派有很多洞见，这些洞见推动了几十年来城市研究的发展。阿伯特重视芝加哥学派所处的情境，以及它对城市空间和时间的关注。用他的话说，帕克和伯吉斯认为"社会事实在脱离其所处的社会（通常是地理性的）空间和社会时间的情况下，将不具备任何意义。社会事实是**被定位的**"（1997，1152）。有趣的是，近年来社会科学领域向机制研究和社会过程研究的转向，在帕克和伯吉斯那里就已经有所预见。不同于社会科学领域中占主导地位的变量研究范式，他们认为："科学不仅涉及作用因素，还与力有关”（143）[①]。在他们的理论体系中，研究是为了探求具有普遍性的抽象成因，而不是列举某一事件或情境中的具体要素。这是一个具有雄心的探索，在经验研究处理情境性与特殊性的同时，希望给出具有普遍性的理论解释。

也正是在这个意义上，《城市》一书与当代“邻里效应”（neighborhood effects）研究的激增有着内在关联。对城市中邻里和社会组织的研究，一直是帕克与伯吉斯最为重要的关注点，影响了好几代学者，其中的许多人还在此基础上向新的方向推进。比如，继《城市》之后的经典作品——例如克利福德·肖（Clifford Shaw）和亨利·麦凯（Henry McKay）的《青少年犯罪与城市区域》（*Juvenile Delinquency and Urban Areas*）（[1942]1969）一书——得以产生的种子，就在《城市》一书中随处可见，尤其是“城市：有关城市环境中人类行为研究的建议”“研究人类社区的生态学方法”“社区组织和青少年犯罪”这几个章节。无论是好是坏，《城市》一书同时也产生了社会解体理论（social disorganization theory），对此已有了大量的评论。评论者们可以从这本书中直接阅读到那些经过当代学者再定义的思想的源头。

在我看来，芝加哥学派将邻里研究作为探讨二战前社会架构重要内容的原因，并不是因为邻里研究对解体（或者之后对社会资本缺乏）的特别强调，而是因为它对六大因素的普遍化强调：（1）地方的特性，而不是人的特性；（2）邻里之间的分化，尤其是社会不平等与生态特征的不平等；（3）我们现在称之为解释性

① 见本书第174页。——译者

社会机制的部分；（4）各种看似不相干的特征在邻里中的集中，比如犯罪、出生体重偏低；（5）动态邻里进程和城市变化的重要性；（6）更宏大的社会力量，比如（去）现代化，与本地发展之间的互相作用（Sampson 2012，39）。人们在关注解体社区这个概念的同时，也可以像芝加哥学派那样保有对结构和过程的重视。比如，当代的集体效能理论（theory of collective efficacy）是由社会凝聚力和对居民进行非正式控制的共同期待所定义的，它在一定程度上受到了帕克和伯吉斯的社区组织概念、社会控制在城市生活中的重要角色等观念的启发。帕克和伯吉斯有关“流动性是社区脉搏”的观念，在当代住宅分类和邻里网络研究中也能看到，住宅分类和邻里网络是邻里中的运动所形成的，由此产生了城市的高阶结构。

莫里斯·贾诺威茨在本书 1967 年版导言的结尾处指出，只凭帕克和伯吉斯所使用的几种数据类型，并不能完全理解或管理现代城市。他认为，他们搜集的数据虽然在 20 世纪 20 年代“骁勇无畏”，但“在今天看来则显得有些原始”（1967，Ⅸ）[①]。这可能会让今天的读者觉得更加讽刺，因为我们当下的技术与 1967 年相比，又有了更大的变化。我们所处的世界是一个技术革命的世界——过去的 20 年见证了人类历史上最剧烈的数据和信息大爆炸。贾诺威茨的猜测是说，像帕克和伯吉斯这样通过人工辛苦搜集数据的学者，会从 1967 年的技术中感到便利，不过，与此同时，他们也会继续关注个体性，关注“当代社会中和曾经的流动工人、舞女

① 见本书第 15 页。——译者

（taxi-hall dancer）处于相似位置的人”（X）[①]。

我不太确定这一猜测在 1967 年是否能实现，不过，现在看来更不太可能了。帕克和伯吉斯当然会考察那些因芝加哥学派而出名的人群在当代社会中的相似者——可能是不消费主义者（the freegan）和虚拟式性工作者（virtual sex worker）——但是，我猜想，他们可能会不太认同当代“大数据”拥护者的胜利主义信念。通过通信网络、商业、报纸和其他媒体，技术确实改变了城市的本质。并且，这个过程还在继续。智慧城市，这一被推广的概念，号称将通过技术革新和算法决策，使城市生活更加洁净、安全、高效，同时也更易导航。整个城市的规划都围绕着通过技术辅助去除“无序”这一优先项进行，这也成为了城市的一项核心要素（Sennett 1970）。这种通过“城市信息学”来实现秩序和可预测性的愿望影响很广——尤其是对我们日常生活各方面的可视化监控。

帕克和伯吉斯可能会对当代数据的庞大数量及其应用感到震惊，不过，他们会怀疑在缺乏社会学支撑的情况下，这些数据是否具有解释力。他们会担心这种以技术主导为基础的城市规划将对自发的城市生活产生威胁。他们同时也会要求对此有所解释——运用社会科学理论对数据进行解释。他们可能会认为，一张根据城市社会组织思想精心绘制的地图，能够告诉我们的城市信息，丝毫不亚于那种能够处理大量数据的最复杂的机器。帕克和伯吉斯的数据并不仅是“原始与初步”的，它们是由判断与分析力量所形塑的。

① 见本书第 16 页。——译者

物理学家、工程师和统计学学者肯定是聪明的，但是从帕克和伯吉斯——他们可能算是第一代城市科学家——的角度来看，只靠他们来理解城市生活，仍存在一些风险。比如，对人际意味深长的互动缺乏密切观察，对潜在的社会过程做出误诊，以及忽视那些使得城市成为我们想要居住之地的情境性（contextual）特征。那些以技术主导为基础的国际性城市规划实验，比如巴西利亚和松岛新城，都显得缺乏灵魂。帕克对心智（mentality）和城市生活的强调会使其在今日更加迫切地研究互联网及其交流模式，对他来说，城市不仅是生态学的。聪明的城市专家和当代城市科学家们，最好也能回到《城市》这个绘图板上，哪怕只是为了了解一种在研究、规划和创建未来城市方面完全不同的视野。

尾　声

在《城市》出版近 100 年后，城市继续让我们感到兴奋、挑战和惊异。我们可能不再需要这本书中芝加哥学派呈现的独特形式，但它丰富的洞见却出乎意料地传播深远。这本书充满激情，它的远见卓识让人深受启发。姑且不提别的成就，它至少提出了伟大的问题，并且展示了一个基础性研究项目是如何执行的。新一代的读者能够从书中找到他们自己和帕克、伯吉斯之间的论争点，找到他们的不同意见并进一步推进，以及他们可能对这本书进行修改和更正之处。20 世纪 20 年代的芝加哥的种种细节，可能对于现在而言没有什么意义了，不过，帕克和伯吉斯通过深入这些细节而激发的思想，仍在不断地被重新发现、重新塑造。《城市》一书甚至有助于理解某些一直以来都在世界范围内形塑城市的巨大的社会变迁。

无论你是否同意《城市》一书中的论点，我们都是如此幸运地能够拥有这个新的版本。它读起来有趣，更有益于思考。这不就是一本好书的全部要素吗?

罗伯特·J. 桑普森

哈佛大学

参考文献

Abbott, Andrew. 1997. “Of Time and Space: The Contemporary Relevance of the Chicago School.” Social Forces 75, no. 4 (June):1149–82.

Janowitz, Morris. 1967. Introduction to *The City*, by Robert E.Park and Ernest W. Burgess, vii–x. Reprint edition. Chicago: University of Chicago Press.

Sampson, Robert J. 2012. *Great American City: Chicago and the Enduring Neighborhood Effect.* Chicago: University of Chicago Press.

Sennett, Richard. 1970. *The Uses of Disorder: Personal Identity and City Life*. New York: W. W. Norton.

Shaw, Clifford R., and Henry D. McKay. (1942) 1969. *Juvenile Delinquency and Urban Areas*. Chicago: University of Chicago Press.

Suttles, Gerald D., ed. 1972. *The Social Construction of*

Communities. Chicago: University of Chicago Press.

Wirth, Louis. 1938. "Urbanism as a Way of Life" . *American Journal of Sociology 44*, no. 1 (July):1–24.

导　　言

1915-1940年，进行城市社会学研究的芝加哥学派出版了大量著作，影响广泛。它的一些核心人物对城市研究产生了深远的影响，并提出了城市社会政策与政治政策的一些基本问题。他们的努力甚至影响了其他一些人文学科。

这些研究专著生动地刻画了城市的现实状况，在学术圈外也有着广泛的读者。他们开创的精细的个案研究传统被戴维德·里斯曼（David Riesman）和奥斯卡·刘易斯（Oscar Lewis）等人继承发扬。这批芝加哥大学的社会学家与当时在该大学周围居住、写作的小说家们互相交往，彼此交流，因而，他们的作品也成为了美国文坛的一部分。这些小说家有詹姆斯·T. 法雷尔（James T. Farrell）、理查德·赖特（Richard Wright）和索尔·贝娄（Saul Bellow）等。

当前在中心城区出现的物质（physical）重建与社会重建问题早在大萧条（Great Depression）之前就由这些社会学家提出了，他们大多都有着很强的社会福音派背景。作为田野工作者，他们不只是描述大城市的社会弊病，而且还非常关注有关社会变化与社会规划的综合性方案。他们对那些旨在进行暂时性改善的表面化措施多有批评。早在1918年，W.I. 托马斯（W.I. Thomas）就对社会工作提出了第一波批评，该批评分析透彻，有理有据，所提出的问题也正是当代社会工作最为头疼的地方。作为社会学系的田野基地，芝加哥区域计划（Chicago area project）在1930年代曾试图将“社区发展”这一规划设计引入芝加哥北区的贫民窟，这体现了该学派发展新理念的努力。该计划产生了公民参与、自助、贫困文化等一系列范畴，奠定了“贫困之战”（war against poverty）的思想基石。

不过，芝加哥学派还受到这样一种思潮的极大推动：将城市看作一个社会学研究的独立客体。这些学者对城市社区的复杂性十分着迷，热衷于发现在表面的混乱中潜藏的常规类型（patterns of regularity）。当前的城市研究只不过进一步丰富了他们所提出的诸多概念、命题之间的理论关联。虽然他们没有给出确切的答案，但他们设定的这些核心问题依然主导着今天城市社会学家的思考。当然，他们原初的理论构想在传播过程中不可避免地丧失某些精妙细微之处。由于无力直面这些原初的构想，目前城市社会学中的一些争论似乎更加剧了这样一种理论的过度简化。

因此，再版罗伯特·E. 帕克（Robert E. Park）、欧内斯特·W. 伯吉斯（Ernest W. Burgess）和罗德里克·D. 麦肯齐（Roderick D. McKenzie）的《城市》一书，可谓正当其时。该书首版于1925年，它像剖面图一样，真实地展现了芝加哥城市学派在最兴盛时期的理论关切。它既包括一些关键的理论性阐释，也包括对城市生活中不同文化类型的解释与分析。当然，它缺乏一些更加深入的描述性内容，不过读者可以在一些个人专题研究中找到。

罗伯特·E. 帕克的“城市：有关城市环境中人类行为研究

的建议”一文发人深省，毫不过时，它讨论的问题仍是当前研究必须面对的。欧内斯特·伯吉斯有关城市圈（urban zones）的分析可以看作一个经验论者的真诚努力，他要为城市自生自发（unplanned）的发展模式绘制认知地图；值得一提的是，由于当前的社会变化大多都是人为规划（planned）的产物，伯吉斯的这一工作必须再次开展。同样，罗德里克·D. 麦肯齐基于生态学的解释也展现了一种对城市进行整体分析的理论抱负，而随着现代城市日趋庞大和复杂，这种尝试就更为重要了。

芝加哥学派的智识态度（intellectual posture）贯穿本书。城市不只是一个人造物，或者一种居住安排。与之相反，城市体现了人类真正的自然本性。它既表现了普遍意义上的人性，也表现了由地域性（territoriality）而产生的社会关系的独特性。随着城市进入均质的文明化进程，现代科技已经改变了城市的地域性，但并没有消除它。

这些学者论述魔法与心智，还探讨过神话与理智（intellectuality）。作为社会学家，他们意识到传统、习俗和城市居民的浪漫主义愿望在将生态、经济、工业等因素转换为一种社会机制。他们在寻找客观性和普遍性的过程中发现没有必要回避价值问题，正是这些价值在促使人类行动。也正因为如此，他们常常使用社会的组织化过程（social organization）这一概念，“组织起来”（to organize）意味着是人们在创造着社会价值与社会目标。

如今，要想充分理解或者管理现代城市，仅靠这些学者搜集、归纳的类型和数据已经不够。他们用尽各种办法搜集材料，虽然在当时已经是骁勇无畏了，但在今天看来则显得有些原始。比如，当代城市与当代城市社会学是少不了计算机技术支持的。如果给这些用双手来统计数据的芝加哥社会学家配备当前社会科学研究的相关设备，他们一定会感到相当便利。但他们也一定会继续关注当代社会中和曾经的流动工人、舞女（taxi-hall dancer）处于相似位置的人，进而去考察现代人的个体性，正如他们的学生们已经在做的那样。

莫里斯·贾诺威茨

第一章　城市：有关城市环境中人类行为研究的建议 1

从本文的观点来看，城市不单单是若干个体的聚集，也不单单是街道、建筑、电灯、电车、电话等社会设施的聚集；同样，它也不单单是各种机构与行政管理设置——诸如法庭、医院、学校、警察，以及各部门的公职人员——的汇聚。它更是一种心智状态，是各种风俗和传统组成的整体，是那些内在于风俗之中并不断传播的态度与情感构成的整体。换言之，城市并不只是一种物理装置或人工构造。它就内含于那些组成它的个体的生命过程之中，因而，它是自然的产物（a product of nature），尤其是人之自然，即人性的产物。

就像奥斯瓦尔德·斯宾格勒最近指出的那样，城市有其自身的文化："城市之于文明人，就如同农舍之于农民。农舍有它的家神，城市也有自身的守护神，有它当地的圣灵。城市和农民的小棚屋一样，都根植于土地之中。"①

近些年的城市研究大多从地理学的角度切入，晚近才开始从

---

① Oswald Spengler, *Der Unitergang des Abendlandes*, Ⅳ (München, 1922), 105.

生态学角度展开研究。在城市社区的界限内，或者说，在任何人类居住的自然区域的界限内，都有若干力量在起着作用，它们会使得区域内的人口和机构呈现为一种有秩序的、有典型性的群体形态。
2 有一门科学试图将这些作用因素从中分离出来，并试图去描述在它们的共同作用之下人口和机构呈现出来的、具有典型性的群聚形态。我们将这门科学称为人类生态学（human ecology），以示它与植物生态学、动物生态学的区别。

交通、通讯、电车、电话、报纸、广告、钢筋混凝土建筑和电梯，所有这些能在瞬间引起城市人口大范围流动与大规模集中的事物都可算作城市生态组织化的首要因素。

然而，城市并不仅仅是一种地理或生态单位（ecological unit），它同时也是一种经济单位。城市的经济组织以劳动分工为基础。城市人所从事的工作与职业的五花八门是现代城市生活最引人注目却也最不易被一般人理解的众多景象之一。从这个角度来看，我们可以说城市是由它所包含的区域、人口，以及相应的各种体制、行政管理设置有机结合在一起的。城市事实上是一种心物机制（psychophysical mechanism），在此机制内并且通过这种机制，个体利益与政治利益不仅能找到一种集体表达形式，而且还能找到一种法团式的表达形式。

我们日常所看到的城市，比如它的规章条令、正式组织、建筑，以及市内电车等，似乎大多都只是人造物。它们就其自身而言只是一些公共设施和外部设置，但是，如同人手中的工具一样，一旦人们使用它们并形成习惯，它们就以此与社区及其个体所蕴含的生命活力联系起来，从而成为人们居住的城市的一部分。

所以说，城市是文明人的自然居住地（the natural habitat of civilized man）。正因如此，它也是一个具有独特文化类型的文化区域：

斯宾格勒写道，“所有伟大的文化都是从城市中诞生的（city-born），这是一个极为确定但却从未被深入研究的事实。第二代人类
中的优秀者是建造城市的一群人。世界历史与人类历史不同，它 3
的真正标准在于：世界历史就是城市人的历史。民族、政府、政治和宗教，所有这些都依赖于人类生存的基本形态——城市。”①

人类学是一门研究人的科学，到目前为止，它主要研究原始人类。其实，文明人也是一个十分有趣的研究对象。并且，研究者可以更加容易地进入他们的生活，进行观察和研究。虽然与原始社会相比，城市生活与城市文化显得更加多样、微妙与复杂，但其内部所蕴含的基本冲动却与原始社会的并无二致。人类学家博厄斯（Boas）与罗维（Lowie）在研究北美印第安人的生活、习俗时使用了细致观察法（patient methods）。如果采用同样的方法研究芝加哥近北区“小意大利”街区（Little Italy）的风俗、信仰、社会实践与一般的生活观念，或用于记录纽约市格林尼治村（Greenwich Village）居民和华盛顿广场邻里中世故老练的民风，可能会取得更为丰硕的成果。

我们对当代城市生活的某些透彻认识，大多得益于小说家的描写。但是，城市生活的复杂性需要一种更加深入和客观的研究，这是连埃米尔·左拉的“实验”小说、鲁贡-马卡尔家族的家族史

① Oswald Spengler, *Der Unitergang des Abendlandes*, Ⅳ, 106.

中所展现的内容都无法企及的。

我们需要这样的研究，哪怕只是为了让我们能够在读报纸时更加准确地理解其深意。对于普通读者来说，他们之所以对报纸上的每日新闻既感到震惊，又被其深深吸引，完全是由于他们对报纸每天记录着的城市生活知之甚少。

下文对城市生活研究提出的若干建议，一方面旨在阐明一种研究视角，另一方面试图提出更具体的方案，即如何研究一个城市的物理机制（physical organization）、各类职业，以及城市的文化。

4 一、城市规划与地方组织

城市，尤其是现代美国城市，乍看上去根本不像是毫无人工痕迹的自然生长之物，因而人们很难将其看作一个生命体（living entity）。例如，大多数美国城市的平面布局都像一个棋盘，它的距离单位就是一个个方格式的街区。人们很容易被城市的这种几何外形欺骗，以为它是一种纯粹的人工构造物，可以像一个积木搭建的房屋一样，将其任意拆分和重组。

然而，城市实际上根植于其居民的习惯与风俗之中。这意味着，它在具有一种物理机制的同时，还保有一种道德机体（moral organization），两者以某些特定的方式相互作用，相互形塑，并相互改变。城市作为一个客观可见的结构，体态巨大，结构复杂，这往往是它留给我们的第一印象。然而，这一结构却是发端于人性（human nature）的，它是人性的某种表现形式。从另一方面说，这一庞大的客观机制虽然是出于满足居民的实际需要而产生的，但是，它一旦形成，就会作为一种自然存在的外在事实加诸于他们身上，并反过来根据它内在的设计与利益塑造这些居民。城市的构造与传统不过是同一个文化复合体的不同面向，只有这一文化复合体才能决定什么是城市区别于乡村、城市生活区别于野外生活的特性。

城市规划——城市有其自身的生活和生命，正因如此，这里才存在着一定的界限，它使人们无法任意改变城市的物质结构与道德秩序。

例如，城市规划确立了城市的边界，大体规定了城市各类建筑设施的位置与功能属性，并在城市区域内对私人建筑与公共建筑进行了有序的布置。但是，虽然有这些规划与布置，人
性的自然发展趋势却将赋予这些划定的区域与这些建筑一种 5
特性，使其的发展并不能被轻易地操控。比如，我们当前的个人所有制使我们无法准确预测任何特定区域内人口的集中化程度。各区域的地价因此并不固定，大多数情况下得依靠私营企业的发展来确定城市边界以及居住区与工业区的位置。同时，由于每个人在个人偏好与交通便利程度、职业兴趣与经济利益之间必然无法兼顾，就不得不进行相应的取舍，选择合适的居住地，从而造成大城市人口的分化。久而久之，城市就形成了一种既非事先设计，又非受到操控和安排的城市机制与人口分布形态。

贝尔电话公司（Bell Telephone Company）正以纽约与芝加哥两个城市为主开展一项详尽的研究，主要目的是预测大城市人口

在未来可能呈现的增长趋势与分布样态。赛奇基金会[①]曾进行过一项有关城市规划的研究，试图构造一个数学公式来帮助他们预测未来纽约市人口的扩张程度及其限度。近年来随着连锁商店的发展，许多连锁企业开始关注如何选取连锁店的地理位置。结果是它们促成了一种新职业的产生。

如今，有一类专家专职于选址工作。他们的选址方法带有一定的科学准确性，即通过当前的发展趋势推测未来的可能变化。他们的雇主主要是一些旅馆、雪茄店、药店和其他小零售店，这些商店生意的好坏大多依赖于地理位置的选择，并且，如果他们占据了一个好地段，房地产商就会认为他们能够盈利，从而才愿意为其提供资金支持，以求能从他们的盈利中分成收租。

起初，客观地理条件、自然环境的利弊，以及交通方式决定了城市规划的大体轮廓。但随着城市人口的增长，人们之间的互相赞同与敌对，以及经济上的切实需求开始产生某种微妙的影响，
6 逐渐改变了人口的分布格局。商店与工厂总是要寻求有利的地理位置，并吸引某些特定类型的居民在其周边聚集。于是，该区域内不断出现新建的高级住宅区，原本居住于此的穷人由于地价的不断高涨而被排斥在外。随后，该区域的外围开始出现很多贫民窟，大量更为贫穷的阶层只得居住于此，落得与乞丐和恶人共处。

随着时间的进一步发展，城市的每个区域都开始具有某种与该区域内居民的特性与品质密切相关的东西。城市中的各个部分

① 拉塞尔·赛奇基金会（Russell Sage Foundation，以下简称赛奇基金会）成立于 1907 年，是 20 世纪美国最早的私人基金会，立志于解决贫困、老年问题，改善医院和监狱状况。——译者

都不可避免地染上了居民们的特殊情感。这就使那最初无甚内涵的地理区划转变为邻里（neighborhood），即一个具有感情、传统与自身历史的区域。在这个邻里中，历史保持着自身的延续。过去的一切形塑着现在，每一个邻里在自身动力的作用下不断展开新的生活，这种情形或多或少都会独立于邻里之外更大范围内的生活，以及与这种生活相关的利益。

城市的组织方式、城市环境的特征，以及法令规范的特点，都最终取决于城市人口的规模、集中化程度与分布状况。因此，我们需要研究城市的发展过程，并对城市人口分布中的某些异常情况（idiosyncrasy）进行分析比较。下面是我们在研究城市时首先要了解的问题。

城市人口的来源有哪些？

城市人口的增长中，哪部分增长属于正常增长（即出生率高于死亡率的情况）？

城市人口的增长中，哪部分是移民导致的？其中，本国移民与外国移民各占多少？

哪些区域是明显的“自然区域”（即人口分隔所形成的区域）？

城市中的人口分布在多大程度上受到经济利益（如土地价格）的影响？情感利益（如种族情感）的影响？职业等因素的影响？

城市中哪些区域的人口在减少，哪些区域的人口在增多？ 7

在城市的各种自然区域中，哪些区域的人口增长、家庭规模，与其出生人数、死亡人数有关？与其结婚率、离婚率有关？与其房租价格、生活水平有关？

邻里——城市中最简单、最基本的交往形式是以住所相近和邻里往来为基础的，在城市生活的组织机制中，我们必须进行这些交往。一个区域内的共同利益与相互交往会培养出当地人的共同情感，并且，由于当前制度规定居住是参政的基本条件，邻里就成了行使政治控制的首要场所。在城市的社会机制和政治机制中，邻里是最小的地方性单位（local unit）。

> 我们显然会对这一社会现象感到万分惊讶，即从远古时代开始，人们就需要明白一个道理：那个把家建在你旁边的人有权获得你的友谊……作为一个社会单位，邻里具有明确的边界、内部的有机整体性，以及牵一发而动全身的敏感性。因而，我们完全可以将其看作一种社会心智（social mind）……在邻里内掌有权力的领袖，无论他依凭此权力在城市中其他的更大区域内多么恣意妄为，他都必须总是站在其邻里居民的一边，代表他们；他总是小心翼翼维护他们的共同利益，对其不敢稍有欺骗。不过，话说回来，这些居民对当地事务了如指掌，要想欺骗他们，也实在不是什么容易的事情。[①]

邻里总是实际存在着，但并没有正式的建制。地方性改良协会（local improvement society）是一个建立在自发性的邻里组织之上的团体，其宗旨主要是为了使当地人在涉及当地利益的问题上有机会表达自己的意见与情感。

在城市生活的复杂影响之下，人们所说的正常类型的邻里情

---

① Robert A. Woods, " The Neighborhood in Social Reconstruction, " *Papers and Proceedings of the Eighth Annual Meeting of the American Sociological Society*, 1913.

感会发生一些奇异而有趣的变化，在当地产生出很多并不常见的社区类型。除此之外，有一些邻里刚刚萌生，另一些却已濒临解体。比如，纽约的第五大道（Fifth Avenue）可能从未出现过一个改良协会（improvement association），而与之相比，勃朗克斯 8
（Bronx）的135街（这里可能是世界上黑人最集中的街区）正在迅速地发展为一个内部亲密团结、高度组织化的社区。

> 在纽约市的发展史上，哈莱姆（Harlem）[①]这个地名的意义几经更迭，最初暗指荷兰人，随后是爱尔兰人，犹太人和黑人。其中，从犹太人向黑人的转变来得最为迅速。直到15年前，美国的整个有色人种区域（北起马萨诸塞州，南至密西西比州，再向西横贯大陆直至洛杉矶和西雅图）对哈莱姆这个名字都还很陌生，现在，它已经成为黑人大都市的代表。无论是那些观光游客、寻乐作乐者、猎奇者，还是那些冒险家、事业家、野心家以及有才华的黑人，都将哈莱姆视为他们的圣地。作为黑人大都市，它所具有的诱惑力已经远及加勒比海的每一个岛屿，甚至波及非洲。[②]

重要的是要知道，是哪些力量打破了邻里内部的平衡，造成了共同利益与情感的分裂。无疑，正是内部的平衡、共同利益与共同情感赋予了街区的个性。一般来说，所有那些会引起人口结构变化，使人们只关注各自不同的利益与目标的因素都可算作这

① 美国纽约曼哈顿的一个居住区，是艺术家、作家等的聚居地。——译者

② James Welden Johnson, "The Making of Harlem," *Survey Graphic*, March I, 1925.

种力量。

哪一部分人口在流动？

这部分流动人口是由哪些要素（即种族、阶层等）构成？

多少人在酒店、公寓或廉价房中居住？

多少人拥有自己的房子？

游民（nomads）、流动工人（hobos）与吉卜赛人（gypsies）占总人口的多大比例？

另一方面，城市中的某些邻里一直处于被隔离的状态。过去我们曾做过许多次努力，试图重建这些邻里的生活，加快它们的发展步伐，使它们与更大范围的社区的利益关联在一起。在某种程度上，社会睦邻组织（the social settlements）就是以此为目标的。与之类似，还有很多组织在为重建城市生活而努力。并且，他们还在促进当地社区发展、调控社区生活的过程中发展出了一系列的方法与技术。我们在研究这些组织的同时，也需要
9 研究这些方法与技术，因为只有这些对社区生活产生实际作用的方法才能展现这些组织的本质属性，即他们的可预料的特性（Gesetzmässigkeit）①。

很多欧洲城市，以及一些美国城市都将重建城市生活理解为

① “因此，如果说我们希望把（自然）这个词作为科学学说里的一个合乎逻辑的术语来使用，那么我们应当认为，在考虑到它（自然）的合乎法的关联时，自然就是现实。我们可以在例如‘自然法’这个概念里发现自然的这个含义。那么，我们也可以将事物的自然称为那种进入到概念里的东西，或者就此用最简练的方式表述为：在考虑到普遍物时，自然就是现实。这样一来，自然这个词才获得了一个合乎逻辑的意义。”（H. 李凯尔特:《自然科学的概念构成的界限》第 212 页。H.Rickert, *Die Grenzen der naturwissenschaftlichen Begriffsbildung*, p. 212.）（本文的若干德文、法文翻译得友人张巍卓、杜月襄助，不胜感激。——译者）

不遗余力地建造园林式郊区，拆毁那些卫生条件极差、破败不堪的廉价房，代之以市政出资修建的样板楼房。

在美国的城市中，人们通过修建休闲广场，在市舞厅开展大众舞活动，以及推广各种体育运动来改善那些“脏乱差”的邻里街区。因而，我们在研究邻里时，也应该研究这些用以提高大城市中被隔离人口道德水平的措施。总之，这类研究的意义不仅在于了解这些措施本身，更是为了考察它们所揭示出的有关人类行为与人性的普遍特征。

移民聚集区（colonies）与被隔离区（segregated areas）——城市环境中的邻里正在开始丧失其真正的价值，而这种价值曾在比较简单、原始的社会中一度持久存在。便利的通讯与交通，使个体的注意力更加分散，他们能同时生活在若干个不同的生活世界中，而这将会摧毁邻里内部原有的稳定性与亲密性。与之不同，所谓的少数族裔聚居区（ghettos）中的移民区和特定族裔聚集区（immigrant and racial colonies），以及其他的人口隔离区所处的被隔离状态则有利于当地人和邻里群体保持其亲密与团结，并且，在某些存在种族歧视的地方，还能进一步强化这种亲密与团结。10
当然，如果某一种族或某一职业的个体虽然居住在一起，但却分为若干不同的更小群体，且相互隔离，那么他们的这种邻里共同情感就会和种族对立、阶层利益冲突混融在一起。

客观的地域距离与心理的情感距离是互相加强的，并且，人口在当地的分布状况与阶层、种族这些因素都会对社会组织的演化造成影响。每一个大城市都有自己的特定族裔聚集区（racial colonies），比如旧金山和纽约的唐人街，芝加哥的小西西里

（Little Sicily），以及其他各种不甚有名者。除此之外，大多数城市都有被隔离开来的“脏乱差”区域，比如，芝加哥至今仍存在一些罪案高发区。同时，每个大城市都有自己的职业型郊区，比如芝加哥的屠宰区（Stockyards）；也有自己的居住飞地（residential enclaves），比如波士顿的布鲁克林（Brookline），芝加哥的“黄金海岸”（Gold Coast），纽约的格林尼治村。这些飞地都是由具有某一特定种族、阶层、职业的人所组成，但除此之外，它们在规模和形态上与一个完全独立的镇、村或市并无二致。这些城中城最引人注意和最有意思的地方也正在于此，他们的居民都属于同一个种族，或者虽属于不同种族，却都是同一社会阶层。一个最典型的例子就是伦敦东区，有200万劳动工人居住于此。

> 如今，伦敦东区的人口剧增，很多人穿过里亚（the Lea）地区，在其周边的沼泽地与草地上落脚。他们将这些昔日的乡村改建为新城镇，其中，西汉姆约有30万人，东汉姆约有9万人，斯特拉特福德及其“附属区域”（daughters）约有15万人，其他的“村庄”也发展迅速。如果将这些新增人口计算在内，伦敦东区就有将近200万的总人口，这一人口数比柏林、维也纳、圣彼得堡，以及费城中的任何一个都高。
>
> 这个城市到处都是小教堂和礼拜堂，却没有圣公会大教堂，或是罗马天主大教堂；它有很多小学，却没有公立学校或中学，也没有开展高等教育的学院或大学；当地的人都读
> 11 报纸，却至今都没有一份伦敦东区的报纸，而只是些小范围的地方性报纸……大街上从来看不见私人马车；也没有时尚

> 的街区……人们在主干路上看不到一个妇女。人、商店、房屋、车辆——所有这一切都带着显著的工人阶级的烙印。
>
> 可能最奇怪的事情是：这个拥有200万人的城市竟没有一个宾馆。当然，这意味着这儿没有任何旅游者。[①]

在欧洲比较古老的城市中，人口的区隔分化（segregation）过程更加明显，邻里与邻里间的差异与美国相比也更加显著。伦敦东区是一个由单一阶层构成的城市，不过，由于种族、文化与职业的差异，它的人口曾不断地区隔分化。在这些古老城市的人口构成上，那种植根于当地传统与风俗的邻里情感起到了决定性的作用，并最终显著地体现在当地居民的特征与性情上。

和研究所有其他社会团体一样，研究这些大城市内部及其周边的邻里、种族社区和被隔离区，也首先需要了解如下内容：

这些区域的构成要素是什么？

这些区域的形成在多大程度上是选择性的？

人们如何进入或脱离一个业已形成的群体？

这些区域中，人口的相对持久性与相对稳定性如何？

这些区域中的人口在年龄、性别和社会条件上呈现什么分布？

这些区域中儿童的状况如何？其出生率与存活率各为多少？

一个邻里有着怎样的历史？邻里的潜意识——已被人遗忘的或那些只剩下模糊印象的经历——中深藏着什么东西，从而决定了它的情感与态度？

---

① Walter Besant, *East London*, pp.7–9.

它（邻里）具有怎样的显性意识？比如，它所公认的情感与信条是什么？

它（邻里）把什么看作事实？把什么看作新闻？邻里中的人普遍关注什么？什么是他们模仿的对象？这些对象存在于该群体之内还是群体之外？

12 什么是社会仪式？比如，个体需要在邻里中如何行事，才不至于被猜疑，或被视为另类？

哪些人是邻里领袖？他们的自身利益与邻里集体利益之间有哪些交集？他们用来实施控制的手段是什么？

二、工业组织与道德秩序

古代城市起初是一个堡垒，是战争时的避难所。与此不同，现代城市的兴起主要是为了促进贸易发展，它通常在旧有集市的基础上形成。只有当市场、货币和其他有利于商业贸易发展的机制存在时，工业竞争和劳动分工这两种最能开发人类潜能的制度才会成为可能。

德国有句古老的谚语："城市的空气使人自由"（Stadt Luft macht frei）。该谚语是指在古代德国，一些自治城市受到皇帝的特许，如果一个逃跑的农奴能够在这些城市中生活一年零一天，他就将得到法律的认可，成为一个自由人。不过，单纯依靠法律规定并不能使一个手艺人获得自由，他的自由必须依赖于一个开放的市场，在其中他能够出售自己的劳动产品。即，当货币经济被应用于主奴关系时，才实现了农奴的彻底解放。

职业阶层（vocational classes）与职业类型——古老的谚语将城市看作适合自由人生活的天然之境，此观点在今日仍然正确。城市生活充满了各种机遇，各种有意思的活动，各种类型的工作，以及大量潜在的合作关系，个体能够从中选择一个适合自己的职业，从而发展自身独特的才能。城市为个人的独特才能提供了一个交易市场，个人在择业上的竞争能够促使每一份工作都挑选到最适合的人选。

> 人们在天赋才能上的差异，实际上比我们认为的要小得多。
> 从事不同职业的成年人似乎具有完全不同的天赋，通常情况下 13
> 这与其说是劳动分工的原因，不如说是劳动分工的结果。世界上最不相同的两类人之间的差异，例如，一个哲学家与一个普通的街头搬运工的差异，并不仅仅是天赋使然，而主要是受到了习惯、风俗和教育的影响。当他们来到这个世界上，在六岁或八岁的时候彼此间还很相似，他们的父母或玩伴都看不出他们有什么明显的不同。随后，他们开始从事不同的职业。于是，才能上的差异开始显现，并逐渐扩大，一直到最后哲学家的虚荣心使他不愿意承认与这个街头搬运工之间的相似之处。所以，值得注意的是，如果没有互通有无、物物交换，每个人就都不得不亲自生产他想要的每一种必需品以及生活的便利。他们就必须做相同的工作，履行相同的义务，那就不可能有职业上的差异，以及相伴随的才能上的不同……
>
> 贸易交换使劳动分工成为必要，所以劳动分工的程度总是受到贸易交换的限制，即受到市场大小的限制……有些工

业类型，即使是最初级的，也只能在大的市镇中发展。[①]

在个体相互竞争的情况下，成功并不那么容易实现，它通常需要个体对某一工作的高度投入和专注，而这种投入和专注又刺激了人们对理性方法、相应的技术手段以及独特技巧的需求。这种独特技巧虽然以天赋才能为基础，但也需要后天的专门学习，这就使各种职业技术学校的兴起成为必要，并最终在行政系统中促成了职业指导部门的形成。值得注意的是，所有这些都直接或间接地进一步筛选和强化了个人之间的差异。

每一个推动贸易和工业发展的设备和设置都将进一步导致劳动分工，并使人们所从事的工作更加专业化。

这一过程的最终结果是摧毁或者改变以往社会中建立在家庭纽带、当地协会、文化、等级与地位之上的社会与经济机制，代
14 之以一种建立在工作和职业利益基础之上的机制。

城市中的每一种职业，甚至是乞丐这一行，都试图发展出自身的专业化特征。这与为了工作成效而实施的纪律规范，以及相应建立的各种团体都强化了一种趋势——工作的专业化，以及工作的理性化，并发展出一套特定而自觉的技术来推动其发展。

职业和劳动分工产生的第一个结果并不是社会团体，而是诸多的职业类型，比如演员、水暖工与伐木工。由相同行业或职业的人组成的组织，比如各行业部门的工会，是以共同利益为基础而建立的。在这个意义上，它区别于邻里这样的团体形式，后者以地理邻近、私人交往（personal association）与人性的普遍纽带

① Adam Smith, *The Wealth of Nations*, pp.28–29.

为基础。按照阶层（classes）差异，不同的职业可以进行分类，比如艺术家阶层、商人阶层与专业工作者阶层。但是，在现代民主国家中，阶层还没有形成自己有效的机制。社会主义致力于建造一个以“阶层意识”为基础的组织，但从未成功过。不过，俄罗斯可能是个例外，它至少在政党之外还建立了别的东西。

可以把劳动分工看作一套纪律规范，即一种塑造从业者特征与性格的方法，要考查它所产生的效果，最好从劳动分工所产生的具体职业类型入手。其中，比较有意思的研究对象有：女店员、警察、流动小贩、车夫、守夜人、巫师、杂技演员、江湖郎中、酒吧侍者、街区老大、破坏罢工者、劳工煽动者、学校老师、记者、股票经纪人和当铺老板。他们都是城市生活的独特产物，并且他们都有自己独特的经验、见识与看法，因而对于每个职业群体和整个城市来说，他们都有着自己的“个性”。

各行业从业者的才智在多大程度上取决于其天赋才能？ 15

这种才智又在多大程度上受到职业特性与其他条件（他在这些条件下发挥该才智）的影响？

一个人所取得的职业成就在多大程度上依赖于敏锐的判断力与常识？又在多大程度上依赖于他的技术能力？

一个人拥有天赋才能，或受过专业培训，是否就足以使之在任何职业岗位上都取得成就？

每一种行业或职业各自都有什么特定的威望，同时又会受到什么特定的偏见？为什么会有这些威望与偏见？

人们在选择职业时，主要是从个人性情，还是从经济或情感方面进行考虑？

什么职业中，男性比女性更容易成功？什么职业中，女性比男性更容易成功？为什么？

与各种团体所具有的道德维持作用相比，职业自身在多大程度上塑造着从业者的精神观念与道德偏好？从事同一种行业或职业的人，如果来自于不同的国家或文化群体，那他们的思想观念是否会带有某些共同的特性？

一个人所拥有的社会信念与政治信念，比如社会主义、无政府主义或工团主义，在多大程度上是由其职业决定的？在多大程度上是由其性情决定的？

在不同的职业中，社会信念与社会理想主义在多大程度上超越并取代了宗教信仰？为什么？

社会中的各阶层是否倾向于形成某种类似于文化群体的特性？即这些阶层是否倾向于像一个种族或一个国家那样具有排他性与独立性？还是与之相反，每个阶层实际上总是依赖于其他阶层的存在？

有多少儿童在其长大后会从事他们父母的职业？为什么？

个体是否会经常从某一阶层成员转变为另一个阶层成员，这种转变会对阶层间的关系产生什么影响？

新闻与社会群体的流动性——劳动分工使个体的成功取决于对一项特定工作的完全投入，这无疑增强了不同职业间的互相依赖性。于是，一种新的社会机制就产生了，在这种机制中，个体越来越依赖于那个他所隶属于其中的共同体。在个体竞争的情况下，不同职业间逐渐增强的互相依赖性为整个工业机制创造了某
16 种社会团结，但是，这种团结的基础并不是情感与习惯，而是利

益的一致性。

就情感、利益这两个词在本文的意涵而言，前者比较具体，后者则十分抽象。我们可以对一个人、一个地方，或者随便什么事物怀有一种情感。这种情感有可能是厌恶感，也可能是拥有感。但是，对任何事物怀有某种情感或者被这种情感所主导，都意味着我们不能用一种完全理性的方式去行动。这意味着令我们动情之物以某种方式与我们的性情声气相通，这种性情可能是先天遗传的，也可能是后天习得的。它既可以是一个母亲对孩子的情感，是先天本能的；又可以是她对孩子曾睡过的摇篮的感情，是后天习得的。

这种情感的存在表明人们被一些动机推动着去行动，但他们对这些动机要么全然不知，要么无法完全掌控。每一种情感都有自身的历史，它们不是存在于个体的经历中，就是存在于整个族群的经历中，但那个依照此种情感行事的人却很可能并不知道这些历史。

与情感不同，利益很少有特定的对象，它更多地指向最终目的，而这种最终目的的达成既可以通过此对象，也可以通过彼对象，既可以在此时达成，也可以在彼时达成。因而，利益意味着存在实现某一目的的手段，以及个体能够意识到该手段与目的之间的差别。我们在怀有情感的同时也容易产生偏见，而且，这种偏见会针对任何对象——比如各种人、种族和无生命的事物。偏见还容易产生禁忌，从而能够维持“社会距离”（social distance）与业已存在的社会机制和组织。情感与偏见构成了保守主义的基本形式。与之相比，我们的利益则是理性的、多变的，无时不在寻求着变化。

货币是促使价值理性化、利益代替情感的首要推动者。我们对自己拥有的货币没有任何个人态度和情感偏好，比如我们对金
17 钱就没有那种对自己家庭的情感，也正是因此，货币成了重要的交换手段。我们会为实现某个目的而饶有兴趣地赚取大量金钱，但如果那个目的可以通过其他方式实现，我们也会同样感到满意。只有守财奴才会对金钱本身怀有情感，如果那样的话，他们可能会更喜欢某种特定的货币，比如黄金，或是其他而不考虑其价值。在这种情况下，黄金的价值是靠个人情感决定的，而不是理性。

一个由相互竞争的个体和相互竞争的群体组成的机制总是处于一种动态均衡的状态，而且只有通过持续不断的调整才能维持这种均衡。商业世界很好地体现了社会生活的这一面向与这一类型的社会机制，因而成了政治经济学研究的特定对象。

工业机制以货币所确立的不带个人情感的关系为基础，可以说，它的扩展是和不断增长的人口流动相伴而生的。在城市生活中，只会从事某一特定工作的劳动者与手艺人被迫从一个地方向另一个地方流动，寻找他们所能胜任的特定就业机会。欧洲和美国之间来回流动的移民大潮，在某种程度上就是这类人口流动的一种反映。[①]

另一方面，随着交通与通讯方式的改善，商人、制造商、职业人以及各行业的专家开始在前所未有的广阔领域内寻找自己的主顾。这是测量人口流动的另一条路径。但在测量个体流动或人口整体流动时，我们不仅要测量其区位的具体变化，还要测量是

① Walter Bagehot, *The Postulates of Political Economy* (London, 1885), pp.7–8.

哪些原因刺激个体或人群不得不改变现状，进而导致了该变化。人口流动不仅依靠交通，也依靠信息交流。教育和阅读能力的普 18
及，以及货币经济给人们生活所带来的各种利益，都使社会关系中的个人情感降低了，从而极大地增强了现代人的流动性。

"流动"这一概念，就像与之相关的"隔离"概念一样，可以涵盖很多的现象。它既表明了一种流动的特性，又阐述了促成流动的条件。隔离的形成，可能只是因为交往遇到了纯粹的客观障碍，或是因为被隔离者天性古怪，且教育水平低下。由此而言，流动就是相反因素的一个结果，比如天然的交往条件，或者是流动者受过大学教育、行事彬彬有礼。

现在，我们可以很清楚地发现，某些个人、种族或者社区总是被指责为缺少才智，其实，这往往是隔离造成的。因而，从另一个方面说，人口的流动无疑会极大地促进其才智的发展。

我们通常认为原始人不能进行抽象思维，实际上这一所谓的事实与原始人缺少流动性密切相关。一个农夫从其日常工作中获得的知识是具体的、个人经验性的。他对他所照看的畜群中的每一头牲畜都十分了解。他经年累月地耕种自己的土地，对其有着深厚的情感。甚至，当他仅仅从这块伴随其成长的土地转移到另一块他并不那么熟悉的土地时，他就会觉得这是一种个人损失，他会感到失落。对这样一个人来说，邻近的山谷，或者村子那头的某块土地，都是某种意义上的陌生领域。作为一个农业劳动者，这位农夫的工作效能大部分依赖于他熟知这块土地的各种特性乃至怪异之处，进

> 而细心照料这块生养他的土地。在这种情况下，农夫显然不需要将其实践知识按照科学的原则进行抽象概括。他使用具体的概念进行思考，因为除此之外他不知道，也不需要知道什么其他的了。
>
> 犹太人的理智以及他们被公认的对于抽象思维和激进观念的兴趣，无疑和一个事实有关，即与其他人种相比，犹太人最有资格被称为城市民族。“流浪的犹太人”需要抽象的概念去描述他们所见到的不同景象。他们有关世界的知识建立在对相似性与差异性的比较之上，即建立在分析与分类之上。犹太人从小就在喧闹的集市中成长，他们与集市有着密切的联系。他们完全醉心于需要进行精明计算的买卖游戏，从中
> 19 学会使用最为有趣的抽象物——货币，以致他们既没有机会也没有兴趣去培养对某些地方和某些人的亲密情感，而后者恰恰是那些不流动者的特性。[①]

城市人口的集中、市场的扩大、劳动分工的发展，以及特定职业人与职业群体的聚集都在持续不断地改变着城市生活的物质条件，因而对这些新物质条件的适应就显得越来越有必要。由此，出现了一些以便于人们进行适应和调整的特殊组织。在现代城市的诞生中起了关键作用的市场就是这些组织中的一种。不过，更有趣的是贸易交换过程，特别是股票交易和贸易委员会的成立，股票价格随着全球经济的变化而不断调整，或者说是随着那些有关全球经济变化的报道而不断调整。

---

① Cf. W. I. Thomas, *Source Book of Social Origins*, p.169.

这些报道只要被人们认为能够导致变动和调整，就具有了我们所谓的新闻的特征。正是一种紧急情势的出现，使得原本仅仅是信息的材料成了新闻。哪里有利害攸关的问题，或者说哪里有危机，哪里就会有新闻，即那些可能以某种方式影响到结果的信息就变成了报业人士所称的“活材料”（live matter）。活材料是新闻，死材料（dead matter）只是信息而已。

人口流动与接受他人建议、模仿他人有什么关系？

是什么实践机制增加了一个社区或一个个体对他人意见的接受性，并且增加了其流动性？

在社区中存在那种与个体的歇斯底里症相对应的病理性因素和条件吗？如果有，那么这些因素和条件是如何产生的，又是如何被控制的？

时尚在多大程度上能够反映流动性的大小？

时尚的传播方式与习俗的传播方式有什么差别？

社会躁动（social unrest）是什么？它会在什么情况下出现？

一个发展中的社区与一个静态的社区在抵抗新潮的观念和建议时各有什么特点？

一般而言，吉卜赛人、流动工人与游民的哪些心理特征可以 20
追溯到他们的游荡习惯？

股票交易与暴民——股票交易是一种典型的调整方式，我们可以看到随着世界各地经济报道的变化，交易价格处于不断的波动之中。社会生活的各个领域都存在此类调整，只不过不及股票交易这么完备与健全。例如，各种职业简报与行业简报，它们向各行各业介绍最新的方法、经验与设备，促使这些行业与职业的人员能够不断学习、与时俱进，事实上，它们的确有助于人们应对和适应不断变化的外部条件。

在此，我们需要进行一个重要的区分：股票贸易中的个体间竞争越激烈，个体自身的变化就越迅速、越深刻。交易过程中存在很多作用因素（forces），相互竞争的商人在市场上聚集，进行买卖活动；与之不同，群众（the crowd）与暴民这类如此具有流动性的社会机制实际上呈现的却是一种相对的静态。

众所周知，群体运动中的决定性因素和市场波动中的决定性因素一样，都是心理层面的。这意味着那些构成“群众”的个体，或是那些参与到交易市场的各种波动中的公众都处于一种不稳定的状态，类似于我们在其他时候所称的危机。的确，对股票交易和“群众”来说，有一点是相同的，即它们所代表的情势始终都十分关键和紧急，也就是说，它们内部的张力之大，以至任何一个小的状况都可能迅速地导致某种巨大的影响。现在流行的“紧要关头”（the psychological moment）一词，就委婉地道出了这种紧急状态。

这种紧要关头可能在任何社会情境中出现，但他们更多地发生在那些具有较强流动性的社会，以及那些教育得以普遍推行，
21 铁路、电报与出版印刷已成为社会经济重要组成部分的社会。并且，他们更多地发生在城市而非小的社区。在群众与公众当中，他们所处的每时每刻都可被称为“紧要的”（psychological）[1]。

“危机”可说是股票交易中的常态。而金融危机只是这种危机常态向更大的商业领域蔓延的结果。有时紧随金融危机会发生金

① 双关语，兼具“心理性的”之义。——译者

融恐慌，但这也只是这种危机常态所引发的意外后果。

研究危机与人群的有趣之处在于，既然这些危机事实上源自各种心理因素，也就是说，是所在社区流动性的产物，那么它们就是可控的。人们可以被操纵这一事实也证明了上述可控性，比如，股市交易中存在的大量操纵案例就是一个明证。与股票交易操纵相比，对人群的操纵则不易被人觉察。不过，考察劳工组织，我们就会发现它们早已掌握了一套煽动与控制罢工的完备技术。救世军（Salvation Army）[①] 曾编写过一本书，主要探讨控制街头群众（street crowds）的策略与技术问题。职业型宗教复兴运动家，比如比利·桑迪（Billy Sunday），也有一套复杂精微的技术来开展他们的信仰复兴运动。

近年来，在集体心理学（collective psychology）的名目下，许多研究开始关注人群以及社会生活中的类似现象。但迄今为止，大多数研究都基于一般的观察，而缺乏系统的方法来研究此类社会机制。政治领袖、劳工煽动者、股票交易投机者，以及其他此类实践者用以操控公众与人群的具体方法为我们提供了大量材料，由此我们可以进行更加详细、具体的研究。我们姑且将这种研究对象称为集体行为（collective behavior），以区别于那些高度组织化的团体（group）。

与其他地方相比，城市，特别是大城市中的人际关系显得更 22
加缺乏个人情感，十分理性化，人们往往根据利益与金钱来界定彼此间的关系。因而，城市实际上可成为研究集体行为的实验室。

① 19 世纪末，在纽约成立的一个带有宗教色彩的慈善机构，主要从事社会救济、赈灾与慈善事业。——译者

在城市中，罢工与小规模的革命运动总是时有发生。城市，特别是大城市总处于一种动态均衡中。其结果是城市人口中的那些来去随意、流动性强的群体一直面临着无休无止的焦虑，他们不仅受到每一次新思潮的鼓动，还总感到一种持续存在着的恐慌，从而使社区始终处于某种危机之中。

上文阐明了对集体行为进行细致的基础性研究所具有的重要意义。下文将列出若干研究问题，希望能为研究城市生活的学者开展该项研究提出些许建议。

什么是危机心理学？一个危机事件（不论是政治的，还是经济的）的发展过程中会涉及哪些相互关联的事件？

议会制与选举制，在多大程度上可被看作规制革命，应对和控制危机的手段？

一般而言，那些激发了金融恐慌、房地产虚假繁荣与群众运动的普遍条件在多大程度上引起了群众暴力、罢工与激进的政治运动？

当前的不稳定与社会动乱在多大程度上可以归咎于经济变化的影响，比如股票交易中时时刻刻的变化？

通常来说，通讯与新闻的发展对股市波动与经济变化有什么影响？

股市交易中的股票流通量将扩大市场中的价格波动，还是使之趋于稳定？

如果报纸上的报道呈现了事实和真相，那它会加快社会变革，还是会平息当前正在进行的社会运动？

在那些无法获得确切信息的地方，大肆宣传与谣言会产生怎样的影响？

正常的调节措施能在多大程度上控制股市的波动？

审查制度能在多大程度上对社会变革、罢工与革命运动进行 23
监控？

对经济与社会变革的科学预测能在多大程度上对价格走向与事件的发展趋势进行有效控制？

股票交易的实际价格与报纸所刊登的公众对股票价格的看法能在多大程度上保持一致？

有些城市在面对事态变化时反应迅速且果断，我们在多大程度上可以将其视为社会机体的神经中枢？

三、次级关系与社会控制

近年来，城市交通与通讯方式的现代化——比如电气化铁路、汽车、电话与无线电——已经不动声色却又十分迅速地改变了现代城市的社会机制与工业机制。随着它们的出现，城市中的贸易开始集中到中心商业区，零售业的整体面貌发生了变化，郊外住宅区的面积开始急剧扩大，并出现了百货公司。工业机制与人口分布上的这些变化进一步促使城市人口在习惯、情感与个性上发生着相应的变化。

这些变化的本质可以从这样一个事实中看出，即随着城市的发展，昔日同一社区内个体间直接的、面对面的“初级”①

① “primary”“secondary”这一对概念，学界惯常译为初级、次级。比如下文中的初级群体。这里的“初级”一词主要指其原生性。——译者

（primary）关系开始为间接的“次级”（secondary）关系所取代。

> 我用初级群体（primary groups）这个概念指代那些由亲密的、面对面的交往与合作所塑造的群体。他们的初级性（primary）表现在多个层面上，但主要是指他们奠定了个体形成自身社会属性（social nature）与社会观念的基础。从心理学的角度来看，亲密的交往和联系会使个体们融合在一个共同的整体之中。因而，对于此时的每个个体来说，在大多数情况下，群体的共同生活和目的就是他们生命的全部。描述这种整体性的最简单方式或许是称其为“我们”（we），这一称呼虽然平淡无奇，却包含了彼此相惜与相互间的认同。一个人感觉到自己生活在整体之中，并且在这种感觉中找到了自己的根本方向……①

24 相处相伴以及身体的接触是最初始、最基本的人际关系的基础。母亲和孩子，丈夫和妻子，父亲和儿子，主人和仆人，以及一个人与其亲戚、邻居、牧师、医生、老师之间的关系，都是最亲密也是最真实的生活关系，并且，在一个小社区中这些关系实际上就已涵盖了生活的全部。

在这样的社区中，成员间的互动是直接的、不假思索的，并且，互相间的交往主要依靠本能与感觉。因此，社会控制的产生是出于个人影响力与公共情感的需要，并且大多数时候是自发产生的。这种社会控制是个体经验累积的结果，而不是根据某种理

① Charles Horton Cooley, *Social Organization*, p. 15 .

性的抽象原则制定的。

教会、学校和家庭——大城市的人口流动性强，十分不稳定。一个家庭的父母与孩子通常在城市中相距甚远的地方工作；成千上万的人长期毗邻而居，相互间的关系却赶不上一些泛泛之交。在这样的城市中，初级群体中应有的亲密关系削弱了，附着于其上的道德秩序也逐渐解体了。

在城市生活的这种瓦解作用之下，我们的大多数传统机构，如教会、学校与家庭，都发生了极大的改变。比如说，学校已经承担起家庭的某些功能。现在的公立学校十分关心孩子的德育发展与身体成长，在这里，我们可以看到一种类似于新邻里精神和新社区精神的东西开始形成。

而另一方面，随着印刷业的快速发展，书籍杂志极大地取代了布道台在阐释生活意义与人生价值上的位置，教会因而丧失了它以往的影响力。现在，它正在根据外部的新情况重新调整自己。

我们需要研究教会、学校与家庭是如何调整自身以适应新的城市生活条件，这一研究具有重要意义。

近年来，家庭中的情感发生了什么变化？丈夫对待妻子的态 25
度、妻子对待丈夫的态度以及孩子对待父母的态度都发生了什么变化？

对此，未成年人与道德法院的相关记录能够说明什么情况？

在社会生活的哪些领域中，与家庭生活相关的民情（mores）变化最大？

这些变化在多大程度上是受到了其所处的城市环境的影响？

我们也需要对学校和教会进行类似的研究。在学校与教会中也存在随着城市环境的变化而产生的态度与政策的改变。这些研究很重要，因为人们生活中的那些直接且至关重要的利益能在这些机构中找到一种集体式的共同表达，并且，就最终的分析而言，社会机制在根本上也是以这些机构为基础的。

在城市环境的影响下，人们逐渐丧失了地域归属感，初级群体对个体所具有的限制与禁止作用也大大弱化，这在很大程度上导致了大城市中不道德行为与犯罪行为的产生。一个有趣的研究是考察犯罪行为的增长与人口流动性的增长之间存在多大的一致性，以及这种人口流动性在多大程度上是由人口增长所造成的？在得出相关结论后，我们应该进一步解释那些标志着道德秩序解体的统计数字，比如有关离婚、逃学和犯罪的统计材料。

个人财产所有权，特别是家庭中的个人财产所有权对逃学、离婚与犯罪等行为有什么影响？

城市的哪些区域与阶层中普遍存在特定的、具有地方特征的犯罪行为？

在哪些阶层中，离婚发生得最频繁？农民的离婚与其他人群的离婚，比如说演员的离婚有什么区别？

在某一既定的种族群体中，比如纽约的意大利人群体和芝加哥的波兰人群体，父母与子女在多大程度上生活在同一个区域，使用同一种语言，或拥有相似的观念和想法？这些情况能在多大程度上解释该群体中的青少年犯罪？

移民群体的本民族风俗民情在多大程度上导致了该群体中的一些犯罪现象？

26 **危机与法院**——城市生活的一个特点是各类人常常照面、互相混杂而居，彼此间却从未有过了解。无政府主义者与俱乐部成员、牧师与利未人（the Levite）、演员与传教士可能在街上相遇，但却生活在完全不同的世界中。各职业阶层之间的区隔分化程度是如此高，以至那些在城市中过着此类生活的人，在其所处的隔绝状态上，与某个生活在偏远农村的人并无二致。

沃尔特·贝赞特（Walter Besant）曾讲过他在《人民宫殿周刊》（*People's Palace Journal*）当编辑时的一段经历。

> 为了能够发现几个可能被埋没的人才，我那时曾热情地鼓励他们进行文学上的尝试。这份杂志的读者都来自当地受过教育的几个阶层和群体。他们主要都是年轻职员——其中有些还是非常好的人。他们有一个辩论社，我时不时去参加一回。哎，他们的辩论真是无知愚昧，更糟的是，他们完全没有意识到这一点，个个都对自己的辩论自鸣得意。我曾尝试过说服他们，让他们知道一个好的辩论至少应该在发言之前了解相关事实的真相，但却是徒劳一场。然后，我开始进行主题征文，并举办有奖诗会。让我吃惊的是，在这成千上万的年轻男女中，我没有发现一丁点儿与文学有关的才能。在其他任何城镇都有一些或多或少拥有文学才艺的青年人，他们甚至在文学上怀有宏大的志向。其实，这也不奇怪，在这样一个没有书籍、报纸、杂志，以及在那时还没有免费图书馆的城镇，又怎么会出现这样的青年人呢？[①]

① Walter Besant, *East London*, p.13.

现在，每个大城市中都有移民聚集区，这些外来人口所处的隔离状态虽然与伦敦东区存在差异，但在某些方面其隔绝程度要远远超过后者。

这两种隔离状态的差异在于，每一个小的移民聚集区都有一个多少具有独立性的政治和社会组织，而且，它们几乎都是有力地进行民族主义宣传的中心。比如，每一个这样的移民群体都有
27 一份或者多份以本民族文字刊行的报纸。几年前，纽约市有 270 种出版物，其中的大多数都是由各区居民自己刊行的，而它们所使用的语言多达 23 种。在芝加哥，总共使用 7 种语言发行 19 种日报，日销售量可达 368,000 份。

正是基于这些条件，移民才能较少地受到美国社会的影响，长期保持他们在本国所习得的社会仪轨与道德伦理。然而，建立在本民族风俗民情基础上的社会控制开始在第二代移民身上解体。

笼统来说，城市与这种社会控制解体的关系在于：城市环境增强了各种危机所具有的影响。

我们不必从暴力的角度来理解“危机”这个概念。它可以指任何对习惯的干扰与破坏。当一个男孩要离开自己的家庭时，他的生活就面临着某种危机。黑人的解放以及欧洲农民的大量移入也是一种群体危机。危机所存的张力可能导致三种变化：更好的适应性，效率的降低与死亡。在生物学的术语中，“生存”（survival）意味着面对危机进行了成功的调整，并且一般情况下伴随着结构的改变。对于人来说，它则意味着精神上的促动和激发及其带来的更强大的心智，或者是由于失败所带

> 来的精神消沉与沮丧。[①]

在城市生活中，个体与个体、群体与群体之间虽然彼此依赖，相互间却缺少同情与理解，如果他们只是在相互依赖的意义上共存，而缺乏亲密的感情，那么，社会控制的方式就会发生极大的变化，控制的难度也将增加。

由此而产生的问题通常被称为“同化”（assimilation）问题。人们声称，导致大城市中犯罪行为迅速增多的原因是城市的外来人口既没有成功地吸收美国文化，同时又无法适应美国社会的风俗民情。如果这一说法属实，那将是一个很有趣的现象，但是大 28
量的事实似乎表明，应该从另一个完全相反的角度去探寻真相。

> 研究的一个重要发现与在美出生的移民子女有关——即“第二代”移民问题。我们对第二代的犯罪倾向分析主要以下述材料为基础：1908 年 10 月 1 日到 1909 年 6 月 30 日纽约市法院刑事法庭的判决记录，以及马萨诸塞州刑罚机构截止到 1909 年 9 月 30 日的所有拘禁记录（不包括国家农场部分）。
>
> 我们从这些记录中可以发现，第二代移民与第一代移民在犯罪性质上有着明显差异。但是，还有一个情况同样值得注意，即这种代际间犯罪性质上的差异对于那些非移民血统的第二代美国出生者来说更加明显。这意味着第二代犯罪不

① William I. Thomas, “Race Psychology: Standpoint and Questionnaire with Particular Reference to the Immigrant and Negro,” *American Journal of Sociology*, XVII（May, 1912）, 736.

> 再仅仅是移民群体所特有的现象，而且开始不断地向美国本土家庭扩展。有时候，这一现象甚至蔓延到了土生土长的美国居民之中。在这种比较所涉及的所有第二代群体中，有一个群体完全符合上述论断，其他的则或多或少有所不符。这唯一的群体就是爱尔兰人的第二代。①

我们确实发现，危机带来的结果之一就是以前以风俗民情为基础的社会控制被基于成文法的控制所代替。这一变化与城市环境中个体联系由初级关系向次级关系的转变是同步进行的。

美国社会的一个特征是，任何大的政治变革的试行实施，要么是受到了某种骚乱的压力，要么是由于几个激进的少数派的倡导和推动。可能再没有其他的国家像当前的美国一样在实施如此多的“改革”。事实上，改革已经变成了一种时髦的“户内运动”（indoor sport）。这些被实施的改革几乎无一例外地包含着某种限
29 制或是政府对活动的控制，而这些活动以前都是“无限制的”，或者仅仅只是被风俗民情和公共舆论所控制。

这种所谓的治安权的延伸，不仅促使法律的基本政策产生了一些变化，而且还改变了法院的性质与地位。

未成年人与道德法院所发生的变化也可能在别处发生。在这里，法官发挥着类似行政官员的职能，他们的职责不是解释法律，而是提出补救措施与行政建议，以期重新改造这些违法犯罪的青少年，使之能够回到他们在社会中的原有位置。

与上述情况类似，在一些需要处理商业案件中各种技术问题

① *Reports of the United States Immigration Commission*, Ⅵ, 14–16.

的法院，法官也开始被授予更大的自由裁量权与更重的责任，并且，法官权力与责任的增加还表现在那些兼具司法职能与行政管理职能的委员会的普遍化，比如，州际商业委员会（Interstate Commerce Commission）就是一例。

要想从根本上解释与社会控制有关的诸多事实，就需要首先对群体行动（corporate action）这一概念的本质属性进行清晰地界定。

当构成一个群体的个体间出现某种交流时，群体行动就产生了。交流可能在不同的层次上进行，这就是说，人们在交流中会相互给出建议和看法，并受到对方的回应，但这一过程有可能仅仅停留在本能的层次，也可能发生在感觉运动（senso-motor）或意识运动（ideo-motor）的层面上。交流的机理十分微妙，微妙得使我们通常很难想象这些建议和看法是如何从一个人传递到另一个人的。不过，这并非是指我们需要通过一些意识的特殊形式、与血缘亲缘有关的特殊感受，或是某种种群意识才能解释人们的群体行动。

事实上，最近人们发现在某些高度组织化的静态社会中，比如众所周知的蚁群社会，可能从未产生过我们所谓的交流。

> 这是一个尽人皆知的事实，如果将一只蚂蚁移出它的蚁巢，随后再将其放回，它不会受到蚁巢中其他蚂蚁的攻击。
> 但是与之相反，将一只属于其他蚁巢的蚂蚁放入该蚁巢，它 30
> 几乎就一定会受到攻击。我们过去习惯于用记忆、敌对、友谊等词语来描述这一现象。如今，贝斯（Bethe）做了下面这个实验，他将一个蚂蚁浸泡在用其窝内同伴的身体榨取的汁

> 液（血液与淋巴液）中，然后再将其放回自己的蚁巢，它不会被攻击。随后将其浸泡在用“敌对”（hostile）蚁巢的蚂蚁榨取的汁液中，当再将其放回它自己的蚁巢时，它马上被攻击并被杀死了。[①]

还有一个有关蚂蚁交流方式的更深入的例子，它将说明本能层次的交流是多么的简单与自发。

> 一只蚂蚁从蚁巢出发，选择一条新路去觅食后，它总能按照原路返回。这表明这只蚂蚁一定留下了一些能够指引它原路返回的痕迹。贝斯发现，如果沿着这条路回来的蚂蚁没有带回战利品，那么其他蚂蚁就不会对此再做尝试。但是如果它带回了蜂蜜或者糖，其他的蚂蚁则一定会沿着这条路出去觅食。由此可见，蚂蚁在这条路上肯定留下了一些其所搬运的物质。而这些物质所散发的化学成分之强足以影响到其他的蚂蚁。[②]

这些例子揭示了一个重要事实，即通过这些相对简单的机制就能形成群体行动（corporate action）。

当然，人们不只是通过这种刺激—反射的方式进行相互交往，他们不可避免地要交流他们的情感、态度与某些身体性的兴奋感，此时他们就不仅需要对他人的实际行为做出反应，而且还需要对他人的意图、欲求与期望做出反应。个人通常将那些连自己都只

① Jacques Loeb, *Comparative Physiology of the Brain*, pp. 220–221.

② 同上书，第 221 页。

是模模糊糊意识到的情感与态度流露给他人，这就使个体 A 能够根据个体 B 的动机和心理紧张度，在 B 采取行为后立即（甚或先于 B 的行为）做出反应。此外，A 可能会根据 B 给出的建议行事，但 B 自己可能并未清楚地了解他之所以提出该建议是基于何种动机。这些交流和反应是如此精细与微妙地控制着那些处于同一个社会—心理过程中的个体。

每一种比较正式的控制形式只有以这种出自本能的自发控制为基础，才能行之有效。

为了进一步展开研究，我们将社会控制形式的变化归纳为以
下几条： 31

1. 成文法对习俗的替代以及市政机构控制范围的增大，它们开始管控那些以往任由个人自主判断的活动。

2. 市法庭与刑事法庭的法官都倾向于承担行政职能，以至刑法的实施再也不单单是实践社会仪轨，而是对理性方法与技术方法的运用。这就需要专家的知识与意见，从而将个体重新融入社会，并修补个人罪行所产生的损害。

3. 城市中相互隔离的不同群体的风俗（mores）发生了什么变化？产生了什么偏离？比如说，女店员的道德规范是什么？移民、政治家与罢工煽动者的道德规范各是什么？

这些研究的目的不仅是辨析上述变化的产生原因及其未来发展趋势，还要探寻那些有可能减缓这些变化或使之不产生有害影响的力量。比如，我们需要了解现阶段在我国出现的那些旨在对个人增加积极限制的动因是否会发展到其在德国曾有的那种极端程度？它们最终是否会导致某种类似于国家社会主义的状况？

性交易与酒类非法买卖——研究城市生活中的社会控制，可能最好的入手点是研究它在杜绝性交易、控制酒类非法买卖上的努力。

酒吧与色情场所的出现，迎合甚至挖掘着人性中的某些根本欲望与本能。这就使那些试图用来规范和压制这些非法交易的努力显得既有趣又重要，从而成为我们的研究对象。

进行此项研究需要对以下几个方面进行细致深入的考察：（1）这些非法交易所迎合的人性，（2）促使正常的欲望转化为社会罪行的社会条件，（3）这种限制、管控及消除性交易，杜绝酒类非法
32 饮用与销售的努力所产生的实际效果。

我们需要了解的问题还有：

嗜酒在多大程度上是一种先天本性？

这种嗜好和欲望（appetite）在多大程度上可能从一种刺激形式转变为另一种刺激形式？比如，从威士忌变为海洛因？

用正常而健康的刺激形式替代病态且有害的刺激形式在大多程度上是可能的？

秘密饮酒会产生怎样的社会影响与道德影响？

如果在一个地方的社会生活中很早就形成了某种禁忌（taboo），那么它是否会使人们更向往那被禁止的放纵行为中所体验的快乐？这种情况是否只出现在某一些情形中，而不存在于其他地方？如果是这样，是什么环境促使了这种情况的产生？人能否突然戒掉他们对酒以及其他刺激物的兴趣和欲望？能使其做到这一点的前提条件是什么？

要想回答上述问题，我们只能对个体经验展开研究。和一些

疾病类似，各种罪恶行为也有着自己的自然史。因而，我们可以将这些罪恶行为看作栖息于人类环境中的独立实体，它们在特定条件下被激活并成长，同时也受到其他一些条件的阻碍，但是在经过所有的变化发展后，都会呈现出一种典型的特征。

以往的禁酒运动带有类似宗教复兴的特点，其影响极为壮阔。近年来，禁酒运动的领袖们实施了更加深思熟虑的策略，但尽管如此，与酒类非法买卖的斗争仍带有大规模民众运动的所有特征，即该运动已首先征服了农村地区，现在正努力地在城市中扩展开来。

与之相比，杜绝卖淫的运动则始发于城市，并且，性交易事实上是城市的必然产物。公众舆论对这一问题的讨论实际上意味着在性道德（sex mores）领域中发生了巨大的变化。杜绝卖淫运动的兴起，与女性获得更大的自由，女性进入工厂、职场和党政部门是同时发生的，这一联系有着重要的意义。

大城市生活具有一些独特的条件（一般被称为“大城市人口的流动性”），它们使控制卖淫活动变得十分困难。比如，在城市 33
环境中，杜绝卖淫的运动与宗教复兴运动一般都难以取得他们在那些更小的、同质化程度更高的社区中所取得的成就。是什么条件导致了这一差别?

与杜绝卖淫运动有关的诸多事实中，最值得研究的可能要数那些能显示出五十年来性道德、性观念变化程度的事情，比如说什么样的服装与行为比较端庄，什么样的比较鄙俗，以及现在青年男女到底拥有多少讨论性话题的自由。

看起来，我们正面对着两种划时代的变革，一个似乎最终注定要将酒类归入被禁毒品之列，另一个则要解除那种到目前为止还存在的严禁自由讨论性话题的禁忌，这一禁忌在盎格鲁–撒克逊人群中普遍存在。

政党政治与公开宣传——现在，各地都在试图增加政府行政部门的权力，缩小立法部门的权力。在一些地方，随着全民公投与罢免权的引入，州立法机关与市议会的权限已经开始逐渐缩减。在其他一些地方，州立法机关与市议会的很多权限都被政府中的委员会所取代。表面看来，这些变化的原因似乎是人们想通过上述方式来打破职业政客的操控。在我看来，产生这些变化的真实原因在于这样一个事实：政府这种形式源起于城镇会议，它更符合那些建立在初级关系之上的小社区的需要，而无法用来治理这些拥有三四百万不断变化的异质人口的城市。

> 当然，这主要取决于人口的特性与规模。如果选民都是
> 34 美国本地人，并且人数还没有庞大到无法进行深入而冷静的讨论，那么这就是能想到的最好的政治形式，并且也是最能够防止徇私舞弊与浪费、提高民众政治警觉度与满意度的管理方式。然而，当城镇会议人数逐渐超过七八百，并且任何一个相当大的区域内的人彼此陌生，比如那些最近才涌入新英格兰的爱尔兰人与法裔加拿大人，那么，这一制度的运行效率就会大打折扣，因为人数太多就不适合辩论，也容易滋生各种派系，并且，这些移民不知道如何行使这种自我治理，很可能受到幕后黑手与政治煽动者的操控。[①]

① James Bryce, *The American Commonwealth*, I, p. 566.

首先，随着城市生活的发展及其组织化程度的加强，城市管理开始变得十分复杂。甚至可以说，如果我们仍将它们交给那些只是靠基层选举这种一般性政治机制获得职位的人，就显得不再合适。

通过民众选举来挑选城市官员的方法显得不切实际的另一个原因是，除极个别情况外，城市生活中的大多数选民对他们所要选举的官员以及该官员将要负责的职位所知甚少，甚至全然不晓。并且，若不考虑其他因素，单是由于这些选民忙于其他事务，就很难使其弄懂作为一个整体的城市的现状与需求。

例如，在芝加哥最近的一次选举中，选民被要求从 250 人中选出候选人，而这 250 人中的大多数他们都不认识。在这种情况下，选民若想理智地选举，就只能依靠一些或多或少与选举有利害关系的组织与顾问来告诉他们选谁。

为了应对选举在城市生活中所处的这种困境，开始兴起两类组织，它们试图控制这些所谓的选举中的人造危机（artificial
crises）。第一类主要是指政党领袖与政治机构，另一类主要是指 35
独立选民联盟、纳税者协会，以及市政研究部门之类的组织。

由此可见，我们的政党是在多么原始的情况下产生的，即必须“把坏蛋赶出去”，可以说，他们用来治理整个国家的原则不过是为了应对和补救城市管理中的各种难题及其恶果，换句流行的话，这便是治理模式的变革。在政党利益的驱动下，产生了政党机器与政党领袖，因为要赢得选举，政党就必须实现组织化。政党机器只不过是为了达成这一目的而发明的技术手段，而政党领袖只是开动和运行这台机器的专家。如同职业教练是赢得足球比赛的必备要素，对于赢得一场选举来说，政治领袖同样不可或缺。

为控制大众选举而产生的这两类组织各有其特点。第一类组织，政治机器，大体来说是建立在当地的私人关系，即初级关系之上。第二类组织，“善政”组织（good-government organizations），主要向公众进行宣传教育，按照我们通常的理解，这里的公众是指一群建立在次级关系之上的人，并且这些人之间并不总是彼此熟识。

事实上，人们之所以建立政党机器，主要是想通过它们来维持城市中正式的行政管理机构对初级群体的控制。这样建立的组织具有一种明显的封建特征，坦慕尼协会[①]就是这方面的一个典型。确切地说，政党领袖与其选区头领之间的关系就是一种个人间的效忠与庇护，而这正是封建关系的特点。这种组织提倡的道德是旧氏族的道德，即对氏族长与氏族利益的忠诚与奉献。这种组织中的人，他们的朋友和支持者，共同构成了一个“我群”，而城市中的
36 其他部分都只是一种外在的存在，在“我群”中的个人看来，这个外在的世界既不真实存在，也没有人情味，和他们自己的世界迥异。这里，我们有一些材料与初级社会的情况密切相关。

> 我们应当这样来理解“初级社会”这一概念，它是指一片区域内分散而居着若干个小的群体。生存条件的艰难程度决定了这些群体的规模。每一个群体的内部结构与其规模大小相适应。某一些小群体之间可能存在某些联系（比如亲属、邻里、联盟、婚姻或商贸关系），这使它们相互团结，并与其他的群体有所疏离。于是，在我们与他人之间、我群（we-

① 纽约民主党机器。——译者

group）与他群（others-groups）之间、内群（in-group）与外群（out-groups）之间就出现了差异和分化。我群的成员之间都处于和平、有序的关系之中，受到法律、政府、工业这些要素的整合和联结。但是，他们与其他人以及他群之间却处于战争和掠夺状态，除非双方曾就此达成过和平协定。

我群中的友情与和平，与其对他群的敌视和战争是紧密相连的。与其他群体的战争所具有的紧张与危机正是维持内部和平的关键，否则，内部的不团结就会削弱我群在对外战争中的力量。为了防止内乱、施行纪律，这种紧张与危机也是在内群中形成政府与法律的关键。①

很多大城市的政治都为我们研究政党领袖所代表的这种组织类型，以及研究由政党机器所产生、体现的社会机制提供了大量资料。然而，重要的是我们的研究要冷静客观。下文是一些我们应该尽力去回答的问题：

城市中广泛存在的政治组织究竟是什么？这些政治组织表达了什么情感、态度和利益？

这些政治组织采用什么实用的手段，从而能够动员其内部力量，并采取行动？

城市中不同道德区域内的政党各有何特点？

有多少人对政治的兴趣是认真的，是以期践行的；有多少人则只是消遣、觉得好玩儿？

选举花销中有多少用于了宣传？这用于宣传的部分中，有多

① Sumner, *Folkways*, p.12.

少是用在了“教育性宣传”（education publicity），有多少只不过是赤裸裸的行贿？

37 在现有条件下，特别是在大城市，选举在多大程度上会被各种技术手段、统计目录与选票卡片、手擎火炬的游行，以及用来煽动选民情绪的运作机制所操控？

引进全民公投与罢免制，对当前城市中的选举方式会有怎样的影响？

广告宣传与社会控制——政党机器将自己的组织化行为建立在由不同邻里、地区所代表的本地利益、个人利益与直接利益之上，与其不同，“善政”组织，市政研究部门以及一些类似组织则试图寻找某种方式来代表整个城市的利益，并且，在这个过程中，它们采取了一种既非地方的，又非个人性的情感与意见。这些组织希望通过对选民的教育，即通过研究有关政治治理的现象，并出版相关著作，来确保选举的高效以及善政的实施。

这样，宣传（publicity）就成为一种公认的社会控制方式，而广告，也就是这里所谈的“社会营销”（social advertising）就成了一种需要特定知识，技术复杂、分工精细的职业。

这是城市生活与建立在次级关系之上的社会所具有的一种独特现象，即广告宣传在他们的经济中占据着十分重要的位置。

近年来，每一个需要与公众，也就是说，与那些处于村庄、小镇中的小型亲密社区之外的公众打交道的个人与组织都开始有自己的新闻发言人。这些新闻发言人通常情况下不仅仅是一个宣传者，而是被委派到报业的外交人员，而这些个人与组织很大程度上正是通过他们和外面的世界保持着联系。拉塞尔·赛奇基金会，以及多少也可算作一例的普通教育委员会（General Education Board），都试图通过宣传来直接影响公众舆论。卡耐基医学教育报告、匹兹堡调查（the Pittsburgh Survey）报告，以及拉塞尔·塞奇基金会在几个州所进行的公立学校教育经费比较研究的报告，
都不仅仅是科学报告，而是一种报业的更高形式，即通过对现状 38
的分析和评判，同时以出版和宣传为中介，来寻求更为深入的改革。纽约市市政研究部门的工作也怀有类似的应用目的。与此相似的，还有那些有关儿童福利的各种展览，全国各地进行的社会调查，以及有关公共卫生的宣传工作。

公共舆论是社会控制的重心，它在那些建立在次级关系之上的社会生活中非常重要，大城市就是其中一例。城市中的每一个社会群体都会建构自身的生存环境，而当这些环境的各方面都趋于稳定后，它们的风俗民情（mores）也会逐渐适应这些外部条件，与它们勾连在一起。但在次级群体和城市环境中，时尚风潮取代了习俗（custom），因而，公共舆论而非风俗民情便成了社会控制的主导力量。

因此，若要理解公众舆论的本质及其与社会控制的关系，关键就是要考察那些在控制、启蒙与利用公众舆论上起着实际作用的个人、组织及其运行机制。

其中，最为首要的就是新闻出版业，也就是各种日报和一些其他形式的当代文艺出版物，包括那些列在“当代”名目下的书籍。[①]

其次，是当前在大城市中迅速兴起的各种研究部门，它们把宣传

① Cf. Bryce, *The American Commonwealth*, p.267.

作为一种社会控制手段和方式，这一点极其有趣且发展前景良好。

这些部门的研究成果并不会直接传达给公众，而是通过新闻、讲坛与其他一些开启民智（popular enlightenment）的渠道散布到公众中。

除了这些，为了教导公众，并使更多的人加入到改善社区生活条件的运动中，人们还采取了一系列其他措施，比如致力于改善卫生条件的教育活动、有关儿童福利的展览以及大量的“社会
39 广告宣传”手段。这些活动有时是由私人社团发起的，有时则通过大众杂志或报纸的宣传来起作用。

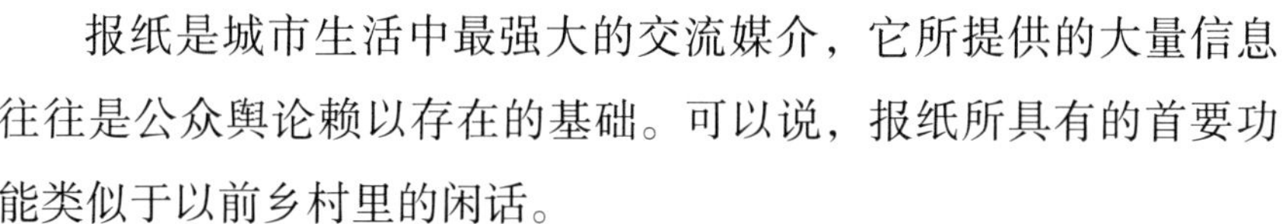

报纸是城市生活中最强大的交流媒介，它所提供的大量信息往往是公众舆论赖以存在的基础。可以说，报纸所具有的首要功能类似于以前乡村里的闲话。

然而，尽管报纸已经成为一种产业，并以此来收集和挖掘当事人的信息，以及富有人情味的事件，但是，它在社会控制的能力上还是不及乡村里的闲话。因为，一个明显的事实是报纸在收集和挖掘情报方面是有所保留的，而闲话则不然。举例来说，除非这些当事人参加竞选，或者做出一些格外能够引起公众关注的行为；那么，他们的私人生活对报纸来说就总是意味着一种禁忌，而不会完全成为报纸所关注的话题。闲话中之所以不存在这一禁忌，一方面是由于在小社区的共同生活（community）中，任何人的私人生活都不可能“默默无名”到能够完全逃脱众人的观察与议论；另一方面则是因为这个社区实在是太小了。在这样的小共同体中，他们的个人信息在彼此之间不停地传播着，其数量之大，让人不得不叹为观止。

城市之所以为城市，在很大程度上正是源于缺少这种对私人生活信息的传播和议论。

以下是一些与报纸、宣传的本质和功能有关的问题：

什么是新闻？

新闻界人士的工作方法与动机是什么？它们与艺术家、历史学家，或者商人的工作方法与动机是否一样？

报纸能在多大程度控制公众情感，又在多大程度上被公众情感所控制？

什么是“作假”，为什么会有“作假”？

什么是黄色报刊[①]，为什么它是黄色的？

如果市政当局垄断报纸，后果会怎样？

广告与新闻有什么差异？

四、性情与城市环境 40

大城市从来就是种族与文化的大熔炉，它是人们进行生动而微妙的人际交往的中心，总是会产生新的群体、文化与社会形态。比如，美国的大城市就从欧洲与美洲那些相互分离的本地村庄中吸纳了大批农村人口。在各种新事物与新关系的冲击下，他们身上的潜在力量也被释放出来，于是，这种微妙的交往过程不仅产生了不同类型的职业，也产生了不同类型的性情。

个体的流动性——在诸多悄无声息却又影响深远的变化中，

---

① 黄色报刊（yellow journalism）指那些故作耸人听闻的报道以赢得读者的低级报刊。——译者

交通与通讯的发展产生了我们所谓的“个体的流动性”。这使得每个个体与其他人相互接触、合作的机会大大增加，但同时也让这些接触更加短暂，更加不稳定。大城市中的绝大多数人，包括那些住在廉价房与公寓中的人，彼此间的关系与那些住在同一个大酒店中的人十分类似，都是相互间经常碰面却又毫不相识。于是，偶然而短暂的关系就取代了以前小社区中更加亲密、持久的纽带。

在这种状况下，个人的地位在很大程度上取决于那些公认的符号——时尚与“派头”（front），并且，生活的艺术也很大程度上沦落为对个人风格、举止礼貌进行纤细入微的精心考究，而这无疑是极为表面和肤浅的。

除了交通与通讯的发展，城市人口的区隔分化也促进了个体的流动性。人口的区隔分化带来了相互间的道德距离，城市变成了一个由若干小世界构成的马赛克拼图，即小世界之间虽相互接触，却毫无渗透。这就使个人得以快速且方便地从一个道德环境
41 转换到另一个道德环境，并且还会鼓励一种虽然刺激好玩儿却十分危险的生命体验：一个人可以同时生活在几个彼此相邻却存在重大差别的小世界中。所有这些都会赋予城市一种表面化的、冒险的特性，并且使社会关系更加复杂化，产生出新的各式各样的个体类型。同时，它们还带来了各种机会与冒险，使城市生活富有刺激，对年轻人活力充沛的神经有着独特的吸引力。大城市的引诱力可能正是这些刺激直接作用于个人神经的结果。个体向大城市的流动作为一种人类行为，可以解释为一种自然的趋向性（tropism），如同飞蛾总是趋向火焰一样。

不过，大都市的吸引力还部分地源于这样一个事实，即每一

个个体总能在城市生活的繁复多样中找到某个地方来充分发展自我，并有一种自在之感。简单地说，就是找到一种道德氛围，当他置身其中，其独特的天性会受到某种刺激，内在倾向可以得到充分且自由的展现。我想，这种驱使个体向大城市流动的动机，其根本目的并不在于追求某种利益或某种情感，而是追求某种更加本质与原初的东西。正是这种东西吸引了很多年轻男女，使他们离开乡下老家的安逸与稳定，来到这充满嘈杂、混乱与激情的大城市。在小的共同体（community）中，那些没有怪癖与非凡才华的普通人，是最容易成功的。小社区通常对怪癖抱持一种容忍的态度。但是与之相反，城市则对其持赞赏态度。罪犯、有缺陷者与有才华的人在大城市中总能发现某些机会来发展他们的天性，但他们在小镇里则找不到这样的机会。

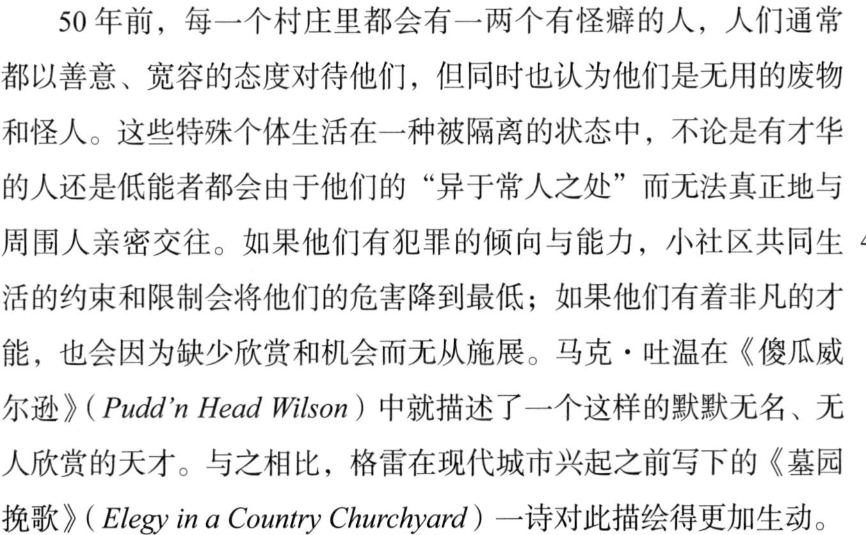

50 年前，每一个村庄里都会有一两个有怪癖的人，人们通常都以善意、宽容的态度对待他们，但同时也认为他们是无用的废物和怪人。这些特殊个体生活在一种被隔离的状态中，不论是有才华的人还是低能者都会由于他们的“异于常人之处”而无法真正地与
周围人亲密交往。如果他们有犯罪的倾向与能力，小社区共同生 42
活的约束和限制会将他们的危害降到最低；如果他们有着非凡的才能，也会因为缺少欣赏和机会而无从施展。马克·吐温在《傻瓜威尔逊》（*Pudd'n Head Wilson*）中就描述了一个这样的默默无名、无人欣赏的天才。与之相比，格雷在现代城市兴起之前写下的《墓园挽歌》（*Elegy in a Country Churchyard*）一诗对此描绘得更加生动。

多少鲜花怒放而无人知晓，

徒将芬芳遗落在漫漫荒郊。

在城市中，各种类型的人都能够找到一个适合自身的环境。在那里，他们的性情与才华不论是往好的方向还是往坏的方向，都能够向前发展，有所作为。

在研究城市所产生的各种特殊的性情时，我们应该尽力区分哪些是使一个人的技能、特长得以发展的抽象的心智能力，哪些是通过性情得到展现的更为根本的先天本性。因而，我们需要问的是：

个体的道德品质在多大程度上依赖于其先天本性？这些道德品质在多大程度上是群体施加于个人，或者个人从群体中习得的传统习惯？

群体所公认并因袭的道德与不道德的品格，都是以怎样的先天品性和特性为基础？

群体及其成员所具有的心智能力和道德品质之间有着怎样的联系与区别？

罪犯总是比非罪犯的智力水平要低吗？如果是，不同类型的罪行对应于怎样的智力水平？比如，职业盗窃犯与职业诈骗犯是否能代表不同的智力水平或类型？

刺激与压制对于各种类型的隔离与流动具有怎样的影响？

休闲广场与其他的娱乐设施能在多大程度上给人们提供一种与犯罪行为中的快感相类似的刺激？

职业培训能在多大程度上帮助个体找到一种职业，从而使其性情品质得以自由施展？

43 **道德区域**——不论是对赛马感兴趣，还是喜欢歌剧，那些寻求同一种娱乐方式的个体不可避免地会发现他们总是在同一个地方聚散。于是，在城市自发形成的组织中，人口不仅根据各自的兴趣，还根据品味和性情的不同趋于分化。而这与职业利益和经济条件所产生的分布状况有相当大的差异。

在这种城市人口分化趋势的影响下，每一个邻里都可以看作一个“道德区域”。比如，大多数城市中都有一些罪案高发区。不过，道德区域并不必然就是人们的居住区，它可能只是人们常去的休闲娱乐之地。

在每个大城市发展出来的这些相互分离的道德区域中，游移不定却又受到抑制的冲动、激情和梦想都摆脱主流道德秩序的束缚；而要想理解导致这一切的力量，就需要去探究那些与人类潜在冲动有关的事实或理论。

事实或许是，人与生俱来的各种激情、本能与欲求尚未被控制，也还没有被规训。为了人们的公共福祉，文明化过程（civilization）不仅需要时不时地对这些原初的自然倾向进行压制，而且总是要对其进行控制。在人们将纪律强加于个体，根据已被广泛认同的社区模式（community model）改造个体的过程中，许多激情、本能与欲求被完全压制下去了，而更多的则在那些具有社会价值，或至少是对社会无害的替代方式中获得了间接表达。正是在这个意义上，体育、戏剧和艺术起着重要作用。它们为个体提供了一种符号化方式来表达自己原初的、被压制的冲动，从而净化自我。这正是亚里士多德在《诗学》中述及的精神净化（catharsis），后经西格蒙特·弗洛伊德和其他精神分析学家的研究，重新被赋予了更为积极的意义。

44 毫无疑问，很多其他的社会现象，比如罢工、战争、普选和宗教复兴运动在缓解潜意识紧张方面发挥着相似的功效。但在小社区中，社会关系更具亲密性，禁忌与压制也更具强迫性，结果，许多“异于常人”的个体就感到，他们在社区的共同生活中找不到一种正常且健康的方式来表达和展现个人的才能和品性。

我们这里描述的“道德区域”，其产生原因一部分是由于城市生活所施加于人性的限制，一部分是由于城市生活所提供的便利和自由（license）。一直以来，我们都比较关注城市生活的吸引力，但却很少去研究在都市生活变动不居的情势下，阻碍和压制人的自然冲动与本能可能产生的后果。比如，就儿童而言，在乡下，他们被看作一种“资产”，但到了城里，就成了债务一样的累赘。除此之外，在城市中养活一家人比在农场要困难得多。城市中的婚龄也比农场来得晚，并且有时候人们根本不结婚。这些现象无疑会导致诸多后果，但对于这些后果的实质意义，我们现在却完全没有能力进行评判。

我们可以通过研究和比较特定道德区域内不同社会机制的特征和类型，来考察相关问题。

要考察波希米亚区、黑社会、红灯区和其他没有如此明显特征的“道德区域”各自的生活状态，什么样的外部社会事实（external facts）可以作为我们的指引？

这些区域的日常生活所涉及的各种职业具有怎样的本质？被这些区域的自由所吸引的个体具有怎样的心智特征？

个体是如何找到这些区域的？他们又是怎样从中脱离出来的？

这些区域在多大程度上可被看作城市生活的便利和自由所带

来的产物？又在多大程度上是由于城市生活对人之本性所施加的限制？

性情与社会习染——城市生活的一个典型特征是对穷人、道 45
德败坏者、罪犯，以及其他怪异之人的隔离，并致使他们聚集在一起。他们属于不同的类型，但相互间的社会习染（social contagion）会促成一种有别于正常人的共同性情，同时抑制那些能够将其与正常人团结起来的属性。这就使得我们很有必要研究这种隔离。这种与"同类"之人的联结和纽带不仅会促使他们形成共同的性情和特征，而且还能让他们为此找到一种在分化程度较低的社会不可能找到的道德支持。在大城市中，穷人、道德败坏者与违法者聚集在一处，便会形成一种不良的习染性极强的亲密社区，并且，不论是身体上还是精神上都不断地同类繁殖，这时常引起我的思考，要是杜克家族（the Jukes）[①] 那漫长的谱系，以及以实玛利（Ishmael）的众多族支不是那么能适应他们注定要生存于其中的环境，他们恐怕就不会具有一种如此顽固而不幸的共同特征了：堕落、犯罪而又贫穷。

因此，如果这些"道德区域"以及生活于其中的、多少有点儿古怪和异常的人还不能算作城市正常生活的组成部分，那么，我们也至少应该将其视为城市自然生活（natural life）的一部分。

不能仅凭"道德区域"这一名称就将某一个区域或社会设想为犯罪率高或者是不正常的（abnormal）。这一名称主要用于那些存在某种特殊道德准则的区域，在其中居住的人都被那些直接植根于个

① 杜克家族是纽约的一个家族，在 19 世纪末 20 世纪初曾被学界研究。——译者

体原初天性（original nature）的趣味（taste）、激情或利益所主导，而普通人则很少如此。这种主导物可能是一种艺术，比如音乐；或者是一种运动，比如赛马。该区域与其他社会群体的区别在于，它有着更加直接和基本的利益。因而，这一区别很可能是出于道德原因，而不是由于智力上的差距或者空间上的隔离。

正是因为大城市给人们提供了机会和可能，尤其是那些怪异
46 的或不正常的人，它才能够将那些通常在小社区中被忽视与抑制的人类性情和特征展露出来，并完全呈现在世人面前。简言之，城市充分而彻底地展示了人类本性（human nature）中的善与恶。可能，正是由此才证实了这样一种论断，即我们可以将城市看作一个实验室，或者一个诊所，从而对人性及其社会过程进行研究；这不仅十分方便，而且会成果丰硕。

罗伯特·E. 帕克

第二章　城市的发展：一项研究计划的导言 47

现代社会的显著特征是大城市的发展。再没有什么地方比城市更能清晰地展现机器工业给我们的社会生活所带来的巨大变革了。美国从农村文明向城市文明的转变，虽然比欧洲开始得要晚，或许也不比欧洲更迅猛和完备，但在它最具特色的形态上，至少可以说比后者要更加理性化（logically）。

现代生活中与城市有关的种种——摩天大楼、地铁、百货公司、日报和社会工作（social work）——都带有美国特征。我们的社会生活所发生的那些令人费解的变化，在其发生之初都会被称为“社会问题”，比如离婚，未成年人犯罪以及社会动乱等，它们使我们恐慌并困扰着我们；并且，正是在美国大城市中，我们能够找到所有这些变化的最为剧烈的形态。从城市物理空间的增长与扩张来衡量，我们能够看到导致上述变化的那些力量是多么深入且具有“颠覆性”。这正是韦伯（Weber）、比谢尔（Bücher）和其他学者进行比较统计学研究的意义所在。

这些统计研究虽然主要针对城市发展所导致的各种影响，但它也生动地说明了城市人口与农村人口相比所具有的明确特征。

随着城市的发展，城市中女性与男性的相对比例、青年与中年的相对比例、在国外出生人口占总人口的比例，以及职业的异质性，都比广阔的农村地区有了大幅上升，这深刻地改变着城市的社会
48 结构。人口构成上的这些变化也反映着社区（community）内部的社会机制正在经历种种变化。事实上，这些变化正是城市发展的一部分，它展示着城市发展中诸进程的本质。

布赫和韦伯的研究只详尽地描述了城市发展的一个显著方面，即城市人口的**聚集**（aggregation）过程。与之相比，**扩张**（expansion）也是城市发展的一个重要方面，一些对城市规划、区划（zoning）和区域调查感兴趣的团体和组织正在从一种具有实用性的角度对此进行研究。城市的人口密度日趋攀升，但比这一现象更重要的则是与之相伴的人口过剩（overflow）；它使人口向外部更广大的区域扩展，并将这些区域联结起来、形成了一个更大的共同生活的整体（communal life）。因而，本文首先探讨城市的扩张，然后探讨与扩张紧密相关、却鲜为人知的城市的新陈代谢（metabolism）与流动性。

作为物理发展的扩张

从城市规划、区划与区域调查的角度来看，城市的扩张主要指物理空间的伸展。许多有关城市交通的研究已经考察了交通与城市人口分布的关系。贝尔电话公司和其他公用事业单位所做的调查也都是以估测城市发展的方向和速度为基础，来预测他们公司的业务在未来的需求量会有怎样的变化。在城市规划设计中，

公园和林荫大道的选址、交通干道的拓宽以及市政中心配套设施的确定，统统都需要符合城市物理发展的规划图景。

随着纽约市区与市郊研究规划（the Plan for the Study of New York and Its Environs）与芝加哥区域规划委员会的成立，我们现在已经不难发现，城市的这种物理扩张在我们国家的大城市十分明显，即城市的大都会区域（metropolitan）已扩展至半径 50 英里，占地 4,000 平方英里。两者都想通过监测城市的扩张来应对城市发 49
展中的种种变化。在英国，有一半以上的人居住在人口超过 10 万的城市中，C.B. 佛谢特（C.B.Fawcett）曾生动地叙述过这种城市扩张给社会组织带来的压力：

> 过去的几十年中，随着世界上较先进民族的城市人口快速发展，一个最重要的显著现象是出现了很多大城市聚集体，或称城市群（conurbations）。较之过去任何时代的大城市，这类城市群占地面积更大，数量更多。他们的形成通常是由于一些相邻城镇的同时扩张，即它们不断向外扩展，相互间越靠越近，直至最后连接成一片广大的城市区域。每一个这样的城市群中都包含许多较为密集的城镇发展核心区，它们大多是以往各个城镇的中心区域；这些一小块一小块的核心区被那些城市化水平不高，人口不那么密集且原本就是各个城镇郊区的区域连接在一起。在这些郊区内，通常没有成片的建筑物，并且还保有很多空地。
>
> 城镇居民的这种大规模聚集是地球上人类分布的一个新特征。目前，大约有 30-40 个这种大城市群，每一个的人口

> 都超过100万。而仅在100年前，除了中国水路沿岸那些大的人口密集区外，此类规模的聚集区总共也不超过两三个。这种人口的聚集是具有重大地理意义和社会意义的现象，它给社会生活机制、城市居民的福祉及其各种活动都带来了一系列新的问题。这些城市群都还没能形成某种与其巨大规模相适应的社会意识，也没能充分地意识到他们自身是由那些拥有诸多相同利益、情感和想法的人所组成的。[①]

在欧洲和美国，大城市的这种扩张趋势被称为“城市的大都会地区”，它不仅超越了城市的行政区划，而且在纽约和芝加哥，甚至超越了州界。这种大都会地区虽然也可能把那些物理位置相邻的城区包括进来，但它主要还是根据交通的便利程度来确定的。也就是说，借着便利的交通，一个商人可以在芝加哥的郊区居住，
50 而在市中心工作，并且，他的妻子可以在马歇尔·菲尔德百货商场（Marshall Field’s）购物，而去大礼堂（Auditorium）听歌剧。

扩张：一种过程

尽管城市规划、区划和区域调查中有一些材料说明城市扩张是一种过程，并且该扩张过程的各个方面都有着紧密的联系，但是，迄今为止还没有学者对此进行过研究。描述城市扩张典型过程的最好方式可能是一系列的同心圆，这些圆圈的排序不仅可以

① “British Conurbations in 1921,” *Sociological Review*, XIV（April, 1922）, 111–112.

标明城市向外延伸的依次区域，还能表示在扩张过程中不断分化出的各种区域类型。

图一显示的是一个城或镇从中心商业区——即图中的“卢普区”（The Loop）（Ⅰ）——向外放射性扩展的理想结构。环绕中心商业区，通常有一个过渡地带，主要被商业和轻工制造业占领（Ⅱ）。第三个区域（Ⅲ）主要是一些工厂工人的居住区，他们摆脱了第二区域，也就是堕落区（the area of deterioration），但又想住得离自己的工作地点更近。这一区域之外，就是“住宅区”（Ⅳ），主要是高档的公寓楼房，以及别墅专属区。再向外，超过城市边界，就是离中心商业区30-60分钟车程的通勤者居住区——郊区或卫星城。

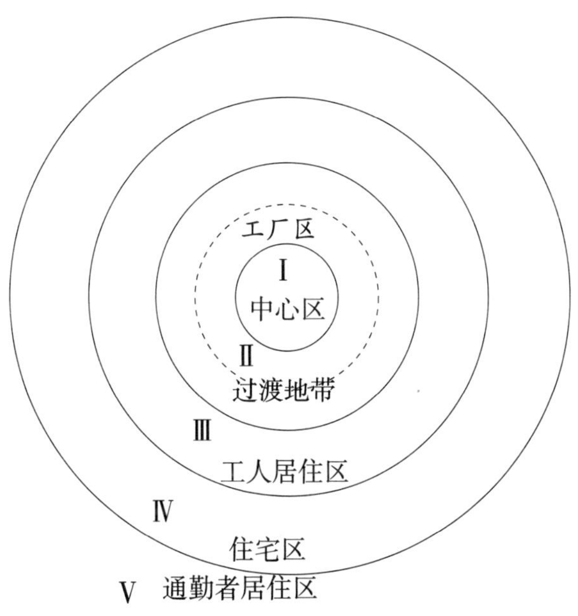

图一　城市的发展

该图清晰地展现了扩张的大致过程，每一个内层区域都通过入侵其外层区域而扩大自身。这种扩张可称为“继替”（succession），植物生态学对此已有详细的研究。如果将该图应用到芝加哥，这四个区域在其早期都孕育于最内层的区域，即现在的商业区。现在的堕落区，在不久之前还居住着独立的工薪族，并且在大多数芝加哥
51 人眼中，这里居住着“最好的家庭”。不需赘言的是，无论是芝加
52 哥抑或是其他城市都不完全符合这一理想图式。城市分布的复杂性是由多方面原因引起的，比如湖滨、芝加哥河、铁路轨道，工业分布中的历史因素，以及各个社区对入侵的抵抗程度，等等。

除了延伸（extension）和继替以外，城市发展中的扩张过程还包括既相互对立又相互补充的两个方面：中心化（centralization）与去中心化（decentralization）。所有城市的本地交通与经过该地的外部交通都自然地汇集于中心商业区。在每一个大城市的商业区，我们都可以看到百货商店、高耸的写字楼、火车站、大酒店、剧院、艺术博物馆和市政厅。并且，它还会自然而然地，甚至不可避免地成为经济、文化与政治生活的中心。我们从一个现象就可以大致看出中心化与城市生活其他过程之间的关系，即每天有超过 50 万人从芝加哥的“中心区”进进出出。最近，中心区外部的各个区域中开始出现一些次级商业中心。但是，这些“卫星城式的中心区”似乎并不意味着邻里复兴的希望，而是将几个当地社区嵌套到一个更大的经济体之中。往昔的芝加哥是乡村小镇和移民聚居地的凝聚体，如今它正在经历一次重组，形成一个离散化之后再次中心化的系统（a centralized decentralized system），即将当地社区结合为一个或隐或显地受中心商业区支配的次级商业区。这种可称为离散化之后再次中心化的过程，在当前有关连锁

商店发展的研究中已有详论，但这只是城市机制发生变化的一种表现形式。[1]

据我们的所见而言，扩张不仅指城市的物理发展，也指那些
使城市生活可居、舒适，甚至奢侈的技术服务的延伸。这些城市 53
生活的基本要件的实现依赖于公共物品（communal existence）的巨大发展。芝加哥的 300 万居民都依赖于同一个供水系统，同一个天然气公司巨头，和同一个提供照明的大型电力工厂。但是，如同城市公共生活在其他方面的情况一样，这种经济合作丝毫不含有“合作精神”应有的内涵。在大城市中，大型公共设施是生活装置（mechanization）的一部分，但它与社会机制之间很少或者根本没有任何联系。

我们对城市的扩张过程，特别是其扩张速度的研究，不仅可以从物理空间的伸展和商业发展方面进行，也可以从它引起的社会机制和人格类型的变化上入手。城市在物理与技术方面的发展在多大程度上能够得到社会机制自然且充分的匹配与适应？一个城市的正常扩张速度是多少？即，当它的扩张速度为多少时，我们对社会机制的改善与控制能够与之协调一致？

新陈代谢过程：社会组织化与社会解体

若要很好地回答这些问题，我们需要将城市发展看作社会组织化（organization）与解体（disorganization）的产物，这类似于

① 参见 E.H.Shideler, *The Retail Business Organization as an Index of Community Organization*（待出）。

生物体新陈代谢中的合成与分解过程。个体是如何被整合到城市生活中的？个体经历怎样的过程才能成为他所处社会的有机组成部分？拥有一种文化的自然方式是出生于其中。一个人在某个家庭中出生时，该家庭已经适应了一种社会环境——在此处就是指现代城市。如果是这样，最有利于同化作用（assimilation）的人口自然增长率就是出生率减去死亡率，但这是城市发展的正常速度吗？
54 显然，到目前为止，现代城市的人口增长都远高于这个数值。然而，这个人口自然增长率可以用来测量人口的任何高速增长对城市新陈代谢所产生的干扰和紊乱，比如战后南方黑人大量涌入北方城市所带来的影响。同样，所有城市人口年龄或是性别构成状况，都与标准人口状况存在差异，例如瑞典在最近这些年中从未受到任何大规模移民出入的影响。值得指出的是，任何显著的差别，比如男性多于女性，女性多于男性，儿童比例过多，或者成年男女比例过多，都是社会新陈代谢异常的征兆。

一般而言，解体与组织化过程被认为是交互发生的，它们在社会秩序的动态均衡中互相勾连，通向一个或含糊或明确的进步性的目标。由于解体意味着下一步的重组，且有助于进行更加高效的调整，人们就不应当把解体看成病态的；相反，它是正常的现象。解体是人们在思想和行为上进行重组的前提，它几乎不可避免地意味着大量新人进入城市，意味着这些新人抛弃掉他们已有的习惯和以往的道德标准，因而，解体总是伴随着激烈的心理冲突与个人的失落感。不过，可能更常出现的一个现象是，经过这些变化后不久，个体就会有种解放感和奔向诸多新目标的冲动。

在城市的扩展中，分化过程往往按照居住地与职业对个人和群体进行筛选、分类和重新安置。结果，大多数美国大城市的分化和区隔都出自同一典型模式，当然，也存在一些有趣的细微差别。中心商业区或其毗邻的街道，都是“流浪者居住区”（hobohemia）的“主干道”，这里聚集着大量来自中西部地区的、不断迁徙的无家可归者，十分拥挤。[①] 在环绕中心商业区的堕落区
（the area of deterioration）内，总能看到“贫民区”和“烂地方” 55
（bad lands），这里到处都是贫穷、颓败、疾病，以及充斥着各种犯罪和恶行的黑社会。

堕落区内有一块出租房区，简直就是“地狱亡魂”的炼狱。56
它附近是拉丁区（Latin Quarter），聚集着一些富有创造力与反抗精神的人。贫民区内人满为患，遍布各种移民区——犹太区（the Ghetto）、小西西里（Little Sicily）、希腊城、中国城——它们将固有的文化遗产及其对美国的适应结合于一身，令人惊叹。从此向外呈楔形状延伸着一条黑人地带（Black Belt），人们的生活自由散漫、毫无章法。虽然堕落区本质上是衰败的，人口结构固化且数量不断减少，但它仍在不断更生之中。看看那些教士和居民、艺术家聚居区和各种激进思想的中心（centers），它们都沉浸在对美好新世界的憧憬之中，这就是一个例证。

此区外围的区域主要居住着工人和店员，他们通常有一技之长，生活节俭。这里是第二个移民区，居住者主要是第二代移民。它从贫民窟中分化出来，是一个由满怀抱负与志向的犹太家庭

① 有关这一文化区域中城市生活的研究，参见 Nels Anderson, *The Hobo*, Chicago, 1923。

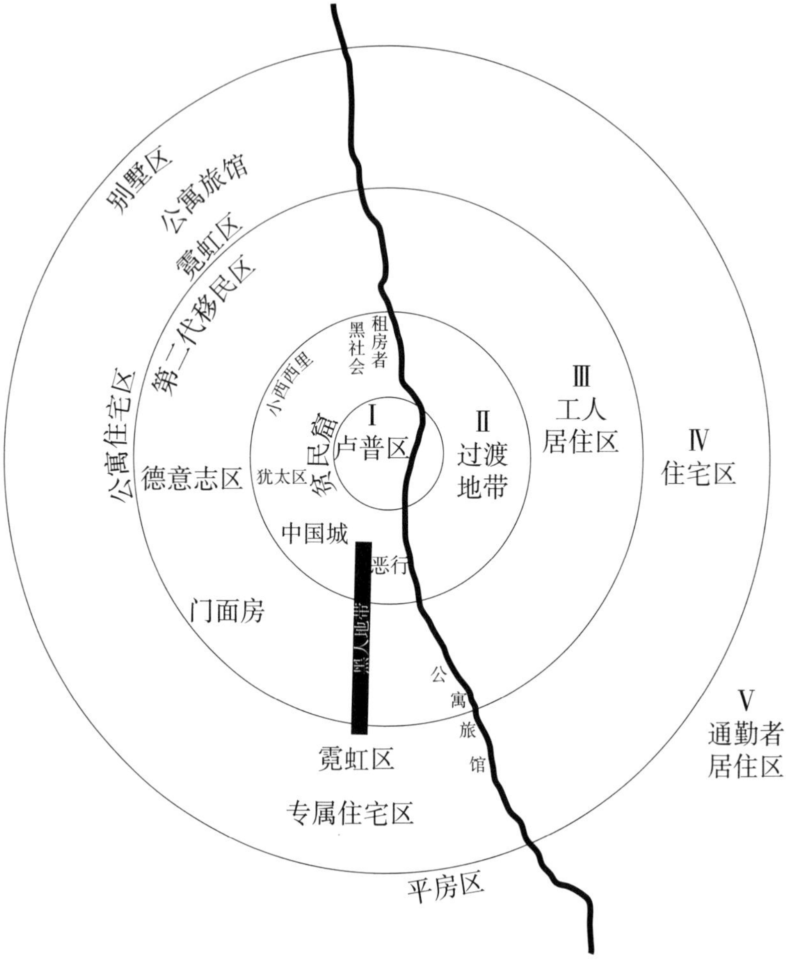

别墅区
公寓旅馆
霓虹区
第二代移民区
公寓住宅区
德意志区
犹太区
小西西里
黑社会
租房者
贫民窟
I
卢普区
II
过渡地带
III
工人居住区
IV
住宅区
中国城
恶行
黑人地带
门面房
公寓旅馆
霓虹区
专属住宅区
V
通勤者居住区
平房区

图二　城市区域

（Ghetto family）组成的“德意志区”（*Deutschland*）。“德意志”（也就是德国）这一称呼既带有嫉妒又带有嘲讽，主要指生活在犹太区（the Ghetto）之外的第二代移民比第一代移民获得了更大的成就，他们开始模仿德国犹太人的生活水准。但是，“德意志区”内的第二代移民也向往他们外围的“应许之地”（Promised Land），那里有公寓式旅馆、公寓住宅区、“卫星城式中心区”，以及“霓虹区”（“bright light” areas）。

城市不断分化成自然的经济、文化区域，这给城市自身带来了特定的形式与特征。分化和区隔确立了群体，以及组成群体之个人在城市生活总体结构中的位置与角色。它限制了某些方面的发展，却为释放其他方面的潜能提供了条件。这样一来，城市区域的某些特征便逐渐明晰化，不断吸引着与之相适应的个体促成这些个体的发展，从而使城市生活进一步分化。

与之类似，城市中的劳动分工也能展现解体、重组和日益加深的分化现象。来自欧洲和美洲农村的移民刚到城市时，基本上都不具备任何在工业化、商业化和职业化的生活中发挥巨大效用的经济技能。但有趣的是，如果说职业选择主要是按照民族划分 57
的，那么，他们的劳动分工更多的是由种族性情与其所处的环境，而不是由其本国的经济背景决定的，比如当警察的爱尔兰人，开冷饮店的希腊人，开洗衣店的中国人，当搬运工的黑人，以及当门卫的比利时人等，都属于这种情形。

在芝加哥，一百万（996，589）领薪工作者中有509种职业，《名人录》（*Who's Who*）记载的1,000多位男女也有116种不同的职业，这展现了城市中职业的精密分化如何“分解和筛选人口，对不同的要素进行区别与分类。”[①] 从这些数字中，我们或许能够看出现代工业机制的错综复杂，以及不同经济群体之间的深度分化与隔离。与这种经济上的劳动分工相伴随的是社会阶层的分化与

① Weber, *The Growth of Cities*, p.442.

文化群体、娱乐群体的分化。在这些各式各样的群体中，在它们迥然不同的生活方式中，个体总会找到自己“志趣相投”的社会世界——而这在视域狭窄、限制重重的乡村是无法实现的——从而移居到这些相互区隔、偶尔还彼此冲突的生活世界中。在这种情况下，个人的失范和崩溃（disorganization）可能就是由于无法协调两个不同群体的行为规范所造成的。

如果扩张与新陈代谢现象表明适度的解体（disorganization）可能有助于社会的组织化，那么，它同样表明城市的快速扩张带来了过量的疾病、犯罪、混乱、恶习、精神错乱和自杀，而这些大致可算作社会解体的指标。但是，如果这些指标展示的是城市新陈代谢混乱所造成的影响和后果，那城市新陈代谢混乱的起因又是什么，这些起因具体表现为哪些指标？有人指出，超出人口自然增长的实际增长数可以作为一个标识（criterion）。这种增长的原因主要是每年有成千上万的人口移居到纽约、芝加哥这样的
58 大城市。他们像潮水般涌入城市，最先淹没移民聚居区，这是通向城市的第一个关口；并一步步地将大量居民向外围区域驱逐，直到最后潮水般蔓延到最后一块城市区域。就整体效应来说，它加速了扩张进程，加速了工业化，也加速了堕落区（Ⅱ）的“溃败”过程。因而，人口内部的活动（movement）就更值得研究了。城市中正在发生什么样的活动，要如何测度它们？当然，对它们进行分类要比测度它们简单得多。比如，可以把它们分为：居住地的变化，职业的变换，劳工迁移，上下班的人口流动，以及消遣娱乐和投机冒险。这就产生了一个问题：这些活动对研究城市生活中的变化来说具有什么价值？要想回答这一问题，就要弄清

楚活动（movement）与流动性（mobility）之间存在怎样的显著差别。

社区的脉搏：流动性

活动（movement），就其本身来说，并不是变化或发展的证据。事实上，活动可能是一种用来应对某一惯常情况的次序固定不变的动作，比如，日常活动、例行公事即是如此。活动若要对发展具有重要意义，就需要包含一种变化，一种为了应对新刺激、新情况而产生的活动本身的变化（change of movement）。活动本身的这种变化称为流动性（mobility）。日常惯例性活动的一个典型代表是工作，与之不同，活动本身的变化或流动性，则主要体现在冒险中。大城市生活“灯红酒绿”（bright lights），商业中心充满各种新奇之物，人们熙熙攘攘，讨价还价之声不绝于耳；娱乐场所奢华炫目；黑社会遍布恶习与犯罪；并且，个人的生命财产随时都可能遭到各种灾祸、抢劫、杀人事件的威胁。因而，城市已经成为最具冒险、危险的区域，刺激和兴奋汇集之地。

显然，流动性包括变化、新经验与刺激。刺激促使个体对自
身所处环境中有助于实现其愿望的对象做出反应。和自然有机体 59
一样，人的成长与发展也需要刺激。个体对刺激的应对只要是个体人格面对刺激所做出的整体反应（integral reaction）的组成部分，就是有益的。若对刺激所做出的反应是分割的（segmental），即和人格的整体机制分离且不受后者控制时，就会产生解体或病态。正是因此，为了刺激而寻求刺激，例如对快乐无休止的追求，

就会成为恶习。

城市生活的流动性会带来刺激的增多以及刺激强度的增大，这不可避免地使个体迷失于其中，并丧失自身的道德。社会民情（mores）与个人道德具有一种相同的基本要素，即一致性（consistency），这种一致性在初级群体的社会控制中极其常见。流动性越大的地方，它的初级控制就瓦解得越彻底，例如，在现代城市的堕落区，就出现了许多道德败坏、淫乱与罪恶盛行的区域和场所。

我们对城市的研究发现，人口流动的区域通常都存在青少年犯罪、烂仔帮、犯罪、贫穷、遗弃妻子、离婚、弃婴与卖淫等。

这些具体情形表明，为什么流动性可能是测度城市新陈代谢的最好指标。流动性被看作“社区的脉搏”，这并非只是某种奇异的幻想。和人体的脉搏一样，流动性反映和显示社区中正在发生的所有变化，并且，我们还可以将流动性进一步具体化为若干可量化的要素。

对构成流动性的各要素可以分为以下两类：（1）人群或人口的伸缩性（mutability）；（2）人所处环境中交往与刺激的数量、类型。城市人口的伸缩性会随着性别和年龄构成的不同而变化，也
60 随着个体独立于家庭、其他团体的程度而变化。而所有这些因素都可以用具体数据来说明。新刺激的出现，总会导致一定的人群对其做出反应，我们可以从人群活动的变化、人们交往次数的增加来测量这种新刺激。有关城市人口活动的统计数据虽然只能测量惯常情况，但如果其增长率超过了人口自然增长率，它就可以用来测量流动性。1860 年，纽约市的公共马车线路运载了约 5,000

万名乘客；1890年，电车（以及少量仍在使用的公共马车）运载了约5亿乘客；1921年，各种市郊线路（高架的、地下的、地面的，以及电动式和蒸汽式）运载了超过25亿乘客。[①]在芝加哥，全年人均乘坐地面及高架线路的次数，1890年为164次；1900年为215次；1910年为320次；1921年为338次。此外，人均乘坐蒸汽及电动市—郊线路的次数在1916（23次）和1921（41次）之间几乎增加了一倍，并且小汽车使用的增加也是不能忽略的。[②]比如，伊利诺伊州的小汽车数量就从1915年的131,140辆增加到1923年的833,920辆。[③]

流动性不仅可以通过人口活动本身的变化来测量，也可以通过人们交往频次的增加来测量。1912-1922年芝加哥人口的增长率虽然低于25%（23.6%），但是这十年间寄给芝加哥居民的信件数量却增加了一倍（增长率为49.6%，从693,084,196件增加到1,038,007,854件）。[④]1912年，纽约每百位居民中有8.8人拥有电话；1922年，该市每百位居民中有16.9人拥有电话。波士顿在1912年每百位居民中有10.1人拥有电话；十年后，每百位居民中有19.5人拥有电话。同样这十年中，芝加哥的这一指数从12.3人增加到了21.6人。[⑤]不过，电话使用频次的增加可能比电话数量的增加更具有研究价值。芝加哥的电话通话次数从1914年的606,131,928次增 61

① 据 W. B. Monro，*Municipal Government and Administration*，Ⅱ，377页。

② *Report of the Chicago Subway and Traction Commission*，p.81；*Report on a Physical Plan for a Unified Transportation System*，p.391.

③ 汽车工业搜集的数据。

④ 芝加哥邮局邮件部门的统计数据。

⑤ 搜集自 *Census Estimates for Intercensual Years*。

加到1922年的944,010,586次，[①] 增长了55.7%。与之相比，人口仅增加了13.4%。

土地价格能够反映人口活动的趋势，因而可算作衡量流动性的最灵敏指标之一。芝加哥最贵的地段正是该城市流动性最强的区域，即卢普区内，州街与麦迪逊街（State and Madison streets）的交叉处。交通统计显示，在人流高峰期，每小时有3.1万，或16.5个小时内有21万人经过该地区的西南角。十多年内，卢普区的地价一直很稳定，但在同时期，那些“卫星式卢普区”[②]（satellite loops）内具有战略意义的区域的地价则翻了一番、两番甚至三番，因而，地价是一个能准确反映城市变化的指标。至此，我们的研究可以表明，地价所存在的差异，特别是那些与地租变化相关联的差异，可能是测度流动性的最佳单项指标，因而，也是测度城市扩张与发展中所有变化的最佳单项指标。

概言之，本文试图展现芝加哥大学社会学系在考察城市发展时采用的研究视角与方法，即从延伸、继替与中心化的角度描述城市扩张；并且探讨当解体过程（disorganization）超过组织化过程（organization）时，扩张如何扰乱了城市机体的新陈代谢；最后，我们定义了流动性这一概念，将其用于测量城市的扩张与新

① 伊利诺伊贝尔电话公司交通监察员R.约翰逊（R.Johnson）先生的统计数据。

② 1912-1923年，桥港（Bridgeport）临街每英尺（front foot）土地的价格从600美元上涨为1,250美元；迪维新-亚什兰-密尔沃基地区（Division-Ashland-Milwaukee district）的地价从2,000美元上涨为4,500美元；“后院”（Back of the Yards）的地价从1,000美元上涨为3,000美元；恩格尔伍德（Englewood）的地价从2,500美元上涨为8,000美元；威尔森街（Wilson Avenue）的地价从1,000美元上涨为6,000美元；但是卢普区的地价则从20,000美元下跌为16,500美元。

陈代谢，以便能够形成精确的量化数据。只有这样，我们才能毫
不夸张地将流动性视为社区的脉搏。在某种意义上，本文可以算作 62
社会学系正在进行的五六个研究课题中任何一个的导言。① 不过，我本人直接参与的那个课题是想使用这些研究方法来考察芝加哥城的一个横截面（cross-section）——如同将这一地区放在显微镜下，从而更加详细，更具操控性与精确性地研究上文中所概述的这些过程。出于这一目的，我们选择了西部犹太人（West Side Jewish）社区。这一社区包含所谓的“犹太区”（Ghetto），或称第一代居民区，以及朗达尔（Lawndale），即所谓的“德意志区”，或称第二代居民区。从扩张、新陈代谢以及流动性的角度来看，对于该项研究而言，这一地区具有某些明显的优势。它代表了从城市商业中心向外放射状扩张的发展趋势。相对来说，它目前还是一个文化同质性比较高的群体。朗达尔自身还处在流变之中，大量的移民仍在从“犹太区”（Ghetto）向该区流入，而该区人口也在不断地流向那些更令人向往的住宅区。并且，在这一地区中，我们还能研究犹太人社区中有效的公共组织如何消解了社会解体与个人失范过程中的高度流动性及其所产生的一般性后果。

欧内斯特·W. 伯吉斯

① Nel Anderson, *The Slum: An area of Deteriorationin the Growth of the City*; Ernest R. Mowrer, *Family Disorganization in Chicago*; Walter C. Reckless, *The Natural History of Vice Areas in Chicago*; E. H. Shideler, *The Retail Business Organization as an Index of Business Organization*; F. M. Thrasher, *One Thousand Boy's Gangs in Chicago; a Study of Their Organization and Habitat*; H. W. Zorbaugh, *The Lower North Side; a Study in Community Organization.*

63 第三章　研究人类社区的生态学方法

植物生态学和动物生态学这样的年轻学科都已很好地确立起来了。他们各自的研究领域都界定得十分明确，一系列相关的分析概念也开始被普遍接受。与之相比，人类生态学几乎仍是一个未被开发的领域，迄今为止缺乏系统且科学的研究方法。诚然，有很多研究都涉及了人类生态学领域众多面向中的这一方面或那一方面，但人类生态学还未发展成为一门在观察的精确性与分析方法上能够与晚近的动植物生态学相媲美的科学。

一、人类生态学与动植物生态学的关系

生态学被定义为“生物学的一个分支，它对植物和动物的考察着眼于它们所处的自然环境，研究动植物与自然环境的相互作用，以及每一种类、每个个体与其环境之间的关系。”[①] 该定义还不是十分全面，无法涵盖所有在逻辑上可以归入人类生态学的要素。由于没有先例，那么让我们尝试性地将人类生态学定义为这样一种科学：它从环境的选择、分配与适应能力对人的影响着眼，研

① *Encyclopedia Americana*, New York (1923), p. 555.

究人与人之间的空间关系与时间①关系。人类生态学根本的兴趣在 64
于从时间和空间两个方面研究区位（position②）对人类制度与人类行为的影响。“社会由一些空间上相互分离，分布在不同区域，并具有独立迁移能力的个体组成。”③人与人之间的这种空间关系是竞争与选择的产物，并且当新因素进入扰乱原有竞争关系，或者有助于产生流动性时，这种空间关系还会不断地发生变化。为了适应某种特定的空间关系，人类制度与人性本质也会发生某些改变。当这些空间关系发生变化时，社会关系的物质基础（physical basis）也发生了变化，因而产生诸多社会与政治问题。

大量的研究已经涉及竞争与选择在生物、经济与社会层面上的影响，但人们还很少关注其在分配与空间层面的意义。植物生态学家注意到了争取空间、养分与阳光对植物群落属性所起的重要作用。但是，社会学家却还没有认识到与之类似的竞争、适应过程也在决定着人类社区的规模及其生态机制。

植物有机体与动物有机体的本质区别在于动物具有迁移能力，从而能在更广阔的环境内获取食物。但是，人类不仅能在空间上迁移，还能设法改变环境，使之适应自身的需求。概言之，人类社区区别于植物社区的两个重要方面是流动性与意图（purpose），
即选择居住地的能力与控制或者改变该居住地条件的能力。乍听 65

① 如后文所述，生态群落（ecological formations）是周期性的。每一种生态形成都有其独特的时间段，在此时间段内它不断发展，并达到最高点。这些时间段最终是可以被测量和预测的，因而该定义包含了时间因素。

② “区位”这一概念主要用于描述某一社区与其他社区之间的位置关系，以及个人或机构在其社区内的具体位置。

③ Park and Burgess, *Introduction to the Science of Sociology*, p. 509.

起来，这似乎表明人类生态学与植物生态学没有共同之处，因为在植物生态学中，联合与适应的过程源自于植物对环境的自然反应。但是，更加细致的研究表明，人类社区并非如许多英雄崇拜者所设想的那样纯然只是人为构造与刻意规划的产物。[①]

人类社区发端于人性与人的自然需求。人是一种群居动物：他不能独自生活；相对而言，他很脆弱，不仅需要同类的陪伴，而且还需要自然环境给予住所与保护。布吕纳（Brunhes）指出人类社区的起源有三个基本条件：房屋、道路和水源[②]。与住所和水源相比，食物更容易运输，因而，即使在最典型的游牧生活中，住所和水源都是生活的基本要素，它们为人类关系的形成提供了固定的场所和空间。[③] 这在我们当前的驾车旅行生活中得以清楚地体现：水源和遮蔽之所是露营的决定性因素。

不过，人类社区的规模与稳定性取决于食物供应，以及社区在商品生产、分配这一更广阔的生态过程中所扮演的角色。当人们依靠渔猎生活时，社区总是小且临时的；当农业成为食物的主要来源时，社区规模仍旧很小，但具有了更持久的稳定性；当商
66 业贸易开始发展时，大社区往往在运输线路的中断处产生，比如河口、河流交汇处、瀑布、有河流穿过的浅滩。当新的交通方式兴起后，新的人口聚集点出现，旧的聚集点或者变得更加突出，

---

① 虽然个人的行为可以被设计、控制，但个人行为的总体效果是既不能被设计又无法被预测的。

② *Human Geography*, p.52.

③ 布吕纳通过一系列的地图说明，在各个国家中，居住区的布局都与供水系统有着紧密联系。他还证明了现代工业社区与煤矿产区之间的联系。

或者衰亡。并且，随着人们在社区制造各种用于交易的商品，又出现了其他的聚集点，而这在很大程度上取决于当地的能源与原材料。[1]

二、社区的生态学分类

从生态学的角度，社区可以分为四种常规类型（general types）：第一，初级供应型社区（primary service community），比如农业镇，渔业、矿业或者林业社区，它们是外运原材料流程中的第一个环节，也是消费成品分配过程的最终环节。这种社区的规模完全依赖于相关的加工业使用原材料的性质和方式，以及周边商业贸易区的大小。它的规模还与所有影响其主体经济生产率的要素，以及为其提供食物供给的区域范围有关。但是，无论如何，只要这种社区在更广泛的生态学过程中不承担更多的功能，它就不可能发展到人口超过数千居民。

第二种类型的社区实现了商品分配过程中的第二个功能。它从周围的初级社区中汇集原材料，到更广阔的世界市场中销售。另一方面，它将世界各地的产品分别输入不同的初级供应社区，供其消费。这一社区通常被称为商业型社区；但它也可能兼有别 67

① 煤铁资源区与现代工业社区的紧密联系常被学者提及。L.C.A. 诺尔斯（L.C.A.Knowles）写道“且不说其独特的环境，单是那些通向大煤矿区的便利铁路，就足以促进欧洲和美国工业的发展。在这些煤矿区，人口聚集在城镇中。”（*The Industrial and Commercial Revolutions in Great Britain during the Nineteenth Century*, p.24）

的功能。这类社区的规模取决于其分配功能的大小。比如，它的规模小至位于农业区中心的小集镇，大至深入内陆腹地的大型港口城市。它的发展取决于其地理位置的相对优势。

第三种类型的社区是工业型城镇。它是商品制造业的中心。并且，它可能兼有初级供应型社区和商业型社区的功能。它可能有自己的地方性商贸区，并且，还可能是其周围腹地的分配中心。它所具有的典型特点是，相比于其他形式的产业，它的工业占据着主导地位。事实上，一个工业型社区最大能发展到怎样的规模，是难以限量的。它的发展程度取决于那些碰巧处于其地盘上的特定工业的发展机会与市场组织状况。工业型社区分为两大类：一类是由各种不同的工业构成，它们都主要在当地销售产品；另一类是以一两种高度发展的工业为主导，并主要向全国或全球各地销售产品。

第四种类型的社区没有特定的经济基础。它在经济上依赖于世界上的其他地方，并且往往在商品的生产、分配过程中不承担任何功能。这样的社区见诸我们的旅游胜地，政治和教育中心，防御型社区，罪犯流放地或慈善事业社区。从发展和消亡的角度来说，这种社区并不受那些主导着城镇发展的法则支配，后者往
68 往在更大范围的生产分配过程中起着一定的作用。[①] 与人类社区的其他基本类型相比，他们更容易受到人类主观喜好、法令变迁的影响。当然，任何社区都可能，而且往往在其人口之外，由于公共服务的需要，修建一些附属设施，比如，一所大学，一座国家监狱，或者一年中至少某些季节开放的旅游胜地。

---

① 确切地说，如果我们所讨论的这类社区的诸种利益商业化了，那么，这类社区的发展也会像其他社区类型一样，服从相同的竞争法则，只不过该社区的变化可能更快、更奇特。

三、决定社区发展与衰亡的生态因素

人类社区总是沿着一定的轨迹周而复始地发展。在既定的自然资源和技术条件下，社区在规模和结构上都会不断发展，直到人口与经济基础达到相互适应。在目前的生产力与交通条件下，农业社区的人口最大值很少超过 5,000。[①] 用植物生态学家的术语来说，发展的最大值可称为峰值（culmination）或者极点（climax）。[②] 社区会一直保有这种人口与资源的平衡，直到某些新要素进入，打破现状，比如引进一种新型通讯系统，一种新的工业类型，或者一种对现有经济基础的不同利用方式。不论是什么形式的革新打破了社区的平衡，都会出现新一轮的适应与调节。这可能是积极的也可能是消极的。它可能起到“松绑”（release）作用，有助于社区的扩大发展，形成另一轮的发展与分化；也有可能产生收缩的作用，使人口向外迁移，从而不得不适应一个更具限制性的经济基础。

在人类早期生活条件下，社区要么通过死亡率来控制人口，
保持其与社区规模的平衡；要么如古希腊城邦一样，过剩人口 69
以群体为单位迁移到别处建立新的聚居区——成为母城（mother-city）的旁支（offshoots）。在现代通讯和交通条件下，人口与社区的平衡通过个体的不断迁移而得以保持。过去 50 年，流动性席卷

① H.P. Douglass, *The Little Town*, p.44.

② F.E. Clements, *Plant Succession*, p.3. 卡尔-桑德斯（Carr-Saunders）将最适宜资源持续发展的人口数量称为“最优值”。

了整个文明世界，于是，很多社区在短期内连续经历了几度兴衰，而决定这些兴衰的因素是交通、通讯方式与线路的变化，以及新工业的兴起。

交通上的优势是决定一个分配中心选址最基本也是最重要的因素。甚至可以说，它是这类中心形成的唯一原因。由于某个或某些原因，大多数人都更容易、更便宜地到达一个地方，而非周边的其他地方。因而，他们自然就在这个地方交换商品。乡间商店通常位于交叉路口，村落里的小店也是一样。在山区，集市、城镇通常处于两个，或者更好的情况是三个峡谷之间的交汇处。另一个受人欢迎的选址位置是山口的末端，或者两峡谷之间的窄径。如果有很难渡过的河流，人们就会在最安全的渡口与浅滩上安家建舍、生息繁衍。在平原区，城镇大多会位于平原的中心，并且，在这种土地肥沃、人口稠密的平原上，道路、铁路的任何一个交会处，都几乎必定会发展成一个城市。①

铁路与轮船，如同政府政策一样，决定着哪里会发展出新的商业。政府对船运业提供的特殊税率与特权，就是目前来说最为有效的保护方式。

交通运输速度的不断提升，以及价格的不断下降，为当前大城市的发展提供了巨大的刺激与推动。它使商家能够采购更大范围内的廉价原材料，并促使商业选址于那些商业联系最为广阔的地方，而不是那些商品或者原材料最容易生产

① J. Russell Smith, *Industrial and Commercial Geography* (1913), p.841.

> 的地方。通讯方式的完善，比如邮局与电报的发展，也强化了这种结果。[①]
>
> 1870—1890 年，伊利诺伊州、威斯康星州、艾奥瓦州 70
> 和明尼苏达州的人口净增长都发生在那些拥有竞争性费率（competitive rates）的城市和城镇，没有竞争性费率的地方，人口数量则出现下降。在艾奥瓦州，人们普遍认为该州之所以缺少大城市，主要是由于早期的铁路政策给予了芝加哥优越的差别费率。[②]

电车，以及稍后出现的小汽车仍在影响着人类社区的发展。他们的影响主要在于改变了一些小镇与村庄的命运，使其中的一些衰败，而另一些则得到突如其来的发展。这两种交通方式，特别是小汽车，已经成为美国当代史上影响人口再分配的最强有力因素，也是致使那些建立在马拉车类流动性（a horse-and-vehicle type of mobility）基础上的农村和小镇的社会机制不断解体的最主要原因。[③]

新工业类型的发展是决定国家人口再分配的又一因素。当我们翻阅人口普查报告，可以发现每十年都会出现一种或几种重要工业。最初，纺织业在东部各州聚集了大量人口；接着，钢铁工业不断发展，其活动中心逐渐向西推移；最近，汽车和石油工业的出现促使大量人口向几个特定的州集中，还有已在加利福尼亚

---

① A.T. Hadley, "Economic Results of Improvement in Means of Transportation," quoted in Marshall, *Business Administration*, p. 35.

② L.C.A.Knowles, *The Industrial and Commercial Revolutions in Great Britain during the Nineteenth Century*（1921）, p.216.

③ Gillette, *Rural Sociology*（1922）, pp. 472–473.

州南部聚集了大量人口的影视工业。一种新工业的出现，会对当时的共同生活状况产生深远影响。竞争，很快就会迫使新工业将其最具效益的企业集中在一两个社区内；随即，这些社区就会像巨大的磁铁一样从远近社区中吸入规模相应的人口。

71

四、生态变化对社区组织的影响

社区发展中存在一些非常态的释放性扩张（release），其在短时间内产生巨大的拉力，促成过量的人口迁移，导致社区的扩展远远高于社区周期性发展中的自然峰值，进而带来社会危机、突然的衰落、解体，甚至是恐慌。所谓的“新兴城镇”（boom towns）正是那些人口聚集超过自然峰值的城镇。

另一方面，那些已达到人口峰值且从未经历过释放性扩展（release）的社区则有可能进入停滞状态。自然产生的过剩人口将不得不进行迁移。这种类型的迁移会使原社区的人口流失。那些比较年轻且充满进取精神的人往往无法忍受家乡各种机会的缺乏。当社区只有一种经济基础，比如农业、牧业或矿业时，这种情况尤为明显。改革者极力劝导年轻人留在农场或者他们自己的村庄，但皆为徒劳，因为他们并没有意识到此种劝导是与生态秩序的普遍法则背道而驰的。

此外，当一个社区由于基础经济衰败而人口减少时，组织解体和社会动荡也会随之而来。[①] 在这种社区中，竞争变得更为激烈，

① 有关1900–1920年美国农村人口减少的统计数据，可参见Gillette，*op.cit.*（1922），p.465。

能力较差的人或者陷入一种较低的经济水平，或者完全被迫迁出社区。当然，在社区的经济平衡中也存在周期性和暂时性的波动，这要么是由于诸种环境对整个经济秩序的影响，要么是缘于那些为社区发展提供养分的特定工业的兴衰变迁。然而，这些暂时性的波动，虽然从社会福利的角度来说很重要，但并不构成社区发 72
展的决定性因素。

引入一种革新性的要素来调控社区的发展，这可能是入侵原有社区的第一步，这将使社区结构和社区组织发生彻底的变化。比如，引入一种新的交通方式，可能改变一个社区的经济组织，从而引起人口类型的变化。

> 从此，哈莱姆铁路（Harlem Railroad）将贵格山（Quaker Hill）这个曾经包含各种产业，比如农业、生产制造业、贸易、消费等，自给自足的社区转变为一个专业农作区。它的销售市场是 28 英里以外的普及波西（Poughkeepsie），此处多山间隔，交通闭塞。贵格山不得不依托纽约这个大都市，两者相距火车行程 62 英里，再加上马车行程 4–8 英里。
>
> 随着铁路的到来，贵格山这个原本闭塞、同质性强的社区开始分解。本地人的后裔移出该区。来自爱尔兰和欧洲其它地区的劳工，甚至还有弗吉尼亚的黑人占据了这个地区。纽约人开始在当地居住，此处成为了市—郊交通线路最远的一端。①

① Warren H. Wilson, "Quaker Hill," quoted in Sims, *Rural Community*, p.214.

一种新工业的建立，特别是那些替代了先前经济支柱的新工业，可能在不怎么改变社区规模的情况下，使人口或多或少地产生某种根本性变化。这一情况见诸华盛顿州很多小城镇，他们的经济或者从林业变为农业，或者从一种类型的农业变为另一种类型的农业。很多情况下，由于新经济类型的入侵，很少会有原住居民继续留在社区中。

但是，当一个社区规模增大时，它就更能适应入侵和居民数量的突然变化。这时，城市就像一个蓄水池，周围小社区中的过剩人口会源源流入。

73 五、决定社区内部结构的生态过程

社区的发展过程，总是从简单到复杂，从综合到专门化；开始是不断中心化，之后则是一个去中心化的过程。在小镇或村庄中，几个杂货店和简单的机构（比如教堂、学校和家）就能满足人们基本的普遍性需求。当社区规模增大时，不仅服务种类开始分门别类，各种服务的地点选择也开始分化。发展的次序可能如下：先出现的是杂货店，有时也经营少量的基本纺织品，然后是餐馆、台球场、理发店、药店、布店，随后是银行、服饰用品店、女帽店和其他专门化的服务种类。[①]

一个社区的基本轴线和骨架结构是由最初的交通路线决定的。[②]

---

① 根据西雅图及周边三十多个社区的调查数据，展示了发展的过程。

② 地中海、大西洋和太平洋地区的文明轴线、文明分布结构，都是沿其周边的海洋发展起来的。参见 Ramsay Traquair, “The Commonwealth of the Atlantic,” *Atlantic Monthly*, May, 1924。

房屋和商店沿路而建，通常与路平行。这种道路可能是一条小径、公路、铁路、河道，或者海港。但是，不论什么情况下，社区的发端通常都是与第一条主干道平行。随着人口和各种公共设施的发展，社区首先在此主干道的一侧出现，随后会沿着两侧同时发展。一般来说，两条主干道的会合处或交叉处往往是社区最早的中心。

社区的发展，不仅仅是房屋和街道的增多，它还伴随着分化与区隔。住宅区和各种机构从社区中心向外围放射式铺开，商业则越来越多地集中在地价最高的地带。人口每次周期性增长都伴 74
随着服务种类及其分布位置的进一步分化。各种公共事业公司开始争夺更有利的位置。这就促使社区中心的地价不断上涨，楼房不断增高。随着人口的增长，对有利位置的竞争变得更加激烈，成立较早但实力薄弱的公共事业公司被迫迁出中心区，搬到那些交通不太便利但地价较低的地段。当社区人口达到约 1 万或者 1.2 万时，就会形成相当分化的内部结构。中心区是商业区，边界分明，遍布着银行、药店、百货商场，以及占据着黄金地段的酒店。工业和工厂通常是城市中一个独立的部分，它们聚集在铁路和水路运输线附近。住宅区也随之确立，并按照居民的经济和种族构成，分化区隔为两类，甚至多类。

社区的这种结构式发展，按照继替的顺序进行，非常类似于植物群落生长过程中相互继替的诸阶段。只有当人类社区发展达到某一特定阶段时，才会出现一些专门的公共设施及其功用，这就如同山毛榉林和松树林在形成之前，其所在的区域曾被其他植物种类相继占据过。并且，如同在植物群落中继替是入侵的产物，在人类社区中也是一样，人口的形成、区隔分化与聚集都是一系列入侵过程的结果。[①]

社区内部的入侵过程（invasions）多种多样，但总的来说可分为两大类：一类是改变土地的使用方式，一类是仅仅改变土地拥
75 有者的类型。第一类意味着从一种使用方式变为另一种使用方式，例如从居住用地变为商业用地，或者从商业用地变为工业区。第二类则包含了一个特定区域内的所有变化，比如在居民邻里内部种族、经济状况的持续变化，或者一个商业区域内公共服务种类的所有变化。入侵过程产生了不同性质的继替阶段，即一个地区的经济可能由于某些类型的入侵或发展或衰落。这种属性的变化反映在地价或租金的波动中。

造成入侵的条件有很多，以下是比较重要的几个：（1）交通方式和线路的变化；[②]（2）环境恶化或使用方式变化所引起的土地荒废；（3）重要的公共或私人建筑、楼房、桥梁或机构的建立，它们要么对人口具有吸引力，要么具有排斥力；（4）新型工业的引进，抑或已有工业组织的某种变化；（5）经济基础的变化，它会影响收入的再分配，从而引起居住区的变化；（6）房地产业的楼盘推广使人们对某一地理位置的需求骤增，等等。

入侵现象的发展过程可以划分为（a）初始阶段，（b）第二阶段或称发展阶段，（c）高峰阶段。入侵的初始阶段涉及人口涌入的地点，原有居民对入侵者的抵抗或引诱（inducement），对地价

---

① 可与 F.E. Clements, *Plant Succession* 第 6 页比较。

② 有关新的交通方式对社区结构所产生的影响，可参见 McMichael and Bingham, *City Growth and Values*（1923）, chap. iv 以及 Grupp, *Economics of Motor Transportation*（1924）, chap.ii。

和租金的影响。当然，入侵既可能是针对某个未被占领、无人居住的区域，也可能是针对那些或多或少都已有人占据、居住的区域。对入侵的抵抗程度，取决于入侵者的类型以及已有居民的团结程度。那些不被欢迎的入侵者，不管这种不欢迎是由于他们所 76
属的人口类型，还是因为他们的用地形式，他们通常都将侵入点（即在一个已被完全占领的区域内）选在流动性最强的地方。一个普遍的现象是，那些外来种族的人和其他不被欢迎的入侵者，毫无例外，都最先居住在社区商业中心附近，或者是那些流动性强、排斥性弱的地方。而一旦落脚，他们就逐渐沿着商业或交通干道向外发展延伸，一直到社区的边缘地带。

入侵的开始，首先表现为地价的变化。如果是土地使用方式的改变引起的入侵，那么地价就会逐渐升高，而楼市价格下降。这就提供了解体的可能。此时，常规性的扩建、翻修都会停滞，房产所有者在经济利益驱使下将房屋出租给一些带有寄生性与短暂性特点的服务行业；后者可能很有经济实力，却少有社会地位。因而，与合法的服务业相比，他们能够且不得不支付更高的租金。众所周知，处于警察监督之下的性服务业就常聚集在这类过渡地区。①

向新区域的入侵过程中，不论是用地形式的变化，还是人口类型的变化，都会发生替代和选择现象，而这取决于入侵者和被入侵地的性质。入侵的初期阶段，竞争十分激烈，通常还会爆发公开的冲突。在这一地区商业失败十分常见，竞争规范、准则

① 据统计，在西雅图市，警方登记的非法场所中，80% 以上都是中心商业区附近的废弃建筑，这些地方地价极高，正在形成新的用地形式。

也常常被忽视和违反。随着入侵过程的继续，竞争会促使一些商业公司聚集，甚至联合起来。对一个地区有着相似和互补需求的服务公司往往会彼此相邻，形成服务功能明确的次级群系
77 （subformations）。这种集合形式很多，比如娱乐区、商品零售区、大型商贸区、金融区、汽车街等。

当一种占主导性的生态组织出现，并能抵抗住其他入侵形式时，入侵过程就达到了高峰阶段。比如，如果居民区的发展事先没有受到建筑规约的限制，那么其初始阶段通常会产生大量不同类别、不同造价的建筑。但是，随着发展的继续，具有统一造价的某种建筑类型开始处于主导地位，而与这种标准相去甚远的其他建筑类型就会逐渐消失。因而，我们发现，所有已建立的居民区都存在相当程度的经济同质性。这一过程也发生在商业区内，竞争使一些经济实力不相上下的公司分化到各自相应的地价区内，同时使那些能够从相互联合中获取利益的特殊服务公司彼此相邻，比如各种金融机构，或汽车展销店。一旦某地区内形成了主导性的用地形式，不仅彼此相连的经济组织之间的竞争会趋于缓和，调控法规开始出现，而且，在一定时期内会阻断其他用地形式的入侵。

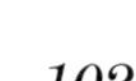

持续的入侵与适应过程会使社区内部形成各种界限明确的区域，它们都有自己独特的筛选标准和文化特征。这种共同生活单位可称为“自然区域”①，或者用植物生态学家的术语，即群系（formations）。通常情况下，这种具有筛选性和功能性的区域包含很多次级群系（subformations）和群丛（associations），它们是社

① 这是芝加哥大学社会学系成员使用的术语。

区或区域这一整体性有机结构的组成部分。有人建议用地价高低来划分这些自然区域或群系[①]，地价最高的地方代表群系的中心或 78
“头脑”（不但是地理中心，也可能是经济或文化中心），地价最低的地方代表群系的边缘或者两个相邻群系间的边界线。

社区内的每一个群系或生态组织都如同一个具有筛选性的磁力，吸引与其相适应的人口，并排斥某些不协调的个人和群体，从而使城市人口在生物学和文化层面上发生分化。我们都知道，在所有大城市中，种族聚居区和同语言聚居区是如何形成发展的，但是年龄和性别的分化作用却鲜为人知。西雅图市的男女比例大体来说是113:100，而在半径约为0.5英里的中心商业区内，每300–500名男性只对应100名女性。但在郊区，除了一两个工业区，这一比率又颠倒了过来。在所有的居住型邻里或郊区内，女性的数量都远远多于男性。在人口的年龄分布上，情形同样如此。虽然统计表明中心商业区的人口每十年都有所增长，但学校的普查显示这一地区学龄儿童的数量已直线下滑。可以看出，居住型人口，即那些有孩子的已婚夫妇已从城市中心区迁出，而那些流动性更强，较少家室之累的成年人更倾向于居住在靠近社区核心位置的酒店和公寓之中。

这一人口筛选过程不仅增加了人口从城市边缘向中心的流动性，而且产生了具有不同风俗道德、观念态度和市民利益的文化区域。居住型人口所处的邻里有大量的妇女和儿童，因而它往往 79
还保有稳定和压制性的风尚民情（mores）。西雅图的诸邻里，特

① 这也是芝加哥研究团队的建议。

别是那些在山顶上的邻里，往往住着保守的、具有公民意识的守法居民。而城市中心区和那些峡谷地带，往往工业遍布，那里居住的人不仅流动性更强，而且从他们选举投票的倾向可以看出，他们的风俗道德与观念态度更加易变和激进。

R. D. 麦肯齐

第四章　报纸的自然史 80

一、为了生存的斗争

报纸有其历史，同样，它也有一种自然史。新闻的存在并不像我们的道德家们有时所设想的，是一些小群体任意制造出来的。相反，它是一个历史进程的结果，众多个体参与其中，却丝毫没有预见到自己的劳动最终将产生何物。

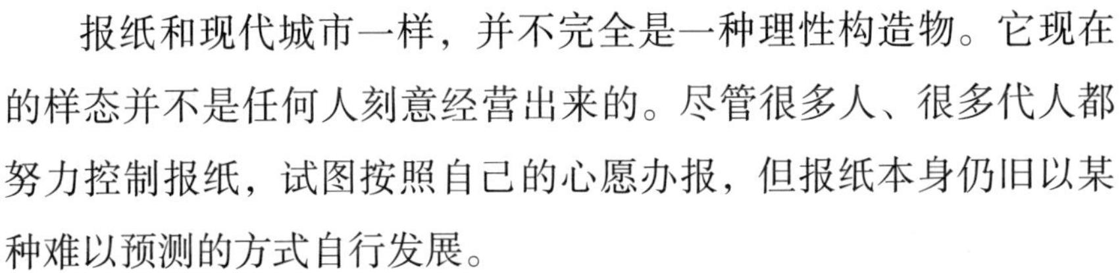

报纸和现代城市一样，并不完全是一种理性构造物。它现在的样态并不是任何人刻意经营出来的。尽管很多人、很多代人都努力控制报纸，试图按照自己的心愿办报，但报纸本身仍旧以某种难以预测的方式自行发展。

现在的报纸样态是在现代生活条件下历尽磨难而幸存下来的。詹姆斯·高登·本内特（James Gordon Bennett），查理·A. 德纳（Charles A. Dana），约瑟夫·普利策（Joseph Pulitzer）和威廉·伦道夫·赫斯特（William Randolph Hearst），被称为现代报纸的创办者，其厉害之处是他们找到了一种男女都愿意阅读，并敢于向他人公开散布其内容的报纸类型。

报纸或新闻（the press）的自然史，就是这类历尽磨难而幸存下来的报纸类型的历史，它旨在叙述现存报纸所赖以兴起与成熟的诸多条件。

报纸不仅仅指印刷出版，它还用以流通和阅读，否则，就不能称之为报纸。对报纸来说，为了生存的斗争就是指为了流通而进行的斗争。没有人阅读的报纸无法对社区产生影响。新闻的力量可以粗略地从其阅读人数来测度。

81 大城市的发展极大地增加了读者大众的数量。在乡村曾属于奢侈行为的阅读，在城市中已变成了一种必需。在城市环境中，读写几乎和说话一样成了一种生活的必需。这也是存在如此多外语报纸的一个原因。

纽约市《俄罗斯言论报》(*the Russkoye Slovo*) 主编马克·威尔丘对他的读者做过调查，询问他们中有多少人以前在俄国时也读报。他发现 312 个被调查者中只有 16 人在俄国时曾每天读报；10 人在乡政府所在地弗拉斯特 (Volast) 有时读报；还有 12 人订阅了周刊。而在美国，他们所有人都是俄语报纸的订阅者或读者。

这个状况很有趣，因为总的说来，移民对我们本地报纸的特征有着深远的影响。如何将移民和他们的后代发展为我们本地报纸的读者，已是现代新闻工作的课题之一。

那些从阅读外语报纸中养成了读报习惯的移民，最后被吸引来读本地的美国报纸。这些本地的美国报纸为他们打开了一扇窗户，使其能看到他们被迫居住的狭小移民社区之外更广阔的世界。调查还发现很多只能读懂各种标题的人，也会买一份《星期天报》，看看上面的图片。

据说赫斯特办得最成功的报纸《纽约晚报》(*New York Evening*

Journal）每六年就有一批新读者。显然，这些新读者主要是移民。他们从阅读外语报纸逐渐发展为阅读赫斯特先生所办的报纸；当他们对这些报纸上的各种耸人听闻的事件感到厌烦时，他们就对那些更加严肃的报纸有了兴趣。不论怎样，赫斯特先生都是一位促进移民美国化的伟大人物。

报业出版人一方面要将报纸办得通俗易懂，使文化程度较低
的读者也能阅读；另一方面还努力从日常新闻中发掘那些能够使 82
思维粗疏的人兴奋和震撼的材料。在此过程中，他们有一个重大发现，即人们以前认为高雅与庸俗之间有着遥不可及的距离，但这实际上主要是词汇使用的差别。简言之，如果报纸内容能够让普通人读懂，那么，它就更容易被知识分子理解。这一事实深刻地影响着当今的报纸。

二、最早的报纸

报纸是什么？对此有很多回答。它是人民的保卫者；它是第四产业（the fourth estate）；它是我们公民自由的捍卫者，等等。

另一方面，报纸却被形容为蛊惑人心的智者（sophist）。报纸在现代社会中对普通人的影响和煽动，就相当于苏格拉底和柏拉图时代作为公众讲师的智者对雅典人的所作所为。

人们常常指责现代报纸已经变成一种商业运作。“是的”，报业人通常对此回答说，“它卖的商品就是新闻。”它是真相的商店（编辑是由哲学家转行的商人）。报纸将与日常生活有关的信息传达给每个人，并且其价格比打一个电话更低，这就促成了——甚至在

格雷厄姆·沃拉斯（Graham Wallas）所说的“伟大的社会”（Great Society）的复杂生活中都存在的——某种正在运行的民主。

与这些观念不同，对广告部经理来说，报纸是创造广告收益的媒介。编辑的工作是给广告部人员所卖的广告栏目进行加框、装饰。最终，我们可以把新闻看作一种公共运输设施，就像铁路和邮局一样。

在《报业贿赂》（*Brass Check*）一书的作者看来，新闻是一种
83 犯罪。报业收受财团贿赂，类似于卖淫行为。“报业的贿赂就在你每周的工资袋中——作为编写、印刷和散发各种报纸杂志的报酬。报业贿赂是你出卖羞耻的收入——你将干净纯洁的真相之身放在市场上售卖，将人类贞洁般纯净的希望出卖给了某些大商家，后者就像令人厌恶的妓院一样。”

这是一个道德家和社会主义者厄普顿·辛克莱（Upton Sinclair）的观点。

报纸显然还没有被充分理解。它是什么？或者更像是什么？对于这些问题，我们每个人在不同的时候都会有不同的答案。事实上，我们对报纸所知甚少。它从来没有被真正研究过。

我们对报纸所知甚少的一个原因是现存的报纸形态是到了非常晚近才出现的。并且，在它相对较短的历史过程中，它经历了一系列显著的变化。然而，今天的报业既承载了自身的历史，又添加了新的内容。要想理解它，我们必须了解它的历史。

最早的报纸是手写或印刷的信件，他们被称为“新闻通讯”（news-letters）。在17世纪，英国的乡村绅士曾雇佣记者每周从伦敦给他们写信，报道伦敦法庭和市内的各种事件和“八卦”。

美国的第一份报纸，至少是第一份发行超过一期的报纸，是《波士顿新闻通讯》（*Boston News-Letter*）。它是邮政局长发行的。一直以来，乡村邮局都是一个公共集会所，人们在此讨论国家与社区的各种事情。人们倾向于认为，报纸最初的兴起地点一定是乡村邮局，这里最接近各类信息的源头。很长一段时间内，人们都认为，邮政局长和报纸编辑这两个职位是由一个人一肩挑的。

最早的报纸只不过是汇编各种事件和杂谈的工具，当然它现在也或多或少保留了这一功能。霍勒斯·格里利（Horace Greeley）84
当年曾给一位准备创办乡村报纸的朋友一些建议，它们在今天仍然适用。

> 首先要明确的是，对一个普通人来说，他最关心的对象是他自己；其次，是他的邻居。对他来说，与这些相比，亚洲和汤加群岛（Tongo Islands）都是遥远而无关紧要的。在我的印象中，大多数乡村报刊都忽略了这一重要的事实。如果你能够在你所在县的各个村庄与各个乡镇，找到一些有警觉性和判断力的记者，比如某个年轻律师、医生、商店店员或者邮局职员，他们能够将周围不论何时发生的事情都立即告诉你，从而构成你这份地方性报刊至少一半的内容，那么你的县里就没有人能长期没有这份报纸。像某处建了新教堂，某个教堂有新信徒加入，某个农场卖了，某处建了新房子，某个磨坊开始运营，某个商店开业了，以及任何可能引起周围十多个家庭关注和兴趣的事情，一定要及时、简明扼要地载入你的报纸。又如某个农夫砍了一棵大树，种出了一

> 个特大的甜菜，抑或是他的小麦或玉米大丰收了，你就需要尽可能地做出清晰而又毫无遗漏的报道。

格里利给他朋友弗莱彻（Fletcher）的这些针对乡村报纸的建议，对每一个城市报纸主编来说，也是要在力所能及的范围内尽力照办的。对于一个人口 300 万或者更多人口的城市来说，我们不可能提及每一个人的名字，因而，报纸主要关注一些名人。每天，城市中都会发生各种各样的事情，报纸不可能记录每一件琐碎的小事，或是城市日常生活中每一个细微的变化。然而，报纸可以选择某些生动有趣的或富于浪漫色彩的事件，作为某一类现象的象征性代表，不过，这并非由于这些事件或人物本身有什么重要性，而是因为他们表达了人普遍的倾向和兴趣。这样，新闻不再是纯粹个人性的，而是具有了艺术的形式。它不再是对每个个体所作所为的记录，而是对风尚、民情与生活的客观描述。

不论新闻记者是否意识到，他们和整个新闻界的目标就是尽可能地在城市中复制和再生产出乡村生活的诸条件。在乡村中，
85 每个人都认识其他人，彼此之间都直呼其名，乡村是民主的。我们的国家是由村民构成的。我们的风俗制度从根本上说是乡村式的。在乡村中，闲谈和公众舆论是社会控制的主要方式。

托马斯·杰斐逊（Thomas Jeffeson）曾经说过，“我宁愿生活在一个有报纸而无政府的国家，也不愿生活在一个有政府无报纸的国家。”

如果公众舆论仍想如以往一样在将来继续起作用，如果我们想在未来维持杰弗逊所设想的民主，那么，报纸就必须继续告诉我们有关我们自身的信息。我们要学会如何了解我们的社区及其各种事务，我们对它们的熟悉程度应该丝毫不亚于我们在乡村中对周遭事物的了解。报纸应该继续被当作我们社区的日志，每天都出版发行。结婚和离婚，犯罪和政治，也必须仍被作为新闻的主体。各个地方的本地新闻正是构成民主生活的基本原料。

但是，根据沃尔特·李普曼（Walter Lippmann）的说法，这正是困难所在。他指出“按照当今社会事实（social truth）的形成方式，报业的建立不是为了通过一版一版的报道来源源不断地提供公共舆论的民主理论所需要的知识……当我们希望它能提供这种事实真知时，我们就采取了一种误导性的评判标准。我们并未真正理解新闻的有限性与社会的无限复杂性；我们高估了我们自己的耐性、公共精神和各方面的能力。我们以为自己对那些索然无味的事实有着强烈的求知欲，但是，当我们真诚地分析自身的志趣和倾向时，却并没有找到这种求知欲……这种理论不自觉地把读者看作缺乏独立思考能力的人，要求报纸完成代议制政府、工业组织和外交都未曾完成的重任。一天有 24 小时，读者最多有 30 分钟的读报时间，我们却要求报纸形成一种叫作‘社会舆论’的神秘力量，从而阻止公共机构的懈怠，让它们振作起来。”[1]

显然，通过闲谈和个人交往对乡村本身自发产生的影响，在 86
一个人口 100 万的社区内，是不可能通过一份报纸达到的。但是，报纸为了这个无法实现的目标所做出的努力，是政治史和新闻史上饶有趣味的篇章。

---

① Walter Lippmann, *Public Opinion*, pp.361–362.

三、党报

最初的报纸是新闻通讯，不是党报。18 世纪初，政治报刊开始取代新闻通讯。当时大众读者最关心的新闻是有关国会辩论的报道。

在党报兴起之前，一些猎奇的“好事者”往往在下议院会议期间坐在来宾席上（Strangers’ Gallery）旁听，之后根据记忆和一些偷偷记录的笔记，来描写某个重要辩论的各种发言与讨论。当时，国会所有的审议都是机密，直到 100 年后，新闻记者才获得正式认可，有权参加下议院会议并记录其程序与内容。在此之前，记者往往被迫采取各种花招和手段来获取信息。这样获得的信息，却在很大程度上构成了当今英国政治史的基础。

这些议会记者中最著名的人物之一是塞缪尔·约翰逊（Samuel Johnson）。据说，1770 年的一个晚上，约翰逊和几位社会名流在伦敦用晚宴。谈话转到了国会中的演说术。有人谈到 1741 年老皮特（Pitt）在下议院所做的一次著名演讲，另外一个人则乘着众人的掌声引述了这次演讲中的一段话，证明皮特已经在
87 情感调动和语言修辞上超越了古代演说家的最高水平。此时，一直没有参与讨论的约翰逊向众人嚷道：“这演讲词是我在埃克赛特（Exeter）街的一间阁楼上写的。”

众人惊呆了，问道：“先生，怎么会是您写的呢？”

约翰逊回答说：“先生们，这确实是我在埃克塞特街写的。我只去过一次下议院的旁听席就再也没去过了。凯夫（Cave）与那

些守门人有些关系，他和他所雇的几个人便进入了会场；他们把当时的讨论主题，发言者名单、立场和发言次序都带了出来，还对辩论过程中的各种观点做了笔记。随后，他们把所有的东西都给了我，我按照现在“国会辩论”中的演讲形式编撰了那些演讲稿，而那个时期的演讲都由凯夫的杂志印刷出版。”[1]

有人开始称赞约翰逊的公正，说在他的报道中，他似乎将两个政党都表现得既有理性，又有雄辩的才能。“事实并非完全如此,”约翰逊回答说“我非常好地顾全了双方的面子，但是我一直注意着不让辉格党这帮狗崽（the Whig dogs）占上风。”

约翰逊在埃克赛特街编撰的这篇威廉·皮特的讲演，在很长一段时间内都被学校课本和演讲集收录。在这一著名的演讲中，皮特对有关“年轻人所具有的残暴罪行”这一指责进行了答辩。

可能皮特自己也认为他确实发表了这个演讲。不论如何，没有证据表明他曾公开否认过这点。我还需要补充的是，如果皮特是第一个因记者的润饰加工而享有演说家之美誉从而要感谢记者的政治家，那他绝不是最后一个。

这一事件的意义在于，它说明在议会记者的影响下，议会制
政府的性质似乎发生了某种本质性的变化。一旦议会演讲者发现 88
他们不仅在对他们的同僚演讲，而且还通过报纸这一媒介间接地对英国人民演讲，议会活动的整个性质就会发生改变。通过报纸，全国人民都能参与议题拟定和法律制定的讨论。

同时，在它所煽起的讨论的影响下，报纸自身就变成了政党的喉舌。党报不再是各种杂谈的编年册，它开始成为所谓的“社

---

① Michael MacDonagh, *The Reporters' Gallery*, pp. 139–140.

论报刊”（journal of opinion）。同时，编辑也不再只是消息传播者和卑微的事件记录者，他开始成为某一政党的代言人在政治上发挥作用。

在17世纪争取思想与言论自由的漫长斗争中，公众的不满情绪主要通过小册子和大字报来表达。这些小册子作者中最有名的是约翰·弥尔顿（John Milton），而这些小册子中最有名的作品是弥尔顿的《最高审判官：对未经批准的印刷自由的捍卫》（*Areopagitica: A Defence of the Liberty of Unlicensed Printing*），出版于1646年，被亨利·莫利（Henry Morley）称为“英国散文中的最崇高的华章”。

18世纪初期，当报纸成为“社论报刊”（journal of opinion）时，它便取代了政治小册子的作用。以前通过大字报表达的观点，现在则通过社论的方式表达。社论作者继承了小册子作者的衣钵，现在担当着人民保卫者的角色。

正是报纸作为公众事业倡导者这一角色，激发和俘获了我们知识界的想象力。

当我们阅读约三十年前有关“报纸的权力”的政治文献时会发现，文献作者们认为这一权力指的是编辑和社论，而不是记者和新闻。甚至现在当我们谈论新闻自由时，也是指发表言论的自
89 由，而不是指调查和公布事实真相的自由。记者的工作构成了各种有关现存状态的观点和看法的基础，但它常常被看作对我们个人权利的侵犯，而不是对我们政治自由权利的行使。

弥尔顿在《最高审判官》中争取的新闻自由是发表言论的自由。他说“给我了解事实、修正观点，以及凭着良心而辩论的自

由，该自由必定要高于其他一切自由。”

“新闻事业是伟大的！每一个优秀的编辑不都是世界的统治者、世界的劝导者吗？”卡莱尔（Carlyle）在写这段话时，所想的也是社论作者而非一般的记者。

美国继承了英国的议会制政府、政党体制和报纸。政党报刊在美国重现了其在英国扮演的角色。在殖民地争取独立的斗争中，美国报纸成为了英国政府必须要考虑的势力之一。英国占领了纽约市后，为了侵略者利益发行《纽约报》（*New York Gazette*）的安布罗斯·赛尔（Ambrose Serle）曾给达特茅斯爵士（Lord Dartmouth）写了下面一段有关爱国党报的话。

> 在那些煽起当前暴乱的诸多势力中，除了布道者不合时宜的长篇大论外，没有什么比各殖民地的报纸的影响更加强烈和深远。人们惊讶地发现大多数殖民地人都怀着强烈的兴趣和热情阅读报纸，并且对其所说深信不疑。[①]

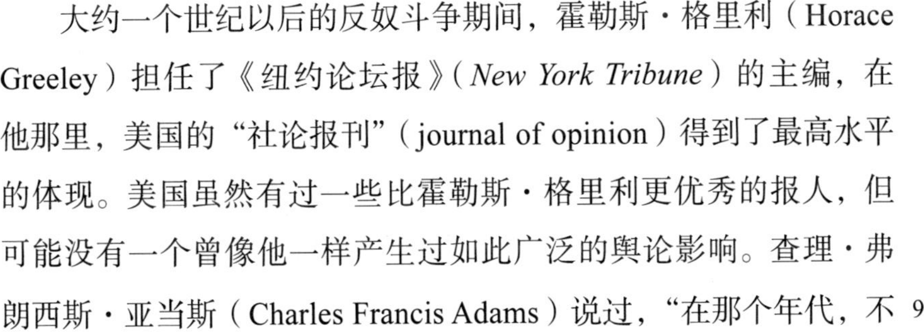

大约一个世纪以后的反奴斗争期间，霍勒斯·格里利（Horace Greeley）担任了《纽约论坛报》（*New York Tribune*）的主编，在他那里，美国的“社论报刊”（journal of opinion）得到了最高水平的体现。美国虽然有过一些比霍勒斯·格里利更优秀的报人，但可能没有一个曾像他一样产生过如此广泛的舆论影响。查理·弗朗西斯·亚当斯（Charles Francis Adams）说过，“在那个年代，不 90

① George Henry Payne, *History of Journalism in the United States*, p. 120.

论是从经济上还是道德上，《纽约论坛报》都是我们已知的最为强大的教育因素。”

四、独立报刊

在报纸的早期形式中，新闻的力量归根结底取决于其编辑创建一个政党并领导它的能力。就其本质而言，社论报刊（the journal of opinion）注定要成为某个政党的喉舌，或至少成为某一派别的代言人。

只要以乡村生活为基础来组织政治活动，政党机制就会自然起作用。在乡村社区中，生活曾经是并且现在仍是相对固定和安稳的，习俗和传统能够解决日常生活中的绝大多数问题和危机。在这样的社区中，所有偏离生活常规的举止都会被察觉和议论，并且所有的事实也都会被人知晓。因而，无论如何，政治过程在这里都是相对简单的。在这些情况下，主要用以搜集和解释新闻事件的报纸，实际上只不过是对那些社区自身通过个人交往和闲谈等中介而起到的自发性功能的一种扩展。

但是，随着城市的扩张和生活的日益复杂，政党若想存活下来就必须掌有一个持久性的组织。最终，政党纪律比政党应当去面对的那些问题本身更重要了，尽管后者才是政党之所以存在的目的。这样，政党报刊便开始“缩水”为政党组织的内部刊物，并日渐丧失自己的观点和主张。编辑也不再是自由独立的了。当沃特·惠特曼（Walt Whitman）造出“被控的编辑”（the kept editor）这一短语时，他所想到的就是这种被驯服的“人民保卫者”。

最后，在大城市的生活状况下，当政党政治由于某些紧急状
态（exigencies）发展出政治机器（political machine）时，一些更 91
为独立的报纸就开始反抗。这是独立报刊的起源。当时的独立报纸中有一份《纽约时报》（*New York Times*），它在一个漫画家托马斯·纳斯特（Thomas Nast）的帮助下最先对“特威德集团”[①]（Tweed Ring）展开攻击，并最终推翻了后者；该集团是当时美国政党政治产生的第一个也是最为残暴的政治机器。不久，报纸，特别是大都市的报纸，而非乡村报纸，开始普遍地脱离政党的控制。对政党的忠诚不再是一种美德。

同时，一种新的政治力量开始兴起，并通过新闻报刊发出自己的声音。但这一力量并不体现在社论和社论作者的身上，而是体现在新闻和记者的身上。尽管一直以来，报业的声望都在于它作为公众事业捍卫者的身份，但实际上，早期报纸并没有被普通的人民群众阅读。

相对于政治教条或者抽象观念，普通民众对新闻事件（news）更感兴趣。H.L. 门肯（H.L.Mencken）曾提醒人们注意，对于“一般的政治演说家或者牧师所说的东西”，普通人最多只能理解其中的三分之二。

《周六晚间邮报》（*Saturday Evening Post*）发现，普通人是用具体形象、轶事、图画和比喻进行思考的。他们往往读不懂长篇大论，对其深感乏味，除非它采用的是戏剧化的或所谓的“故事”（story）的表达形式。“新闻故事”和“小说故事”是现代文学的

① 一群腐败政客组成的利益集团，其党魁名为威廉·特威德，因此，这个集团被称为“特威德集团”（Tweed Ring）。——译者

两种类型，而现在它们十分相似，有时甚至很难区分开来。

例如，《周六晚间邮报》就是以小说的形式来写新闻，而其日报则通常用新闻的形式来写小说。当生动具体且充满戏剧性的故事无法把那些抽象的观念（ideas）表达出来时，普通读者便希望记者只用一个短小的段落。

《底特律新闻》（*Petroit News*）是一份专门在二线城市发行的晚报。据说它的创办者詹姆斯·E. 斯克里普斯（James E.Scripps）
92 创办该系列报纸时以一个十分简单的心理学原则为基础，即普通人读报时，阅读新闻条目的数量与篇幅长短成反比。因而，他估算其报纸绩效的方法是计算报纸中新闻条目的数量。条目最多的报纸就是最好的报纸。这和赫斯特先生的方法正好相反，他的报纸的条目总是比别人的要少。

老式的记者不大重视新闻。新闻对他们来说只是发表社论的材料而已。如果老天让那些不符合他们理想观念的事情发生了，他会直接不报道该事件。他不会将自己认为本不该发生的事情报道给他的读者。

曼顿·马布尔（Manton Marble）曾是《纽约世界》（*New York World*）的编辑，后来约瑟夫·普利策（Joseph Pulitzer）接手了这份报纸，并将其变为了黄色报刊。曼顿曾说过，在纽约市一份办得很好的报纸，其读者也不会超过 18,000 人。如果某份报纸的发行量超过了这个数字，那在他看来，这报纸一定出了什么问题。在普利兹先生接手该报之前，其发行量实际上已跌到了 10,000 份。《纽约世界》将保守、高雅的旧式报纸传统一直保持到了 80 年代。而就在那时，政治上的独立报刊已经在大城市获得了人们的认可。

早在我们所说的独立报刊兴起之前，纽约出现过两份报纸，它们是当今报纸的先驱。1883 年，本雅明·戴（Benjamin Day）和他的几个同伴为“机械工人和普通大众”创办了一份报纸。该报纸售价一美分，发行者希望通过扩大发行量和刊登广告来弥补低价造成的亏空。当时，纽约市的大多数报纸都是卖六美分。

不过，这恰恰就是《纽约先驱报》（*New York Herald*）创办者詹姆斯·高登·本内特（James Gordon Bennett）的事业，他促进 93
和发展了报业的新形式。事实上，正如威尔·欧文（Will Irwin）在迄今为止对美国报纸所做的唯一充分的论述中所说，“詹姆斯·高登·本内特创造了我们现在所熟知的那种新闻”。和其他为现代新闻业做出极大贡献的人一样，本内特是一个头脑清醒的人，并且，可能正是由于这个原因，他也是一个淡漠冷酷、愤世嫉俗的人。他在新企业的公告中说，“我不承认一切所谓的原则”。他说的原则，主要是指编辑方针和政策（editorial policy）。他的就职演说同时也是一次告别演说，在宣扬新式报业的宗旨时，他也向旧式报业的目标和抱负告别。从此以后，编辑开始成为新闻采集者，而报纸的未来也从根本上取决于它采集、印刷和发行新闻的能力。

什么是新闻？对于这个问题，有很多种回答。我认为，正如查理·A. 德纳（Charles A. Dana）曾说的，“新闻是促使人们谈论的任何东西”。这个定义至少提出了新报业的目标，即出版任何能够促使人们去谈论和思考的东西，因为大多数人只有在谈论某事时才开始思考。思想终究是一种内在对话。

对这一定义，后来还有一种说法，“新闻是所有能使读者产生强烈反应，惊呼‘哦，天呀！’的东西”；这是阿瑟·麦克伊文（Arthur McEwen）的定义，他是帮助赫斯特创办报纸的报人之一。这一定义同样适用于黄色报刊（yellow press）这种最新近，也是最成功的报刊类型。诚然，并非所有成功的报刊都是黄色报刊。比如《纽约时报》就不是。但是《纽约时报》还不能算作一个类型。

五、黄色报刊

如同沃尔特·李普曼（Walter Lippman）所观察到的一样，报纸大致有两类读者。“那些觉得自己的生活饶有趣味的人”和“那些觉得自己的生活沉闷无聊，想活得更加刺激的人”。相应于此，
94 报纸也有两类：一类的办报理念是，读者主要想读到有关他们自身的内容，另一类的办报理念则是，读者都希望从自己沉闷的日常生活中逃脱出来，他们感兴趣的是那些心理分析师所谓的“超越现实”的东西。

地方性报纸刊登着婚礼、葬礼、乡村会议、牡蛎宴和小镇上所有的闲谈，它代表第一种类型的报纸。大都市的报纸则坚持在单调乏味的城市琐事中寻找浪漫和不寻常之处，它对恶行和犯罪的叙述悬念环生，而且，它对多少有些神秘色彩的上流社会中名人显贵的一举一动始终保持着兴趣，它代表了第二种类型的报纸。

直到19世纪的最后25年，也就是直到1880年左右，大多数报纸，甚至那些大都市中的报纸，都认为一份报纸中最能吸引读者的新闻是讣告或结婚启事。

直到那时，报纸还未进入租赁房，大多数的读者都有自己的

住宅，而非住在公寓中。电话尚未广泛使用；小汽车更是闻所未闻；城市中有很多小邻里相互毗邻，构成马赛克的图案，就像今天的外来语社区（foreign-language communities）一样，其中的城市居民还保持着一些小镇的地方性观念和习俗。

然而，大的变化已经呼之欲出。独立报刊已将一些老式报纸逼到绝境。市面上的报纸数量已经超过了读者和登广告者的需求。正是在这个时候，这种环境下，报业人士发现用文学形式来写新闻能够极大地增加报纸的发行量。虽然查理·A. 德纳当时已经在《太阳报》（*the Sun*）这么做了，但仍有很多人认为，德纳先生手下的这些年轻人的作品虽然充满才智，却太过阳春白雪。

在极力赢得那些只阅读家庭故事和庸俗小说的公众的过程中，95
黄色报刊成长了起来。问题的关键是要用这样一种方式来写新闻：它能抓住人们最根本的情感和欲望。惯用的手法是：给女人写爱情和浪漫；给男人写运动和政治。

这一手法的应用极大地增加了大城市的，甚至是全国各地的报纸发行量。这些变化主要是在约瑟夫·普利策和威廉·伦道夫·赫斯特两人的带领下产生的。

普利策在《圣路易邮报》（*St. Louis Post Dispath*）做编辑时发现，为公众事业而奋斗并不是要在社论版里表达支持和拥护，而是要将其写入新闻栏，进行渲染和宣传。普利策是第一个在报纸上揭发丑闻的人。正是这种类型的新闻使普利策在六年时间内将老式的《纽约世界》成功转型。普利策刚接手时，它因内容陈旧而濒临停刊，转型之后也许它还算不上纽约市发行量最大的报纸，但它一定是被人们谈论最多的报纸。

同时，在旧金山，赫斯特先生成功地让垂死的老式《观察者》（*Examiner*）重获新生，使其一跃成为太平洋沿岸人们最广泛阅读的报纸。

在赫斯特先生的运筹下，“哭泣的姊妹”（sob sister）曾一度十分流行。威尔·欧文（Will Irwin）在1911年2月18日的《矿工》（*Collier's*）上讲述了这个姊妹的故事。

> 张伯伦（Chamberlain）是《观察家》的主编，他认为当时的市内医院管理很糟糕。他从刚出道的记者中挑了一个瘦小的女孩，派她去调查此事。这个女孩儿自创了一种新办法：她“晕倒”在了路上，然后被人送进医院治疗。她以此写了一个故事“为处处所遇的不幸而哭泣”。这是“安妮·劳丽”（Annie Laurie）和“威妮弗雷德·布莱克”（Winifred Black）职业的开端，也是报纸写作中新方法的初步运用。渐渐地有很多人开始模仿这个女孩儿的做法，但是没有人能像她那样善于唤起人们的同情与怜悯；她孤身一人就抵得上一个“哭泣团”（sob squad）。不可否认，正是由于发现了这种能引发人同情的“女性写作”，赫斯特得以挣脱束缚，找到了他想要的东西。

96 1896年，赫斯特带着他在旧金山经营《观察家》获得的经验和他从父亲那里继承的一大笔财产，闯进了纽约。直到他在纽约着手将《纽约新闻报》（*the New York Journal*）办成全美最畅销的报纸时，黄色报纸才达到了发展的顶峰。

普利策对黄色报刊的主要贡献是揭发丑闻，赫斯特的主要贡献则是“爵士式的、饱含情感的即兴表达”。当时的报业理念是以引导和教育公众为己任。赫斯特反对这种观点。他直率地呼吁报纸所指向的是人们的内心，而非理智。对他来说，报纸从始至终都是一种娱乐。

在这段时期，黄色报刊也开始将读报习惯扩展到妇女、移民等群体——当时，妇女、移民还未开始读报——于是，百货公司开始引起报业的关注。

在某种意义上，百货公司是周末报纸（the Sunday newspaper）的产物。至少可以说，没有周末报纸为其刊登的广告，百货公司不可能像今天这样流行。这一点很重要，因为女性在日常购物之前都会阅读周末报纸，而女性都是购买者。

正是在周末报纸中，黄色报刊的经营方式才第一次完整地形成。对此有着主要贡献的人是莫里尔·戈达德（Morrill Goddard）和阿瑟·布莱斯班（Arthur Brisbane）。戈达德的抱负是创办一份人们就算是不读也会买的报纸。他插入了图片，开始是黑白的，后来是彩色的。在《周日世界》（*the Sunday World*）中，前七栏是印刷字，接着是漫画和其他我们所熟知的促使头脑迟钝且不愿思考的公众阅读的东西。

这些方法在周末报纸中形成，接着被引进日报中。为黄色报
刊赢得决定性胜利的是布莱斯班的“心对心社论”（Heart-to-Heart 97
Editorials）——一栏浅显易懂，却又看似新颖的陈腔滥调和道德说教，再配以半页的图画和说明来强化其说服力。再没有什么比它更充分地领会了赫伯特·斯宾塞（Herbert Spencer）的格言，即写

作的艺术在于吸引读者的眼球。

在沃尔特·李普曼对公共舆论的最新研究中，他呼吁大家关注这样一个事实，即至今还没有社会学家写过有关新闻采集的书。他感到非常奇怪，像新闻界这样的机构，我们对之期望很多却所获甚少，而这竟没有被严肃客观地研究过。

我们确实还没有像生物学家研究马铃薯病菌一样研究过报纸。但实际上，每个政治机构都或多或少缺少这种研究。报纸其实也是一种政治机构，就像坦慕尼协会[①]（Tammany Hall）、纽约市政当局是政治机构一样。我们抱怨这些政治机构，有时还试图用些不可思议的立法措施来肃清控制着这些机构的歪风邪气。但总的来说，我们还是认为这些机构是神圣的，将任何对这些机构的彻底批判视为一种亵渎。如果出了什么问题，那也不是机构本身的错，而是我们所选的领导人，以及人类劣根性的错。

那么，如何补救报纸的这种现状呢？没有补救的办法。按常理说，现在的报纸几乎是最好的了。如果报纸要办得更好，就需要提高人民的教育水平，加强政治信息与情报的组织工作。李普曼先生说得很好，“现在，报纸所记录的社会现象并不多，所做的分析远远不够详尽，并且，使用的概念还常常含糊不清、毫无批判力。”我们必须提升我们的信息采集能力，这是一项重要的任
98 务。但首先我们必须学会客观地观察政治和社会生活，而不是完全用一套道德观念来思考它们！这样我们的新闻或许变少了，但报纸却更好了。

① 纽约的民主党机器。——译者

普通报纸对日常生活事件的叙述显得过于耸人听闻，这主要是由于我们对人类生活所知甚少，当我们读到这些生活事件时，便无法做出分析和解释。可以肯定地说，如果有什么事情使我们震惊，这恰恰说明我们并不理解它。

罗伯特·E. 帕克

99 第五章　社区组织和青少年犯罪

一、人类的“自然堕落”（natural depravity）

亚里士多德曾说，人是一种政治动物，他们注定要和同伴一起生活并彼此依赖。如果事实果真如此，那么当我们一再发现人的天性（nature man）并不适合社会生活时，我们便不得不感到惊讶和有趣。

毫无疑问，人类是最喜欢群居的动物，但是，同样毋庸置疑的是，他也最不懂得如何承担和维持这种共同生活（associated existence）。在这个事情上，同别的领域一样，也只有那些做过深入研究的人——比如教育家、刑法学家和社会工作者——才懂得每一个社会情境中所潜藏的各种无法预知的因素，从而最为深切地感到他们在控制人类行为上的无力。

W.I. 托马斯博士（W.I.Thomas）在其最近的一项研究《不适应的少女》（*The Unadjusted Girl*）中谈到了这一话题，他呼吁人们注意一个事实：“整个刑事诉讼程序是以刑罚为基础的，但我们却不能确定刑罚到底是否能遏制犯罪。或者，更确切地说，我们虽然知道它有时能遏制犯罪，有时又会促成进一步的犯罪，但是，我们不知道它在什么条件下能遏制犯罪，又在什么条件下会促成进一步的犯罪。”[①]

每一个自然的、未经后天训导的人，都常常不能适应其出生
时就身处其中的社会秩序，并且，任何健康的普通人的天生本能
与社会强加给他们的要求也不一致，以至我们可以毫不夸张地说，
如果他的童年主要是学习他不能做什么，那么他的青年时代就基 100
本上用在了如何叛逆。他在以后的日子里所进行的娱乐消遣可能
只是某种逃避，即逃离这个他最终学会了适应，但还没有完全顺
从的一成不变的社会秩序。

迄今为止这种描述是真实的。与我们相比，我们的先祖生活在更严格的纪律要求下，在道德秩序方面更少有变通性和宽容迁就。他们对普通人天生的难以相处是如此感触深刻，从而不得不承认人性中有某种本恶的东西，这一观点体现在人类的“自然堕落”这一众所周知的教义中。

与其他低等动物相比，人类似乎很难适应他们出生于其中的世界，原因之一是因为他们所处的环境大多是由前人的经验、记忆和习惯构成。

这些经验和记忆——凝聚并体现在传统、习俗和民俗之中——构成了有别于生物环境的社会环境。因为人不仅是一个有着某些先天遗传性生物特征的个体，他同时还具有特定的习惯、情感、观念和抱负。

---

① William I. Thomas, *The Unadjusted Girl-with Cases and Standpoint for Behavior Analysis, Criminal Science*, Monograph No.4, Boston,1923.

和纯粹的孤立个体（individual）不同，每个真实具体的个人都会对其社会环境做出应对，并且这种应对最终形成了他的人格，并赋予每个个体可以用道德术语描述的特征。

二、社会和社会环境（the social milieu）

人类从社会环境（social environment）中获得了几乎所有我们视为属于人的诸种特征。这里所说的社会环境就是社会，即广义上的社会，也是孔德所说的“人性”（humanity）。

101 然而，当我们更加细致地考察这个理论上包括所有人类的社会时，我们发现它实际上是由诸多小群体与小社会构成的，并且，它们每一个都代表了这个无所不包的社会环境的一个方面和分支。我们正生活在这个社会环境中，同时也是构成它的一部分。

一个人的社会环境中最首要、最私密的部分是他的身体，乍听起来，这不免有些令人奇怪。除身体之外，他的衣服、工具和财产虽然从某个角度来说是其人格的组成部分，但在特定条件下也可以作为其社会环境的一部分。只要个体有自我意识，只要他意识到了这些事物，它们就都会成为他的社会环境的组成部分。

我们中的大多数人都会在某些时刻感到“令人厌恶的自卑感”，这通常产生于和同伴的竞争。他可能第一次意识到自己并没有足够的个人资源去实现理想与抱负，这些资源是身体、心理或者道德方面的。虽然如此，我们这些正常人却仍然不能体会到那些身体残疾者和心理智障者的无奈与挣扎，他们生来就要去适应一个他们的体质无法适应的世界。

随着自我意识的觉醒，个体对自我的发现极大地推动了人格的发展。这奠定了一个欧洲精神病理学学派的理论基础。阿尔弗雷德·阿德勒（Alfred Adler）博士的“心理补偿”（psychic compensation）理论就以这样一个发现为基础：一个对自己的劣势有所意识的人必然会通过更大的努力来补偿自己被贬低的自尊。这样，这个人最后要么成功地克服自己的先天障碍，要么通过其他方面的成功来弥补自己在特定方面的失败。阿德勒列举了许多案例，证明个人往往会在那些根据先天条件来说最不适合的领域 102
中取得卓著的成就。最经典的例子是狄摩西尼（Demosthenes），据说他本来是一个结巴，但是他通过在海边口含卵石向波涛演讲，最终克服了他的缺陷，成为雅典最伟大的演说家。

这种自卑感（sense of inferiority）会由于身体的残疾或其他方面的先天低能而加重，这时，他就会对自己的各方面都特别敏感，从而产生阿德勒通常所说的“过度心理补偿”（psychic overcompensation），具体表现为某些神经官能症和社会性的病态，即我们通常所称的“自我中心主义”。

阿德勒认为，在这些案例中，“神经官能症患者往往会表现出一系列明确的、超出正常水平的显著特征，例如特别敏感、情绪烦躁、易受人影响、自负自大、迷恋于幻想、疏远现实，以及在以往案例中常常出现的专横、恶毒、自我牺牲的德行、卖弄风情、焦虑和精神恍惚。”

自我控制和我们施加于外界的控制之间没有本质区别。一旦我们意识到了自我，自我控制就会成为我们需要面对的最困难但也是最有吸引力的问题之一。相对于低等动物来说，人具有很多优势。但从另一个方面来看，低等动物并不受弗雷泽（Frazer）所说的“危险心灵”（the perils of the soul）的困扰。他们不需面对如何管理自身的问题。显然，这也是沃特·惠特曼（Walt Whitman）写下面这段文字的意涵：

> 我想我能够转而与动物一起生活，他们是那样的宁静自足……
>
> 他们不为自己的处境牢骚烦恼，
>
> 不会躺在黑暗中彻夜不眠，为自己的罪过哭泣，
>
> 他们不会谈论对主的义务而使我生厌，
>
> 没有一个动物是不满足的——没有一个动物会为自己的占有欲而发狂，
>
> 103 他们也不会向其他动物，或是几千年前的同类屈膝膜拜，
>
> 在整个地球上，没有哪个动物是尊贵或劳苦的。[1]

三、作为法人的家庭

除了自我以外，每个人所面对的最亲密的环境是家庭。不论在现在或是更早的简单社会中，家庭都是一种更大的法人（corporate person）。比如，在波兰农民那里，家庭完全支配着个体，“丈夫和妻子不是根据他们个人情感的多少而紧密联系在一起的个体（individuals），而是属于群体的成员（member），他们都

① 译文参考了楚图南先生的译本，有改动。——译者

被各自的大家庭控制着。”[①] 据此，我们才能充分理解那些移民男孩儿写给父母的信，他们让父母给自己找老婆：

> 最亲爱的父母大人：
>
> 请不要为我即将提出的请求生气。我之所以给你们写信，是因为在这里独自一人生活太难，所以请为我找个姑娘。但是请找个规规矩矩的［朴实人］，在美国没有一个单身的［波兰］姑娘是规规矩矩的……［1902 年 12 月 21 日］感谢你们的来信，我实在是太高兴了。虽然我不认识那位姑娘，但是我有同伴认识她，说她庄重、漂亮。我相信他，就如同相信你们一样……请告诉我（这两姊妹中的）哪一个会来美国，是姐姐亚历山德拉（Aledsandra），还是妹妹斯达尼斯拉娃（Stanislawa）。[②]

在这类家庭中，这些毫无叛逆精神，完全适应家庭生活的个体，几乎可以被认为已经不再作为单独个人而存在。除了作为家庭成员，他们没有独立的社会地位和个人责任。

现代社会的家庭已经不再像往日一样受人尊重。一位著名的心理学家曾对我说，在研究了许多患者后，他不得不得出一个结 104
论，家庭可能是最不适合抚养孩子的地方。通常来说，精神病专家似乎都对作为孩子成长环境的现代家庭有着十分负面的评价。

① Thomas and Znaniecki, *The Polish Peasant*, Ⅰ, 87–97, quoted in Park and Miller, *Old-World Traits Transplanted*, p.34.

② 同上书，Ⅱ, 259, quoted in Park and Miller, *Old-World Traits Transplanted*, pp.39–40。

这种评价或许并没有完全被证实，但它至少能够得到若干年前青少年犯罪研究的支持，因为这一研究表明在被调查的犯罪青少年中，有一半儿都来自破裂的家庭。

如今，人们普遍认为“独生子女家庭”是产生自我中心主义行为的典型社会情境之一。的确，正是由于父母过分关注子女的幸福，他们才不总是能够成为孩子的理想玩伴。但是，不论今日的状况如何，可以肯定的是，过去我们所称的人性的绝大多数特征正是在家庭中才获得最初的发展。

家庭和邻里中存在着亲密的“初级关系”。在这个圈子之外，有一个更具影响力的大圈子，我们称之为社区（community）。首先是当地社区，接着是更大的组织化的社区，比如城市和国家。这些界限之外，是更大范围的世界社区（world-community），它的轮廓庞大而模糊；格雷厄姆·沃拉斯（Graham Wallas）在《伟大的社会》（*The Great Society*）中对此做过描写。

因此，“社区”是指这个有着更大范围和极大包容性的社会环境，它存在于我们自身、我们的家庭和我们亲密的邻里之外。在那里，个人不仅是作为一个单独的个体（individual）而存在，更是作为一个具体的人（person）而生活于其中。

与个人相比，社区和家庭有着更广泛的利益、更宏大的目标和更深思熟虑的目的。它们围绕着我们，包含着我们，甚至也强迫着我们顺从；不过，这种强迫不是来自于无形的压力，也不是来自于害怕被责备，而是由于我们感觉到我们的个人利益存在于他人所构成的社区利益之中，感觉到我们对社区的责任。

毫无疑问，个体行动的源泉是我们的机体冲动，但是，实际

行为或多或少都会受到公众舆论、习俗，以及一套存在于我们自 105
身之外，散布在家庭、邻里和社区之中的规范的影响。不过，需要说明的是，社区很少有什么直接目标，它所追求的都是审慎的长远考虑，因而，它总是显得与我们有些疏远，处于我们之外；比如，它就比家庭和其他同道团体（congenial group）离我们更远。一些社会学家甚至将社会看作一种在任何时候都完全独立于个体的存在，尽管社会正是由这些个体组成的。在这种情况下，社会中的个体就自然而然地处于一种冲突状态；这诚然是和其他个体的冲突，但在很大程度上更是和他身属其中的社会群体所具有的习俗、制度的冲突。因此，就算个人自由——即近些年我们所说的自我表达（self-expression）——不会沦落为毫无结果，它也只不过是一个永无尽头的追求。

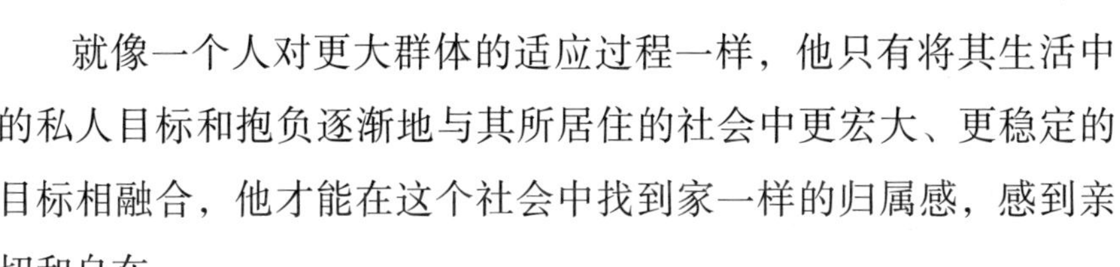

就像一个人对更大群体的适应过程一样，他只有将其生活中的私人目标和抱负逐渐地与其所居住的社会中更宏大、更稳定的目标相融合，他才能在这个社会中找到家一样的归属感，感到亲切和自在。

如果这一情况符合整个人类，那么它就更符合年轻人。儿童的自然冲动必然离社会化的状态非常之远，因为，在社会环境中，他发现他与社区的关系似乎完全是由一系列的“不许”所界定的。因而，至少在特定的年龄界限以内，青少年犯罪是预料之中的，甚至可以说它是很正常的。

正是在社区中，而不是在家庭中，我们的道德规范（moral codes）第一次得到了清晰、正式的界定，并取得了国内法所具有的外在性和强制性。

四、社会变化和社会解体

家庭和邻里这类组织是以习俗和传统为基础而存在的，并在萨姆纳（Sumner）所说的民俗和民情之中固定下来。在这个阶段，
106 社会是纯粹的自然产物；是居住在一起，处于亲密、私人的面对面关系中的个体间自发的、不假思索的互动产物。在这种状况下，有意识地规训个体、强制推行社会规范等努力就只能由直觉和常识来引导。

在社区这一更大的社会单位中，社会关系比较正式，且不太亲密，因而情况就有了变化。与家庭和邻里不同，社区中开始产生教堂、学校和法庭等正式组织，并且确立了他们各自的功能。随着这些机构的出现及其中介作用的发挥，社区作为补充并在一定程度上取代了家庭和邻里，成为规训和控制个体的途径。不过，无论是孤儿院或是别的任何机构在替代家庭的职能上都未让人完全满意过。这主要是由于他们缺少像校友会这样的组织，缺乏一些能够使其成员在离开之后仍然珍爱和念念不忘的回忆与传统。

正是在这些充斥着各种组织与理性控制（非传统控制）的社区中，而不是在别的什么地方，存在着青少年犯罪。事实上，青少年犯罪在某种意义上是测度我们的社区组织功能是否失效的标尺。

长久以来，美国人一直生活在乡村社区中。直到几年前，典型的美国人仍住在中西部的乡村，并且他们现在似乎仍是如此。这种乡村就像辛克莱·刘易斯（Sinclair Lewis）在《大街》（*Main Street*）一书中所描绘的。时至今天，美国人最显著的特征就是他

们根深蒂固的个人主义，这无疑已经构成了他们的某种气质，但是，就我们所关心的主题来说，这种气质的确在相当程度上受到了中西部地区生活条件的强化。

随着大城市的逐渐发展，机械工业带来的劳动大分工，以及 107
交通和通讯方式多样化所引起的各种运动与变革，家庭、邻里和当地社区所代表的旧式社会控制力量逐渐遭到了破坏，他们的影响力也大幅度减弱了。

先前的社会控制在其自身文化和系统方面所具有的权威与影响力不断削弱，并最终走向灭亡，这一过程被托马斯称为“个体化”（individualization）；这是从个体角度得出的结论，如果从社会和社区的角度来看，这就是社会解体。

我们生活在一个充满个体化与社会解体的时期。每个事物都处于焦躁不安之中，即它们似乎都在发生着某种变化。从表面来看，社会不过是由许多社会原子所构成的聚集体。习惯（habits）只能在相对稳定的环境中形成，即使这种稳定性也仅存在于一系列的相对变化之中，并且，真实的情况也往往正是如此，因为宇宙间没有什么东西是绝对静止的。任何形式的变化，若能带来社会生活常规的重要改变，它就会破坏习惯；现存的社会组织都以这些习惯为基础，因而对习惯的破坏，就会导致对组织的破坏。正是在这个意义上，每一种对社会生活常规产生影响的新技术都会促成解体。每一种新发现、新发明与新观念都是破坏性的。甚至新闻有时都变得很危险，以至政府认为严禁其发布才是明智之举。

当代文明中摧毁性最强、最易带来风俗败坏的事物大概要数

汽车了。大城市中驾驶汽车作案的抢劫团伙比五十年前罗曼蒂克
108 时期的强盗更容易得手，因而也更危险。汽车和罪恶间的关系臭名昭著，“和汽车有关的诱惑比城市中其他诱惑的总和还多”[1]。

报纸和电影虽然没有汽车般强大的摧毁力，但也同样会造成道德败坏。如果我想尝试着列举所有造成现代社会解体的社会力量，那么，我将不得不把给我们沉闷的生活常规带来新变化的所有事物都列入其中。显然，任何使生活变得有趣的事物都对现存秩序构成威胁。

在一个国家的内部，人口从一个地区向另一个地区的流动——例如，当前黑人向北方的移居——会引起不稳定。从移民自身的角度来说，这种迁移可能带有解放的性质，给他们带来新的经济与文化，但是却会给移出与移入的社区都带来解体的危机。同时，这种迁移会带来移民者自身的道德败坏，以及我特别强调的，会促使年轻一代的道德败坏。

当前，北方城市的黑人社区中存在着大量的青少年犯罪，他们有的是未成年，有的已经成年。这部分地（尽管不是全部）由于黑人移民不能立即适应相对来说陌生的新环境。这种情况不仅发生在欧洲移民身上，年轻一代的女性也是如此，因为随着大城市为她们提供越来越多的新职业，正有大批的年轻女性进入城市享受更自由的生活。

我曾听威廉·詹姆斯说过“进步是一件可怕的事情”。说它是可怕的，主要是由于它打破了现有社会秩序所赖以存在的生活常规，从而摧毁了原有的文化和经济价值观，比如崇尚节俭、尊重

---

① William I. Thomas, *The Unadjusted Girl*, p.71.

技艺与勤劳的习惯，以及人们的希望、抱负和生活规划，正是这些构成了社会秩序得以维持的主要内容。

对大城市做过研究的人会发现，我们的大城市充满了废弃物， 109
其中大部分是人，比如那些在工业化突飞猛进的发展中，由于某种原因掉队，从而被其曾为之工作的工业组织所抛弃的男人和女人。

内尔斯·安德生（Nels Anderson）最近一项研究的研究对象正是这种废弃人堆（a human junk heap）。他研究的是芝加哥市“卢普区”（即中心商业区）外围的一个地方，他称之为“流浪者居住区”（Hobohemia），这里居住的几乎全是无家可归者。事实上，大城市商业区边缘的贫民窟，堕落区以及充满贫穷、恶习、犯罪的区域都是社会废弃区（areas of social junk）。

于此，我必须补充说明一点，因为这与我们这个团队关心的问题和兴趣有着直接的关系。

即最近有关芝加哥男孩帮的一些研究表明，城市缺少户外玩耍场所，因而除了我们称之为贫民窟的堕落区，男孩子再也找不到具有如此多刺激的地方和他们所谓的“真正运动”。

为了应付和解决现代生活日新月异的变化所带来的各种问题，新组织与新机构如雨后春笋般迅速涌现。以往的社会机构，比如教堂、学校和法庭，有时并不能解决新的生活状况所产生的相关问题。学校、教堂和法庭的机构宗旨与办事方式受到旧传统的影响与束缚，因而必定要有新的机构来应付新的状况。这些新机构主要有未成年人法庭、未成年人保护协会、家长老师联合会、童子军（Boy Scouts）、基督教青年会和各种男孩俱乐部，据我推测，还包括户外玩耍场所及相关协会。在某种程度上，这些机构接管了家庭、邻里以及其他旧式公共机构无法完全胜任的工作。

110 由于不像旧机构那样受到以往传统的阻碍，这些新机构完全是实验性的；它们试图创造一种解决社会问题的理性技术，其基础不是情感与传统，而是科学。

可以说，以这些新机构所进行的实验为基础，一种新的社会科学应运而生。社会机构不遗余力地推动社会调查和社会研究，于是，社会学不再只是一种哲学，而越来越多地带有了一种经验科学（如果不是精确的科学的话）的特征。

关于这门科学和我们用以控制行为和社会生活的方法的现状，我只能重复本文开篇的一句话：“对于如何维持一种共同生活，我们仍然知之甚少。”

五、帮团与当地社区

在上文中，我试图阐明户外玩耍场所协会、其他社会机构与更普遍的社区组织问题、青少年犯罪之间的关系。但我感觉本文缺少一种道德建议，而每篇有关社会话题的论文都应该包含某种道德建议。如果有人要我就目前的讨论扼要地提出我的建议，我会简述如下：

1. 就我们目前的知识而言，青少年犯罪问题似乎产生于一些我们很难控制的条件，因而为了了解全部情况，我们需要进行一个比以往的研究更具探索性的考察。

2. 当前令人鼓舞的是：（1）我们的社会机构正在明确地针对该问题进行试验；（2）在大学和其他地方正在形成一套关于人类本

性和社会的知识，再过不久我们就能运用这套知识解释这些试验，重新界定该问题，并最终对那些既引起青少年犯罪，又带来其他 111
形式的个人与社会解体的社会条件与社会过程有更深的洞察。

3. 我们已经知道，个体与社区之间的亲密联系表明青少年犯罪首先不是个人的问题，而是群体的问题。任何试图对青少年罪犯进行重新教育使之改过自新的努力，在很大程度上都意味着找到一个他能够生活于其中的环境、一个能融洽相处的群体，并且，这里的“生活”不仅是物质和生物意义上的，更是社会和社会学意义上的。这就是说，要找到一个他能自由释放自身能量和自然冲动的地方，而且，他还能在这个地方找到一份职业，自由地规划自己的生活，从而能使他以适当的方式实现其基本愿望。事实上，每个个体都在以这种或那种方式来努力实现这些愿望，并且为了过上一种健康且快乐的生活，他们也必须实现这些基本愿望。

4. 这使我意识到，户外玩耍场所不应该仅是一个消耗孩子精力从而避免其胡闹的地方，它应该成为孩子们形成持久性团体的地方。玩耍群体（the play group）无疑是确立普通个体的自我愿望、形塑其性格的若干重要因素之一。在城市生活中，家逐渐成为一个只用于睡觉的地方，如同一个宿舍，因而玩耍群体变得越来越重要。弗雷德里克·M. 思拉舍先生（Mr. Frederic M. Thrasher）最近在研究芝加哥的男孩帮（boys' bang），他确定了一千个男孩帮的所在地，并且有趣的是分析这些团体的分布状况，他们绝大多数都在贫民窟内。显然，他所研究的这一千个团体绝不可能涵盖芝加哥此类团体的全部，然而，他们之所以引起学者的关注是因为他们总是在制造祸端，直接或间接地与青少年不良行为、青春期犯罪有关。

112 如果我冒昧地就此事发表个人意见，我会认为这些团体在形塑其成员性格上的影响力比教会、学校、男孩儿从小成长于其中的家庭，以及其他任何社区机构都大。并且，家庭所起的影响很有可能并不总是有益的。

5. 最后，户外玩耍场所应该尽可能与一些育人（character-forming）机构联合起来，比如学校、教堂和其他当地机构。尽管老的一代由于移民已经离开以往的团体，但相比之下，年轻的一代则更接近当下的生活，他们对身处的生活世界有着不可抑制的依恋。他们的同伴就是那些居住在他们身边的人。在一个大城市中，儿童之间是真正的邻居。他们通常待在当地社区内，当他们被允许探听邻里中的各种情况时，他们对邻里的了解之深是任何一个若非生养在该邻里的大人都绝对比不了的。

这一点使得帮团慢慢变得重要了，比如，当它变成一个运动俱乐部时，它就会产生政治影响力。我们的政治系统以这样一个理论为基础，即生活在同一地区的人互相了解，有着相同的政治利益与社会利益。在这个意义上，帮团有时未必不是培养选区政治家的职业学校。

罗伯特·E. 帕克

第六章　社区组织和浪漫情绪 113

一、问题的提出

最近对芝加哥当地社区的研究表明，社区中“能人”（competent persons）的数量并不总能真实反映社区自身的“能力”（competency）——如果我们使用此概念来表示这种关系的话。在社区中，高智商者的人数并不总能保证社区的高效率。

对于此种说法，人们能够立即想到的解释是“能人”都是些专家，他们选择人类经验中的某一领域进行深入思考，而对他们恰巧生活于其中的那个地理区域却漠不关心。

显然，只有那些不怎么有能力的人仍旧对大城市中的当地社区满怀兴趣。女性，特别是那些没有经过职业训练的女性，和那些因为语言障碍这一无形壁垒在地域上被区隔和禁闭的移民，才会怀有与邻居交往的兴趣。然而，大城市的孩子由于更接近当下的现实生活，反而成了真正的邻居，他们所组成的男孩帮团（boys’ gangs）是邻里性很强的机构。与之不同，政治家是职业型的邻居。男孩团体的成员一般都逐步进入地方政治中，此时，地方政治“大佬”就会担任资助人的角色，而他们则成为受庇护者。

另一方面，能人，即那些职业人，大多数时候都处于社区之外，这既指他们的客观起居，也指他们的主观想法。他们居住在
114 城市中——即他们的办公室和俱乐部中。他们回家只是为了睡觉。对于专业人士阶层（professional classes）来说，郊区的住宅都只不过像宿舍一样。那些能被《名人录》（*Who's Who*）收录的地位显赫者与能力卓绝者，除了为其当地社区进行慈善捐赠以外，很少有时间做些别的事情。

与此不同，能人对他们的职业却抱有极大的热情。如果我们像苏联人一样，在职业的基础上组建政治（他们建立了苏维埃政府），那么，这可能会唤起我们的知识分子对当地政治和当地的社区问题产生非业余的、深入研究的兴趣。但是实际情况并非如此。

我们的政治体制建立在“当地社区是地方性政治单位”的假设上，即如果当地社区被组织起来，了解自己的地方性利益，并具有自我意识，那么民主政治一定会繁荣。据说，我国50%具有选举资格者并不行使自身的权利。这是一项重要指标，它既能显示他们对当地社区利益的漠视程度，同时也能测度当地社区效率的高低。

全国社区中心协会（National Community Center Association）是近年来为改变该现状（放弃选举权只是例证之一）所做的众多努力之一。社区组织致力于探寻、组织和动员社区内的本土资源，特别是人力资源。它能在多大程度上调动这些资源正显示了其效

率的高低。不过，如何评估和使用这些资源，都是有待解决的问题。

二、社区的定义

什么是社区？什么是社区组织？在评估社区效率之前，我们至少应该能够描述一个社区。对社区的最简单描述是：一群人占 115
据着一块或多或少有着清晰界限的区域。但是社区并非只有这些。它不仅是一群人的聚合，更是各种机构的聚合。最终将社区与其他社会聚合体区分开的决定性要素是机构，而不是人。

社区中的机构通常指家庭和其他一些机构：教堂、学校、户外玩耍场所、公共礼堂、当地剧院，以及一些工商企业之类。我们可以根据社区内各类机构——文化型、政治型和职业型——的数量对这些社区进行分类。这可以说明它们在多大程度上是独立的，或者与之相反，在多大程度上其公共功能附属或可以说被包含在更大的社区中。

总是存在着一个更大的社区。每个社区总是某一个范围更大、包容性更强的社区的一部分。现在，没有任何社区是完全独立而与周围毫无关联，所有的社区都在经济和政治上相互依赖。最大的社区就是这个辽阔的世界。

1. 生态体制（organization）

在任何社区中，经济、政治和文化方面的公共机构都会呈现出某种独特的、界限相对清晰的分布。比如，社区总有一个中心和一圈外围的边界，来确立各个独立社区相互间的位置。在这样一个区域内，当地的人口和机构会按照某种独特的方式分布，比如根据地理位置、交通线路或是地价。我们将人口和机构的这种分布称为社区的生态体制。

城镇规划是引导和控制社区生态体制的一种尝试。但它并不
116 像看上去那么简单。那些曾被精心规划过的城市，比如首都华盛顿，也时常超出人的掌控。一个城市的实际布局从来不是单纯的人工产物，它往往既有设计的成分，又是自然的结果。不过，规划还是影响公共效率的因素之一。

2. 经济体制

在生态体制中，只要存在物品和服务的自由交换，就不可避免地会在劳动分工的基础上发展出另一种类型的社区体制。这就是我们所称的社区的职业体制。

职业体制和生态体制一样，也是竞争的产物。由于相互间的竞争，社区的每一个成员最后都不得不做自己能够做（*can do*）的事，而不是他想做（*would like to do*）的事。我们内心的抱负难以通过现实的职业得到实现。生存的压力最终不仅决定了我们在社区内的住所，还决定了我们的职业。

社区内个体所从事的职业的数量和种类是一种测度社区效能（competency）的尺度。随着劳动分工的扩展，专业化的不断加强——即随着利益和工作任务的多样化——以及城市生活中大量无意识合作的出现，个体不仅有机会而且有必要选择自己的职业，发展自己的个人才能。

然而，在一个不断变化的世界中为谋求某种职业而奋斗，会产生巨大的资源浪费。职业训练是解决该状况的一种尝试，此外还有全国就业体制。但是，除非形成一个更加理性化的工业体制，我们不能期许该状况有什么大的改善。

3. 文化与政治体制

人类社会中的竞争从来都不是无限的。习俗和法律总会对个
体野蛮而放任的冲动施加某些约束与限制。社区的文化体制与政 117
治体制是以职业体制为基础发展起来的，就像职业体制的发展又
是以生态体制为基础。

社区中心诸团体（community-center associations）的出现正与社区共同体制的这种内部分裂有关。政治、宗教和社区的福利事业就像高尔夫、桥牌和其他娱乐一样，都是业余闲暇时的活动，而我们试图管理的也正是社区的闲暇时间。

在很久以前，亚里士多德曾将人描述为政治的动物，他的描述更符合当时的人而非现在的人。在亚里士多德生活的时代，艺术、宗教和政治是生活的主要内容，并且公共生活是每一个公民的自然使命（natural vocation）。

在现代生活中，劳动分工已经发展到相当精细化的程度，举个众所周知的例子，如今制造一套衣服需要 150 道不同的工序。因而，现在的情况已迥然不同。如今，大多数人除了睡觉的时间以外，都主要忙于某件普通工作的某个无足轻重的环节，以至于完全忽略了自身所处的整个社区。

另一方面，现在我们的闲暇主要用来不停地寻找不同的刺

激。正是浪漫的情愫，以及逃离家庭和当地社区中沉闷的日常生活的渴望，促使人们在外寻求冒险和奇遇。这种对浪漫的追求充溢着现代生活的方方面面，它们在舞厅和爵士乐厅中得到了最充分的宣泄。政治革命和社会改革通常只是这种浪漫冲动的一种表达。宗教中的千禧年，各种传教事业，尤其是那些属于“天国”（regions beyond）的东西，都是这种想要逃离现实的冲动的表现。

我们到处猎奇，捕捉浪漫这只“蓝知更鸟”，并且我们坐着汽
118 车和飞机来追逐它。新的交通工具使千百万人在现实生活中实现了他们曾经只能梦寐以求的飞行。不过，这种身体的移动只是心理状况不稳定的反映。

由于缺乏创造力，这种对冒险、奇遇的骚动与渴望在很大程度上是空洞无益且虚幻的。我们一直在寻求着如何逃离这个沉闷的世界，而不是转身去直面它、改变它。

艺术、宗教和政治仍是我们参与公共生活的途径，但它们已不再是我们关注的主要内容。作为闲暇时间的活动，他们必须采用更加生动活泼的娱乐形式，获得人们的关注。我想，美国人生活中最大的浪费或许就在于我们任意挥霍着自己的闲暇。

三、对社区效能的测度

这就是我们的社区。那么，该如何测度其效能呢？对此，我不得不承认，我们要学习的东西还有很多。

社区的效能与组成它的个体的效能不同，而最简单、最基本的估测方式是对社区的社会统计数据进行比较研究。贫穷、疾病

和青少年犯罪通常被称为社会弊病（social diseases）。可以把它们看作一种尺度，来测度社区能在多大程度上提供适宜其成员生活的环境，或者换一个角度，测度组成社区的个体在多大程度上有能力适应社区环境。

移民社区显然能够保证移民的生活。我们这里所说的“生活”不单是肉体上的存活。人是这样一种动物，他既然存活，就要活
在社会中，活在他的希望中，活在他的梦想中，活在其他人的心 119
目中。据 W. I. 托马斯博士所说，人会采用各种方式来努力实现自己的四类基本欲求：

> （1）他必须有安全感，即一个家，或者某个能够进退出入的地方。
>
> （2）他必须有新的经历、娱乐、冒险和新的感受。
>
> （3）他必须有他人的承认，例如，他必须归属于某个社会，并在其中具有一定的地位，或是归属于某个群体，并被群体内的其他人认识。简言之，他必须以一个“人”的身份归属于某个地方，而不是经济和社会这种大机器上的一颗小螺丝。
>
> （4）最后，她必须有爱，即和某人或某物建立亲密的关系，哪怕只是一只猫或狗。他付出爱，并知道相应地会得到爱。人类的各种欲望最终都可简化为这四种类型，而且，只有当这四类欲求以某种方式或多或少地实现后，人这种动物才会感到健康和幸福。①

① Robert E.Park, “The Significance of Social Research in Social Service,” *Journal of Applied Sociology*（May- June, 1924）, pp. 264–265.

几个月前，我在太平洋沿岸研究我们所谓的“种族关系”时惊奇地发现，各移民群体对美国这个新环境的适应能力有着显著的差异，并且，面对如何在美国习俗和法律所强加的限制内使生活更有趣的问题，他们也表现出极大的不同。

移民社区内部存在着各种利益与组织，而这其中就可能包含了生活的所有乐趣。每一个移民社区都有一个宗教组织——一个犹太教堂，一个寺庙，或一个基督教堂——以及与之相关，并且往往依赖于它的互助型福利组织。它还有自己的商业机构、俱乐部、传达室、咖啡馆、餐馆、集会场所和报纸。在美国，每一个移民社区都有自己的报纸，即使他们在本国时并没有。通常情况下，移民的聚居地不过是一个被移植于此的村庄，事实上，在美国拓殖的并不是诸多的种族或民族，而是一个个的村庄。

120 这些移民社区有多大能力提供适宜移民生活的环境？对于这一问题，雷蒙德·珀尔（Raymond Pearl）发表在《科学》（1924.10.31）杂志上的一篇论文《美国救济院贫民的种族来源》（The Racial Origin of Almshouse Paupers in the United States）或许能够给我们一些启发。

文章中有一段话阐述了本国人与外国人的一些情况。他写道：

> 1923 年 1 月 1 日，每 10 万个美国出生的白种人中有 59.8 人被送进救济院，而移民人群的相应数据是 173.6。一些人可能认为该现象着实让人担忧。情况或许的确如此，但在我看来，这或许只是反映了人类有机体（human organism）在适应新环境时所遇到的种种困难。

如果我们和珀尔博士一样，认为这些数据反映了人类有机体适应新环境时所遇到的种种困难，那么，对不同种族群体更深入的研究将会呈现一些惊人的结果。

首先，它们说明不同移民群体对美国生活的适应能力极其不同，其次，它们还说明在美国居住时间最长的种族和国族最难跟上新环境的要求。有关这一点，珀尔博士写道：

> 1923 年，除了几个极其个别的例外，所有现行法律鼓励（*encourages*）移民的国家，靠救济院生活的移民人数占美国救济院总人数的比例，高于 1920 年这些地区移民总数占美国人口的比例。另一方面，除了几个极其个别的例外，具有专门法律限制（*discourage*）移民的国家均出现在该表格的下方，即 1923 年，这些地区靠救济院生活的移民人数占救济院总人数的比例低于 1920 年其总移民占美国人口的比例。

这里有两点让我觉得意义重大。（1）新近的移民是最不需要救济院救济的；（2）新近的移民中，那些因为某种原因最不愿意或最无法进入美国生活的人，显然是最不需要救济的。

这何以可能呢？我自己的推断是，这里起决定作用的并不是 121
生物学因素，而是社会学因素。换句话说，对救济院数据的分析不涉及种族性情的问题，而是涉及相关的社会传统。正是那些在美国还维持着他们淳朴的乡村宗教和互助组织的移民最能经受住新环境的冲击。

整个问题还需要更深入的调查。如果在疾病、青少年犯罪和家庭解体方面对不同种族、不同语言的群体进行比较研究，会有什么发现？对日本、中国和墨西哥移民进行有关犯罪的比较研究会有什么发现？我之所以提及这三个群体，是因为他们都在太平洋沿岸居住、工作。

1910年的普查显示，在美国的移民群体中，墨西哥人的犯罪率最高。我相信，如果我们能掌握相关事实，我们会发现日本人的犯罪率最低，或者至少是太平洋沿岸所有移民群体中最低的。

对此的解释是，日本人——中国人也是一样——建立了一种我们所谓的“控制机制”，它能立即解决群体内部、群体与外部更大社区间产生的纠纷。

与中华会馆（the Chinese Six Companies）一样，日本人协会（The Japanese Association）的目的就是使其国民远离美国法庭。但是，日本人协会不只是一个仲裁和调解的“法庭”。它的作用不仅限于解决纠纷，而且还维持日本社区的道德风气，并主要通过教育等切实可行的方法，促使日本人努力在他们所生活的社区中成功。在美国，可能除了犹太人以外，日本人比其他任何群体都更了解他们自己人的状况。

就像犹太人所做的一样，日本人努力维持自己的种族在美国
122 的地位，这显然提高了日本人的道德风气。如同萨姆纳的洞察，没有任何东西能像外部攻击一样有助于迅速地建立一个群体的内部团结。同理，没有任何东西能像对处于多数地位的种族和民族的对抗一样促使少数种族和民族建立起纪律和秩序。

我想，当今美国，正在取得或近年来已经取得最大进步的人是犹太人、黑人和日本人。当然，还没有人对三个种族的能力进

行比较。在美国的所有移民中，犹太人是最能干、最进取的；黑人则刚崭露头角，他们对自己新近获得的种族意识可能产生的后果还怀有些许担忧。

犹太人、黑人和日本人的移民社区的相似之处在于，他们与美国人的冲突都十分严重，以至在各自社区中都形成了一种新的种族认同感，以及一种由共同的事业而产生的团结。正是每个人所抱有的有关共同事业的情感和观念决定着其群体的效能。

在某种意义上，这些在熟人社会中生活的移民社区可以看作我们自身社区的模范。我们试图以社区中各种组织为中介来营造的，就是人们对当地社区“小天地”的关注和兴趣。我们在鼓励一种新的地方主义，希望能够发起一场运动，反对当前总是向外部探索和寻觅的浪漫主义，而主张要认清区域的界限，并在界限之内生活。

我们要做的是鼓励人们在他们的村庄中找寻上帝，并关注他们自己的邻里中的社会问题。因而，这些移民社区值得进一步研究。

罗伯特·E. 帕克

123 # 第七章　魔法、心智和城市生活

一、魔法和原始心智

在英属西印度群岛的口语中，长期占有一席之地的非洲土著词汇屈指可数，“奥比”（obeah）是其中之一。关于这个词语，J.G. 克鲁克香克（J. Graham Cruickshank）在《黑人方言》（*Black Talk*）这本小册子中写道：

> 奥比是黑人的巫术，其最坏之处在于将有害的思想植入受害者的头脑中。这种巫术已经不再兴盛，但与之相关的一些灵异事件还会时不时地在报纸上出现。对所有的人类学调查来说，最难的事情是用搜集的资料“描绘”（draw）古代黑人。伯顿（Burton）曾提到过一句古代克拉巴（Calabar）谚语，“Ubio nkpo ono onya”（他们给他种上奥比），并添加了这样一条注释，“‘Ubio’指任何为导致疾病或死亡而埋入地下的药物或咒文。这显然是西印度群岛‘奥比’一词的原初含义。我们无需对这个词语传播如此之远感到奇怪，因为克拉克森（Clarkson）在《奴隶贸易的历史》（*History of the Slave*

> *Trade*）一书中告诉我们：当贩卖奴隶还是一种合法贸易时，每年都有很多奴隶从邦尼河（Bonny）和老克拉巴河（the Old Calabar River）被运出，其数目等于非洲西海岸其他所有地区的奴隶贸易总量。”①

奥比是黑人所信奉的魔法。本文源于我最近一次考察加勒比海的英属群岛时对黑人魔法的所见所闻。

过去的一年，有关魔法这一主题有两本十分重要的英文著作出版。第一本是列维-布留尔《原始心智》（*La Mentalité Primitive*）的英译本，另一本是林恩·桑代克（Lynn Thorndyke）的《公元13世纪之前的魔法和实验科学历史》（*A History of Magic and Experimental Science during the First Thirteen Centuries of the Christian Era*）。

为了将这两本在研究内容和视角上有较大差异的著作纳入同一个类别，我采用了桑代克的一个较宽泛定义，“魔法”指“所有 124
神秘的技艺、科学、迷信和民间习俗”。

列维-布留尔的著作试图从人类学的各类文献材料着手，廓清原始人的思维模式。

桑代克的研究则如他的书名所示，主要关心实验科学的产生。虽然二者的视角不同，但研究对象是相同的，即各种具有魔力的信仰和实践，特别是那些能够体现某种独特思维模式的信仰与实践。

列维-布留尔主要从传教士和旅行家的著作中，搜集了大量主

---

① J.Graham Cruickshank, *Black Talk*, p.8.

题广泛且分散的观察材料。他对它们分门别类、深入分析，用以证明原始人的心智生活和思维习惯与文明人的存在根本性差异。

与之不同，桑代克叙述了 13 世纪之前现代科学的先驱们是在何种外部环境之下逐渐热衷于科学实验而抛弃魔法实践。

13 世纪的欧洲文化和现在的野蛮人文化之间显然不存在什么历史性的关联，尽管二者的魔法信仰和实践有着惊人的相似，甚至在很多时候完全雷同。事实上，当我们意识到魔法是一种古老且传播广泛的独特人类现象，而科学是晚近才出现的对社会生活异常而偶然的呈现形式时，我们就能更好地理解二者的差别。

列维-布留尔将野蛮人特有的智力和思维习惯描述为一种心智类型。与之不同，文明人有着另外一种不同的心智类型。这里所使用的“心智”（mentality）一词，仅仅是一种权宜的表述，并不能立即显示出其确切的内涵。我们使用的“心理”（psychology）
125 一词与“心智”有类似之处，但也存在某些差异，比如，当我们说农村人与城市人“有着不同的‘心理’（psychology）”，或者某些人、某个人有其本阶层的“心理”——这意谓着某个人或某个群体会以一种独特的方式理解一件事情，或对一种情况做出反应。但通常情况下，“心智”一词较多地指思维的形式，而非思维的内容。我们通常会谈论一个人或一个群体的心智类型及其所处的心智阶段。而我们不会这样使用“心理”一词。比如，我们不会谈论资产阶级或者无产阶级的“心理”阶段与“心理”强度。在这个意义上，“心智”与“心理”是不可通约的，后者更多的是一种特征而无法量化。

不过，列维-布留尔使用“心智”这个术语时似乎包含了这两层含义。总的来说，他所使用的“原始思维”一词是指原始人先定地形成的自己的思维形式。列维-布留尔认为，原始思维的根本特征是“前逻辑”（pre-logical）。

他指出，不论是与欧洲人相比，还是与那些没有我们美国人复杂世故的人相比，原始心灵（mind）“对推理与逻辑学家所说的思想的论证过程，都表现出明确厌恶。这种对理性思维的厌恶并非由于理解能力有什么不足或者存在什么固有的缺陷”，这仅仅是一种广泛存在于野蛮人和心智单纯者中的思维方法——甚至可以将其称为一种传统——即把周身世界所发生的偶然、意外和无法预期的变化理解为某种意志的有意作用。

原始人心智中所具有的这种思维的前逻辑形式是什么？列维-布留尔将其称为“互渗”（participation）。原始心灵并不像我们一样以一种主客分离的方式看待事物。也就是说，未开化的人在其所处的世界中，按照他内心的冲动与有意识的意愿来解释植物、动物、四季的更替与天气的变化。这并不是由于他缺少观 126
察，而是由于他缺少能够用来思考和描述外部世界各种变化的心灵模式，他仅有的一些心灵模式大多是由其内心世界突如其来的变化而产生的。他在这种解释中所犯的错误主要是由于“感情误置”（pathetic fallacy），即将他人（在原始人的例子中是客观的自然和那些活着的或死去的事物）在他心中所激起的情感和愿望归到他人身上，或者归到这些自然和事物本身。面对任何突然出现的奇怪事物，他所感到的唯有恐惧，因而，他将奇怪的、生疏的东西都理解为会造成威胁的、怀有恶意的事物。于是，在作为

观察者的文明人看来，野蛮人似乎生活在一个充满了魔鬼和精灵的世界中。

野蛮人和文明人之间的一个差别是野蛮人主要关注偶然和意外事件，关注生活的历史面向而非科学面向。他是如此积极地忙于逃避眼前的灾祸，满足当下的需要，以致他既没有时间也没有意愿去观察生活中的规律（routine）。正是对这种规律的发现和解释使得自然科学能够预测现有行为的未来结果，从而使我们能够为了明天的需要而做好今天的准备。列维-布留尔所说的理性思维这一术语正是指根据因果关系来发现和解释生活中的规律。

虽然用“互渗”一词来形容思维形式并不常见，但原始心智的作者通过该词所表达的意涵对于我们来说并不陌生。人类或许确实是通过这种直觉式的直接“互渗”来达成彼此的了解。但是，这种互渗式了解的达成取决于人们能否通过想象进入另一个人的心灵中，并且根据其意图和目的来解释外在行为。总的来说，列维-布留尔认为野蛮人的思维方式和诗人们的一样，总是根据事物背后的意志（will）而不是事物之间的作用力（force）来思考。在野蛮人看来，宇宙是由若干意志个体（wilful personalities）所构成
127 的社会，而不是不容置疑的因果链条。并且，只存在发生的事件（events），而不存在假设与事实，因为，从严格的意义上说，“事实”其实是批判和反省的结果，并且还需要假设表象与真实之间存在某种分离，而这些能力是原始人所缺少的。原始人用“意志”而不是“作用力”（force）来思考他们的世界，这就使其往往根据魔法而非机械论来处理事情。

二、作为一种思维形式的魔法

桑代克所著的《魔法的历史》一书描绘了魔法向科学转向这一过程得以发生的情势和背景。它不是一蹴而就的，而是逐渐发生的，它首先产生于知识与实践领域，随后才在其他领域中出现，整个过程显得迟疑且充满痛苦。

人类学家在魔法与科学的确切关系上并没有达成共识。比如，我们能否将魔法看作科学的早期原始形态？不过，我们至少能够肯定的是，作为控制外部世界的方式，科学总能发现某些形式的魔法存在，并总能取而代之。不过，魔法从来都不只是人类根据其欲望控制和塑造世界的工具或技术。它首先是一种情感表达方式，一种姿态，或是富有戏剧性的表演。其次，它还具有祷告和庄严地表达某种愿望的特征，即总希望通过某种——不易被人理解的——方式，使其所表达的愿望自动实现。只有当科学证明了手段与目的之间的确切性和肯定性时，我们才会对魔法失去兴趣。

在我国的某些地区，农民仍旧祈雨——至少他们在几年前还保留着这一传统。但是，只要有人发明一种人工降雨的设备，他们就会立即抛弃这一做法。[①]

在医学和政治领域，我们仍然相信魔法——我想，这一方面是 128

① 最近，在太平洋沿岸的旱灾期间，天主教加利福尼亚教区的大主教 E.J. 汉纳（E.J.Hanna）给辖区内所有天主教教堂的牧师下达了正式指令，在弥撒之后立即进行如下祷告：“啊，主啊，我们生活、行为和存留都在乎你，赐给我们喜雨吧，让我们在此生得到充足的扶持，从而有更坚定的信念为了永恒的事业而奋斗。”——引自《洛杉矶先驱晚报》（*Los Angeles Evening Herald*），1924 年 1 月 17 日。

因为在这些领域，科学还不能像在其他经验领域一样，给我们提供确切知识；另一方面是因为我们在这些领域中通过庄严的仪式所表达的愿望，常常能较容易地实现。很多时候，社会改革者处理社会恶习的方法和基督教科学派（Christian Science）医治身体和精神疾病的技术没有什么两样，都是通过庄严的仪式宣称某种邪恶已不再存在。社会自身表达其愿望，将其神圣化——有时是通过普选这种庄严的公投方式——并载入法令条款之中。只要所关注的是公共事务，它就可以实现神圣化。幸运的是，这种形式的魔法经常奏效——但不幸的是，它现在的效力已远不及从前了。[①]

上文表明，魔法可被看作原始人——或者依照埃尔斯沃思·法里斯（Ellsworth Faris）教授的叫法，史前人——的一种思维特征，但却并非原始人所独有。并且，这还表明原始思维和原始心智通常都与某种特定的生活、经验体制有关，甚至与某种特定的社会经济体制有关。在那些理性化还未充分发展，尚且无法进行明确
129 且完全控制的经验领域，我们常常会以魔法的方式思考。像股票交易和高尔夫球赛这种胜负难以确定，偶然性极大的地方，人人都有一套自己的迷信。

桑代克曾说“魔法指向一种心智状态，我们可以从思维的发展史角度研究它”。但是，如果魔法是一种思维形式，它就不是科

① 托马斯和兹那涅斯基（Thomas, Znaniecki），《欧洲和美国的波兰农民》（*The Polish Peasant in Europe and America,Boston*,1918），第一章，第三节：“最古老但持续时间最长的社会治理技术是‘命令与禁止’——即面对危机，任意且专制地颁布法令，强制不喜欢的东西消失，喜欢的东西出现，并采取专制行为实施该法令。这种技术与处于魔法阶段的自然技术相类似。对于二者来说，要想取得一种特定结果，最根本的办法都被认为要或多或少依靠意志自身的行为，这样才能通过法令的实施达到预想的效果。对于该意志来说，行为只是不可或缺的媒介或工具。并且，这一通过意志行为与实际行动实现预想效果的过程是不被人察觉的。”

学，也不是技艺。人们可能觉得，技艺始于低等动物。但是像海狸建堤，飞鸟筑巢所使用的技艺中，既没有魔法也不存在科学。

如果我们意识到思维是一种被打断了的行为（act），或用行为主义者的话说，它是"一种延迟了的反应"，我们就能很容易理解魔法与科学的关系。想要行动的冲动被反思打断了，但这一冲动最终会在某种行为（action）中完成。魔法是一种冲动，它被打断、变成一种有意识的东西，因而，魔法具有思维的特性。但是，它不是一种理性的思维，因为它并不预知，也不努力弄清楚它所追求的结果与达成此结果所需的手段之间的联系。在结果与手段之间总存在一条裂缝，即在如何达成结果这一问题上，只有模糊的感觉，而没有清晰的直观。

当人类活动呈现出浓厚的传统化与习惯化特征，并按照人们虔诚习传下来的某些神圣准则行事时，这些活动就会带有魔法的特性。与之相反，现代生活的独特之处在于我们习传下来的所有行为方式都变得越来越理性化。没有任何东西可以仅凭其权威而被接受，每一种传统都要接受理性的评判。

直到最近几年，我们才实现了农业与烹饪的科学化。与此同时，我们已经有了科学的广告和科学的"欢呼"（cheering）。以前，球场上的"呐喊"是自发的，现在，它虽还不是一项义务，却已变成了一门"艺术"。[①]

① 下面这则消息刊登在最新的《旧金山新闻简报》（*San Francisco Bulletin*）上："斯坦福大学，1924 年 1 月 24 日——斯坦福大学开设了一门课程，这对于所有西部大学的课程来说都属首创。该课程主要教授科学的啦啦队指挥方法（yell-leading），由振兴委员会倡导开办，只面向大学二年级的学生开设，他们将在恩塞纳（Encina）体育馆进行练习。"

130
三、心智和城市生活

现代人比他们的原始祖先更理性，这或许是因为他们居住在城市中，城市生活的大多数利益与价值都已理性化，化约为可度量的单位，甚至成了交换或买卖的对象。在城市中，特别是大城市，人们的外部生存条件显然是为了满足个体已清楚认识到的各种需要，以至智力最低的人也不可避免地被引导着按照决定论和机械论的方式思考问题。

理性思维的具体表现是工具和机器，其各部分的设计都是为了完美地达到某个可被理解的目的。原始人生活在完全不同的世界中，他们周围的所有力量都是神秘莫测、难以控制的，并且大自然和他们不断变化的心情一样，野蛮、浪漫、难以预测。他们几乎没有什么机器，拥有的工具也数量极少。

现代人的心智既建立在机器之上，也依赖于将科学应用到生活的各个方面——比如教育、广告，以及当前的政治。现代人的文化是典型的城市文化，这和乡村文化不同，后者依赖于家庭、部落和乡村社区这些共同生活中的个人联系和直接参与。

事实上，如果我们像列维-布留尔一样对理性进行严格界定，我们可以说理性和反思性都是城市的产物。它们即便不是产生于苏格拉底和智者派时期的雅典城，也至少是在那个时候传到了雅
131 典城，并流行开来。智者派是一种独特的城市现象，苏格拉底就是其中的一员，他最先辨明了感性知识与理性知识之间的差异。柏拉图是苏格拉底的信徒，他确立了现代科学思维最基本的工具，

也就是概念，即柏拉图的理念（Platonic idea）。

因而，可以将魔法看作一种指标，它不仅能大致地反映不同种族、人民和阶层的心智状况，也能反映其普遍的文化水平。深入研究魔法和理性思维的心智过程能使我们对社会群体的心智水平进行精确测度，其精确度不亚于现在使用贝纳特-西蒙量表进行个体智力测量与评级。在这种研究中，我们至少应该知道我们在测度什么，即我们需要测度某一群体或阶层在多大程度上获得了理性思考的能力与习惯，而非只是依照魔法行事。

当我们更加清楚地认识了魔法的本质和前逻辑思维的机制后，毫无疑问，我们不仅能按照一定的精确度和客观性来比较和测量不同社会群体的心智水平和文化水平，还能描述不同种族和人民从一种文化水平向另一种文化水平的转变过程。这种转变在历史进程中随处可见，桑代克曾在魔法历史的论述中对此做过描述。在当前这个充满活力的社会中，这些变化显而易见且易于调查；当前，我们还有机会看到这些变化，当它们变为历史后，就再也看不到了。

最近，《美国社会学杂志》（*American Journal of Sociology*）刊登了U.G.韦瑟利（U.G.Weatherly）教授的一篇论文，他论证了将西印度群岛作为一个社会学实验室的益处。

从社会学的角度说，只要岛屿上有人居住，这些岛屿就特别有趣。首先，它们的地理边界是确定的。因而，作为一个个独立
共同体的岛屿在地理和社会的意义上都是相互隔离的。并且，由 132
于各岛屿间的交通方式是显而易见的，岛屿间的隔离程度就可简化为几个可测量的指标。

隔离赋予了每个岛屿共同体以独特的个性。岛屿有其地理边界，处于区隔状态，因而，和其他地方相比，我们能够更加准确地估测岛屿的气候、自然地理特征，以及经济体制对文化特征的影响。一个人只有亲身到过安的列斯群岛（the Lesser Antilles），他才能理解或赞赏弗雷德里克·A. 奥伯（Frederick A. Ober）对当地历史极其凌厉的论述，“首先被西班牙人发现，而后被荷兰人、丹麦人，或者还有英国人占有，最后被甩给来自非洲的半野蛮黑人，这就是该群岛人口的大致继替过程。”[①]

这一论述带有某种尖刻的口吻，这大概就是白人殖民者的腔调。因为随着奴隶的解放，他们在群岛的地位逐渐下降。

然而，对于研究人类本性与人类社会的学者来说，这恰恰提醒他们关注此群岛最有趣的一个特征，即它的种族状况。正如韦瑟利教授所说“恐怕再也没有别的地方能提供更好的机会使我们找到确切的证据，来弄清楚种族状况与交往联系（contact）对文化发展所产生的影响，有关此问题的理论纷繁错综，常常争论不休”。事实上，每一个岛屿都是一个独立的种族熔炉，来自欧洲、非洲和亚洲的各种文化和种族混合在一起，慢慢地、逐渐地融合为一种单一的文化体，并且最终也融合为一种单一的种族体（racial blend）。

四、奥比：黑人的魔法

除了西班牙所属岛屿以外，黑人可算是西印度群岛的主要种族。在一些未曾被古印度人（Hindus）占领的地区，比如特立

① Frederick A. Ober, *A Guide to the West Indies Bermudas*, New York, 1908, p.351.

尼达（Trinidad）、迪姆纳拉（Demerara）及英属圭亚那（British
Guiana），黑人仍占总人口的90%。事实上，他们是唯一将自己视 133
为本地人的民族。亚洲人和欧洲人多半只能算作旅居者。

西印度群岛现有的本土文化其实就是黑人的民间文化。并且，西印度黑人心智的最大特点在于他们还保有列维-布留尔所说的原始人的心智状态。

事实上，作为一种实践和信仰的奥比更加有趣，它广泛地存在于群岛上低文化水平的黑人阶层中，并且，在每个地方，它的具体形态都存在差异；在每个地方，它都处于不断的变化之中。一旦这些非洲人开始接触欧洲文化和印度文化，最初从非洲沿袭来的奥比实践和仪式就会吸收它们的相关内容，并与之融合。

以下几点是显而易见的。首先，奥比师并不总是黑人，他还可能是印度人，并且是印度人的概率并不算低。其次，奥比的仪式过程会使用各式各样的物品，比如专利药品和几内亚辣椒。最近，特立尼达警方查获了一些奥比仪式所使用的工具，其中有一个石刻偶像（stone image）明显来源于印度，还有一本在芝加哥出版的有关魔法仪式的书。该书自称译自中世纪最伟大的魔法书作者阿尔贝图斯·马格纳斯（Albertus Magnus）的作品，而该作品无疑在很久之前就被翻译了。据说，一本名为《小阿尔贝》（*Le Petit Albert*）的书在法属群岛的奥比师中非常流行。

巫医最常用的汤药中含有骨头、灰烬、“墓土”，以及人的指甲屑——可能还混合着阿魏胶[①]或者某些有着刺鼻气味的东西。但

① 一种褐色、味苦、气味难闻的树脂物质，从前用以入药。——译者

是，除了这些，西印度的奥比师还使用蜡烛、小神龛（或者按照他们的叫法“小教堂”），以及天主教仪式所使用的一些东西。

1917 年 1 月，在特立尼达的西班牙港，一个叫作瓦伦丁·西
134 姆斯（Valentine Sims）的圣卢西亚（St.Lucia）[1]妇女因宣称具有超自然能力骗取财物而获罪。该案件的证词表明，除此之外，她还做过其他一些事情，比如她还去过罗马天主教教堂，以接受圣餐为幌子，将圣餐时分给礼拜者的圣饼取走，将其用在奥比仪式中。

所有这些都说明，正如人们在西印度群岛所发现的一样，奥比并不是一种传统或文化传承，它更多的是一种内在倾向，如同幽默感，或者詹姆斯（James）所说的“信的意愿”。在这些奥比仪式与实践的背后，是各式各样的恐惧和一种对自然世界与精神环境的普遍不安全感。文明程度较高的人要么是感觉不到这些，要么是通过其他的实践找到了从中解脱的办法。

警察有时会没收奥比大师们的各种文件，我们从中发现了一些信件，它们能够清楚地说明这一点。通常情况下，我们认为黑人的生活漫无目的、愉悦，且无忧无虑，他们对这个充满忧虑和烦恼的世界不闻不问。但从这些信件中，我们可以看到黑人的各种梦境与想象，并能深入地体察到那些困扰着他们灵魂的恐惧、焦虑和危险的本质与发展程度。

西印度群岛的黑人都被许多事情所困扰。与平常人相比，他有着更多隐蔽的痛苦和渴望，这常常给他带来太多的忧愁，并且，和我们中的大多数人一样，他也为此寻找着一种有效的解决办法。他烦恼于自己和雇主间的关系，但他并不像我们所了解的工人一

① 西印度群岛东部国家，首府卡斯特里。——译者

样，谈论或者思考自己的诸种权益和劳动权利。他没有阶级意识。并且，恰恰与之相反，他所担忧的是自己不能取悦于雇主。如果他被责骂或者被瞪了几眼，他会感到焦虑痛苦。在这种情况下，他的第一反应是他的某个雇工同伴以某种不可告人的方式对雇主施加了影响，使后者对自己产生了反感，因而，他会运用奥比魔法来找寻并对付这个敌人，从而赢回雇主的欢心。

如果他和隔壁邻居发生了口角，如果他的心上人对他冷冰冰 135
的，如果他的妻子抛弃了他，他必然会认为有某种人为的魔法势力在作怪，试图破坏本来甜蜜、幸福的关系。通常情况下，他都是正确的。无论如何，奥比师利用了黑人的这些怀疑，这也正是英属群岛要不遗余力铲除迷信的原因。

人们参观英属群岛上的治安法庭，一定会对大多数法官极有耐心地运用法律条文来处理个人和邻里之间各种鸡毛蒜皮的纠纷而印象深刻，当地人常常将这类事情诉诸法庭。人们有这样一个印象，对于原始心灵来说，最困难的是理解公正的含义，并为自己争取公正。但是，对黑人来说，当他们遇到此类事情时，他们既能理解公正的含义，又能为自己争取公正。这可能是他们为什么喜欢将自己的各种小纠纷诉诸法庭的原因之一。

五、不同类型的奥比

人们通常都有一个印象，奥比具有不同的类型。比如，多米尼加岛（Dominica）的奥比因使用春药而被人提及；在蒙色纳岛（Montserrat），奥比主要用来对付恶鬼邪灵，并使生者与死者交流；在安提瓜岛（Antigua），奥比主要用来治病。护身符，通常又称为“保护神”（guards），它的应用也非常普遍，通常用来驱除恶鬼邪灵，或保护一个人不受其他恶毒邻居邪恶意志的伤害。奈利斯岛（Nevis）因“黑魔法”（black magic）而出名。

老一辈的奥比师大多都知道什么植物的毒性不会被尸检发现。在奈利斯岛，旧传统的弥留时日显然比其他地方的要长。但奈利斯岛的魔法实践所具有的危害程度似乎也比其他岛屿的更大。

1916 年，一位叫作罗斯·尤迪尔（Rose Eudelle）的老妇人，
136 因从事奥比活动而被判犯罪，该老妇人既聋哑又卧床不起。她真诚地相信自己所从事的奥比实践具有极大的功效，这在一般的巫师中并不多见。她当时的名声很大，自称曾杀死了一个男人，并将另一个送到了收容所。让人惊讶的是，她主要通过书信来进行奥比实践，当她最后被捕时，警方发现了大约 50 封信：它们都来自各个岛的主顾，其中有一人还住在纽约。她被捕时，奈利斯岛上的人们异常骚动。由于她曾庄严地警告那个抓捕她的黑人警官会大祸临头，岛上的黑人都信心满满地等着看怎样的不幸会突然降临到此人身上。在该案件中，似乎存在着某种更接近原始非洲魔法的东西，这在我所掌握的其他 38 个有着部分记录材料的案件中并未发现。

各岛屿不仅有着不同类型的奥比，而且，各处对魔法的兴趣也不一样。虽然人们承认各岛屿居民对魔法的兴趣都在减弱，但是，某些岛屿的减弱幅度远比其他岛屿要小。在巴巴多斯岛（Barbados），奥比实践仍旧存在，却几乎无人再对它进行揭发和起诉了。而在岛国圣卢西亚（St. Lucia）的首都卡特斯里

（Castries），当地警察局仍保存着一个黑人男孩的心脏和手；这名男孩儿几年前被一位奥比师杀害，其作案动机是他试图以此作为魔法工具，打开当地银行的金库，盗走存在那里的财宝。

事实上，西印度群岛的黑人和欧洲黑人一样，在接触了白人文化后，他们的心智正在发生变化。除此之外，那些针对奥比的揭发和起诉也对他们产生了巨大的影响，因为这不仅使奥比行业无利可图，而且使人们不再相信奥比师的超自然能力，不再对其感到敬畏和惧怕。

除了原始迷信的这些表面变化，以及人们的魔法兴趣和信仰的逐渐衰退，奥比在实践上似乎还发生了某些本质性的改变。首 137
先，奥比师开始成为无证医生。例如波西瓦尔·杜瓦（Percival Duval），他是一个有着固定营业时间的奥比师，给人开处方、配药。说实话，杜瓦与几年前的美国普通医师相比并没多大差别，只不过比后者少用了一点儿药，多用了一点儿咒语。但是，他被判了罪，并且在上诉到上级法院时仍旧败诉。与之类似，安提瓜岛上的圣约翰城内有一个奥比师，警察查出他出售了大量的专利药品、自制的家庭用药，以及一些奥比工具和用品。搜查他的诊所时发现的奥比用品有：1. 标有“骨灰粉”的瓶瓶罐罐。它含有钙化合物，可能还有石灰、草木灰和芳香物质，芳香物质的含量是26.3%。2. 标有“玻璃与锻冶用煤”的瓶瓶罐罐。它含有各种劣质的工业氧化物。3. 黄色粉末。一种带有香味的廉价淀粉。4. 像狗舌头一样的东西，由一些含淀粉的植物制成。5. 标有“灰与芳香物质”的瓶瓶罐罐。它含有芳香物质、草木灰、木炭、泥土和小石子，还有一小部分的氧化物。芳香物质呈块状和粉末状，占总量的17.3%。6.“装有

黄色液体的小瓶”。它含有常见的工业茴香油。7. 装有棕色液体的小瓶。它含有碘化钾溶液，浓度大约为 15%。

不可否认，西印度群岛的奥比师正在转变为江湖郎中，这是变化的趋势之一。

除此之外，奥比师还有另一种变化趋势，即在普通人的各种
138 私人事务上扮演类似于忏悔牧师和私密顾问的角色。黑人——也不仅是黑人，还包括在小岛上经商的葡萄牙人——会向奥比师咨询商业事务与内心深处的各种困扰。他们给奥比师写很长的书信，奥比师则会给他们寄来具有魔法的祷告文或咒语，治疗他们身体的不适，保佑其旅途平安，平日好运相伴。当咨询者因情爱而心生烦恼时，巫医通常会给他一种魔法粉末，这粉末带有甜甜的香味，会给情书增添一种魅力，使阅读者愉悦和兴奋。奥比师的这些活动很像考埃（Coué）先生所说的“每一天，通过每一种方式，我都在变得更好”，只不过，奥比师使用的方式更加特别。无论如何，现在的奥比实践存在一种明显的发展趋势，即将奥比仪式只作为一种手段，就像原始人的祷告一样，从而用魔法来加强当事人愿望的力度。对于普通的黑人来说，奥比师的魔法实践与宗教有着紧密联系，因而，在一个案件中我们会看到，奥比师能够使众人相信他是牧师的代表或代理人，从而给一个精神失常的男孩儿治病。

这是黑人魔法实践的第二种变化趋势。如果说在某些情况下，奥比正在披上大众医学的外衣，那么在另一些情况下，它正在采取一种异教式的宗教仪式，它不断地学习、适应着当地教会的各种程式和仪礼。

六、问题的提出

在最近的《人性研究》一书中，J.B. 贝利（J.B.Baillie）先生指出人类进行抽象、无偏见、科学思考的倾向和能力不仅是人类历史上相对晚近才获得的，而且还是一个地方性的现象。

> 科学的存在是否拥有地理界限确实是一个值得关注的问题，但我们对科学思维和自身心智的狭隘性太习以为常了，因而往往想去遮蔽上述问题的重要性……我们不应该忘记人类中有数以百万的人对科学思维取向没有丝毫兴趣，并且似 139
> 乎也天生不具备此种能力……这些未被科学思维影响的人中，有一些可能也曾接触和吸收过西方的科学思想。但经验表明，科学对他们的影响在最深的意义上也只不过体现在操作层面，丝毫没有动摇他们的种族结构与心智结构……这些未被科学思维影响的人从事科学事业就像穿上一件洋装而已。一个人可以更换自己的衣服，不变的却是自己的皮肤。事实上，只有当人的心智持有一种独特的、只有在特定的几个民族才发现的宇宙观时，科学思维这一取向才会产生；如果没有它，科学就永远只是一种好奇心，或者是一件无关痛痒的东西。[①]

该作者认为能否进行理性、抽象且科学的思考往往是一种种族特性。但在这里，可能还需要考虑并确切地解释一个现象，即

---

① J.B.Baillie, *Studies in Human Nature*, p.242.

在那些科学已经十分盛行的区域中，仍有很多人——有些甚至已经开始使用科学用语了——在使用较为初级的原始思维方式。对于那些仍有大量文盲人口，或者人们虽然能够阅读，却由于某种原因，仍习惯于口语思维而非书面文字思维的地方，更是如此。读写能力本身就主要是现代城市生活的产物。在乡村，书籍和阅读一度曾是奢侈品，并且在当今的一些乡村中仍是如此。但在城市，这已是一种必需品了。

从西印度群岛移民到美国的黑人为数众多，他们带来了一种在美国本土黑人中已经绝迹的思维习惯。西印度群岛的奥比师有许多美国顾客，最近一期的《纽约时代》（*New York Age*）指出，纽约市 135 号大街周边的黑人区内充斥着鱼龙混杂的占卜师和巫医，他们大部分都来自西印度群岛。

140 不过，用不了几年，这些迷信大多都会消失，或者采取那些我们更加熟知、更容易接受的常规形式。对于城市居民来说，这种变化是确切无疑的。

随着现代教育方式的引入，我们辖内的岛屿居民正在发生巨大的变化。丹属西印度群岛国家银行的阿克塞尔·霍斯特（Axel Holst）先生是一位研究维尔京群岛（Virgin Islands）黑人民俗的学者；通过细致而深入的研究，他认为美国的教育系统将在几年内彻底改变圣托马斯（St. Thomas）土著的心智习惯。年轻的一代如果开始阅读书籍，他们对奥比的兴趣绝不会超过他们对南希（Nansi）故事的兴趣，后者类似于美国的“兄弟兔”（Bre’r Rabbit）故事。随着美国风气的引入，报纸开始流行，年轻人开始参与政治讨论。

霍斯特先生说，黑人“心智”的变化是有目共睹的，而且速度惊人。如果他说的这些变化确实发生了，我们就应当对其进行更深入研究。这将使我们有更多的发现，尤其能使我们比现有的研究更加准确地判断文化交往、社会继承和种族性情在整个文化过程中所扮演的角色。

显然，和其他的情况不同，我们不会假定原始人和文盲在经验世界中从不按照实际状况进行理性思考。另一方面，在比较原始心智和文明人心智时，我们也不会——除非为了比较——假定文明人的思维任何时候都总是理性而科学的。事实上，我们的大部分经验领域尚未完全理性化，特别是医学与宗教领域。在医学中，如果相信最近一篇批判“医学心智”（medical mentality）的文章（“医学心智”这一概念模仿自列维-布留尔），我们就可以说仍有很多医师将疾病看作心理病态的实体（morbid entities），而不是各种病症的便利标签。

以下一段文字是近来一位学者对“医学心智”的批判。 141

人们使用的“疾病”这一术语似乎表明疾病只是肉体的，但很难说任何受过良好教育的医生都相信这一点。在医院的行话中，“疾病”指“心理病态的实体”，而医学专业的学生相信他们的老师能够发现这些存在于冥冥（rebus Naturae）中的“实体”，就如同哥伦布发现美洲一样……事实上，对这些以医师为职业的绅士们来说，“疾病”是柏拉图式的实在（Platonic realities），是先于事物的普遍性存在。如果医生们坦率地承认他们的这种隐秘信仰，就会受到人们的谴责。这种信仰传承自盖伦（Galen），伴随而来的是这样一种论断：我们对于各种“疾病”的理解，要么完全正确，要么完全错误，疾病的各种概念并不仅仅是为了方便理解而发明的术语。

如果医生都按照前逻辑的方式思考疾病，那么，我们对那些多半只是通过阅读繁多而新奇的医药广告来接受医学教育的外行又能有什么期望呢？上文所述的问题可以大致表述如下：长期存在于一个种族或文化群体中的魔法与思维的魔法状态，在多大程度上能够用来测度该种族和文化群体的心智？贝利所说的“科学思维取向”在多大程度上是城市环境的产物？

罗伯特·E. 帕克

第八章　邻里工作能具备科学基础吗？

就邻里工作目前的实践情况来看，尚不能说它是以科学为基础的。原因有二，其一，社会科学——尤其是指社会学——目前并不能给社会工作提供一个科学的基础；其二，邻里工作者很少使用，或者说根本还未使用过社会科学所积累的知识。

邻里工作迈向以科学为基础的趋势。迄今为止，邻里工作或许还未具备某种科学基础，但它从诞生伊始就怀有一种有意识或无意识的冲动，即从智识上理解人类关系，寻找人类关系背后更深的道理。以社区睦邻工作（settlement work）[①]为例，它不仅是以往社会工作中最有献身精神和理想主义的部分，也是最具才智和理论素养的部分。最初的睦邻中心都处于大学周边区域。工作者将对真理的热爱以及科学精神带进这些新环境。在这个过程中，他们也开始接触社会现实，即接触各种具体的人类生活的事实。

我们或许可以将这种接触社会现实的最初尝试称为邻里工作寻求科学基础的第一阶段。不过，社区睦邻工作者随即发现，同

---

① 社区睦邻工作（settlement work）指在贫穷地区建立睦邻中心（settlement houses），为当地穷人提供帮助，其工作人员大多居住于该中心，提供社工服务。——译者

情式的理解和亲密的接触并不能解决邻里工作的很多现实问题。移民社区的邻里生活存在很多复杂状况，比如男孩帮的桀骜不驯，选区政客的相互敌对与暗箱操控，娱乐业内部的各种竞争，移民
143 家长和美国化子女之间难以解决的文化冲突等，这还只是问题的一小部分，但这所有的一切都在排斥社区睦邻工作者的良好意愿。因而，他们开始研究这些社区，试图通过分析社区内的各种状况来找出真正起作用的因素。《赫尔馆[①]地图与论文》(*Hull House Maps and Papers*)、《城市荒野》(*The City Wilderness*)与《前进中的美国人》(*Americans in Process*)都是对此的最初尝试，这些著作研究深入、观察细致，都试图探寻是哪些因素在影响邻里工作的开展。在邻里工作寻求科学基础的过程中，这种试图发现社会现实中各种作用因素的研究可被称为第二阶段。

不过，科学不仅涉及作用因素，还与力(forces)有关。人们并非总能清楚地辨析作用因素和力之间的区别。“作用因素指那些能够通过合作而产生某一特定结果的要素。力则是指某一典型情境中起作用的典型因素(type-factors)。”[②]作用因素是产生某一事件的具体原因；力则是产生某一类相似事件的抽象原因。比如有一个位于芝加哥市意大利聚居地的睦邻中心，它所处的社区中有一个名为“鱼雷帮”(Torpedo gang)的男孩帮，由八名街头流浪儿组成，他们的头儿叫托尼，这个帮团就是该睦邻中心需要面对的一个作用因素。但是，当我们将视线从这个帮和睦邻中心转移到普遍意义上的帮团和睦邻中心，我们的关注对象就从作用因素

① 赫尔馆是芝加哥市的社会睦邻组织。——译者

② 罗伯特· E. 帕克教授所做的区分。

转变为了力。对一个特定的睦邻中心来说，一个帮团只是一个作用因素，但从所有睦邻中心的角度来说，帮团就是一种力。

对社区中社会力（social forces）的研究。如果说邻里工作能获得一个科学基础，那主要是因为社区生活中存在可以被研究、描述、分析，并最终被测度的社会力，比如地理条件、人类愿望和社区意识。芝加哥大学社会学系正在进行一系列的研究，主要考察社区生活中的各种社会力。他们将芝加哥市选作这些研究的实验室，这就意味着一个社区中的城市生活能在某些方面代表整 144
个美国的城市生活。

“社区”这个术语被社会学家、邻里工作者和其他人广泛使用，但各自赋予它的内涵却相去甚远。任何领域的研究都需要首先界定概念，并辨析各概念之间的异同。在社区研究文献中，有一个越来越明显的特征，即强调社区的地理环境（geographical setting）作为社区的基本组成部分。社区或许还有其他的意涵，但它首先指那些处于同一个区域的个体、家庭、群体与机构，以及在这一区域内生发出来的各种关系的部分或总和。“当我们从构成社会和社会群体的个体与机构的地理分布入手考察它们时，我们就可以使用‘社区’这个术语。”[①]

稍加思考，我们就会发现彼此间差异极大的社会关系可能根植于同一个区域。正是那些源于相同地理区域，却又有着显著差异的公共活动（communal activities）使“社区”这一术语的使用极其混乱。如果把社会生活看成是由个体与机构的实际分布状况

① Park and Burgess, *Introduction to the Science of Sociology*, p. 163.

所限定的，那么，社区生活至少包含迥然不同的三个方面。

第一方面，可以从“区位与活动”（location and movement）的角度看待社区。一个地区的地形及其所有外部物理特征，比如铁路、公园、房屋类型等，能在多大程度上促进社区的形成，并决定该社区居民的分布、活动与生活？该地区会在多大程度上根据职业、民族、经济等级和社会阶层的不同对区域内的家庭进行筛选和分类？区位选择的好坏会在多大程度上促进或阻碍邻里工作
145 和社区机构工作的开展？社区内部或社区外部的地理距离各自在多大程度上代表了社会距离？人类社区这种明显的“自然化”组织过程和植物群落、动物社区的形成如此相似，我们可以将其称为“生态社区”。

但至今还没有人从这一角度对人类社区进行过全面研究。在本书的第三章，R.D. 麦肯齐教授曾概述了进行此研究的一个计划，题目为“研究人类社区的生态学方法”。[①] 迄今为止，植物生态学和动物生态学这两个相似领域中已经出现了一些系统性的专题论文，相关的科学研究文献也飞速涌现。学者详细描述了植物和动物社区中的竞争、入侵、继替和分离等过程，这与人类社区中的状况有着惊人的相似。并且，可以进一步支持这一论断的是，目前，研究社区生活的学者与社区组织工作人员都是通过阅读沃明（Warming）的《植物生态学》（*Oecology of Plants*）和亚当斯（Adams）的《动物生态学研究导论》（*Guide to the Study of Animal Ecology*）来较为充分地理解社区自然机制中的各种基本因素。

第二方面，可以从既定区域的公共生活如何影响当地文化的

① 详见本书边码第 163 页。

形成与发展角度来看待社区。当地文化指当地所特有的情感、行为方式、忠诚感和仪式，他们要么起源于当地，要么受到了当地的认同。从这些方面看，当地生活可被称为“文化社区”。有关地域与文化模式间的关系，学界除了对一些语言现象进行了研究外，并未进行充分的探讨。比如，除了谈论某些地区所处的隔离状态如何影响了它们的言语习俗外，学界还有什么有关方言的研究吗？与 146
这种情况形成对比的是，有关文化与区位关系的具体材料正在不断增多，特别是那些涉及史前人类和因地理隔离而发展迟缓的群体（比如南方山区的人或是遥远的皮特凯恩岛居民）的材料，这将有利于开展更广泛的研究。

美国城市中的移民聚居地所具有的文化不是土生土长出来的，而是从其旧世界移植过来的。不过，十分明显的是，这些移民聚居地并没有保持其旧世界的文化机制，而是在新环境中调整自己的文化以适应新环境。从下列表达中我们可以看到文化对地域的根本性依赖：“新英格兰的良心”“南方式的好客”“苏格兰式的节俭”“堪萨斯与其说是个地理位置，不如说是一种心智状态”。从本质上说，教堂、学校和睦邻中心之类的邻里机构都是文化机构，承认这一事实对这些中心区域的政策规划有着深远的意义。

此外还有第三个方面，主要阐述本地区域与群体生活的关系。在一个地方共同居住这一事实将通过什么方式，并在多大程度上迫使或者鼓励居住者共同行动？是否存在社区意识，或者说在某个地理单位上是否会发展出社区意识？毗邻而居是否能保证，或者说是否更易于使人们在地理位置所固有的生活条件下形成合作，这些地理位置包括交通、供水、户外玩耍场所等？最后，社会行动和政治行动在多大程度上能稳固地基于本地区域？这是社区工作者和政治家的社区，可被称作“政治社区”。正是以这种地方性社区为基础，美国的一整套政治机制才得以建立。

有关社区的这三种定义或许并不完全相互排斥。但是，他们代
147 表了社区生活三个完全不同的面向，任何有关社区与社区组织的基础性研究都需要认识到这一点。一个特定区域，比如芝加哥的海德公园（Hyde Park），或许能构成一个同时具有生态性、文化性和政治性的社区；但该城市的另一个地区，比如作为一个独特生态单位的近北区（the lower North Side），它就分化成了好几个文化社区，并且，从一种共同而有效的大众舆论的角度来说，它无论如何都不能算作一个政治社区。芝加哥的黑人地带（Black Belt）内有一个文化社区，覆盖了若干个生态区域，并且除了跨过恣意划分的选区线所进行的选举活动，它没有任何共同的政治行动。

因而，一个区域的生态、文化和政治边界极少能够完全重合。事实上，美国城市的政治边界划分是最武断和任意的，根本没有考虑生态边界和文化边界，最臭名昭彰的例子就是大家所熟悉的选举中的操纵划区（gerrymander）。这样一来，人们就会自然而然地提出这样一个问题：不以生态社区和文化社区为基础设置行政区划，将在多大程度上使政府的政治活动与社会机构的福利活动产生纰漏与问题？[①]

这种将社区分为三个面向的分析表明，研究一个区域的社会

① 芝加哥社会机构厅下属很多委员会，其中一个有个分支部门，专门研究该问题与社会机构区域统一化的关系。芝加哥市政府也有几个部门对行政区划统一化的问题有兴趣。

力需要认识到邻里或社区是三大决定性影响因素共同作用的结果:第一是生态力，第二是文化力，第三是政治力。

生态力——生态力与竞争有关，也与竞争所导致的人口依据住所与职业而呈现的分布和隔离有关。通过竞争，以及那些会对竞争施加影响的诸因素，比如商业中心等，城市中的每一个社区 148
都构成更大社区中不可缺少的组成部分，其命运也依赖于它与更大社区间的这种关系。有关城市发展的研究发现，从长远来看，任何社区的生活都不完全由其内部的力（forces），而主要由城市生活的整体进程所决定。脱离城市环境孤立地分析邻里或社区，就忽视了邻里关系本身的最大实际。

有关城市发展的研究表明，城市是从其中心商业区（1）向外发展，呈现出一系列的扩展圈（expanding zones）。[①] 中心商业区外围有一个“过渡地带”（2），这是堕落区，也就是所谓的“贫民窟”，主要是由于商业和轻工业的入侵而产生。第三个区域（3）居住的是一些工厂工人，他们逃离了堕落区（2），但又希望能够住在离工作更近的地方。该区域之外是“居民区”（4），有大量高级公寓，以及一些“出入限制”极其严格的私家别墅。再往外，就越出了城市边界，这里主要是处于郊区的“通勤者区（5）”和一些距离中心商业区不超过一小时车程的卫星城。

在城市发展所形成的这些不同区域内，存在一些本地区域和社区，它们又进一步划分为若干更小的地区，我们称之为邻里

① 参见第二章“城市的发展”一章，对城市扩张的分析更详尽（本书边码第47–62页）。

（neighborhoods）。长远来看，正是地理条件和竞争确立了这些不同地区各自的边界与中心。因而，邻里工作需要和这些持续起作用的潜在因素相一致，而不是相反。一幅当地地图可以显示河流、铁路、大型工业设施、公园和林荫大道如何将城市划分为若干地方性社区——既有居住型社区也有工业型社区。

149 人们发现，地方性社区的中心通常处于两个商业街道交叉处，这里往往也是地价最高的地方。这些地方性社区中心还具有一个特点，它集中了各种零售业、银行、旅馆和大型豪华娱乐场所，比如电影院、大众舞厅。如果说高地价的地段都是社区中心，那么低地价的地段通常就是边缘区域。

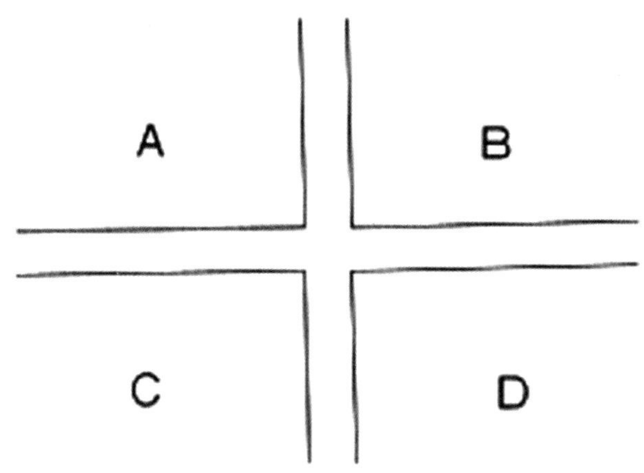

图一　示意图：一个社区被两条相互交叉的商业街分隔为若干邻里

如果两条商业街的交会决定了商业中心的所在，那这两条街道还会把社区分隔为若干邻里。图一是芝加哥的一个地方性社区乌德洛恩（Woodlawn）的示意图，其经济中心处于六十三街和卡蒂奇格罗夫街这两条商业街的交会处。在这个交汇处，临街地价高到每英尺（a front foot）① 五千美金。乌德洛恩内部有 A、B、C、D 四个邻里，由这两条相互交叉的商业街分隔开。有趣的是，每 150
个邻里都有自己的公立学校。更有意思的是，这其中的两个邻里各有一个教堂，它们同属于一个教派，并且都信众稀少，几近于垂死挣扎。曾经有人试图将这两个教堂合并为一个更大的教堂，但却失败了，原因是两个教堂都不想放弃自己现有的堂址。

社区和邻里工作必须考虑那些潜在却持续起作用的生态力，要与其相配合而不是相抵触，在很多人看来，这几乎是不言自明的公理。但是，却有太多的社区中心选在了邻里的边缘而不是中心。在邻里中心的选址问题上，必须对生态力可能引起的一系列影响给予足够的重视，因为它们将影响该中心的发展，并决定其辐射范围的大小。

文化力——生态力与经济力是文化力产生作用的基础。作为一个群体的社会遗产，文化既指该群体内在所固有的某种本土性（locality），也指某种稳定的、不易变化的社会情境。与其他大城市一样，芝加哥也有自己的文化社区，并且，每个文化社区就算在当地没有一块区域，至少也有一个文化中心。流浪工人居住区、波希米亚区（Bohemia）、非利士人区（Philistia）、犹太区和黄金海岸都是文化社区。

个人的活动（movement），比如从一个社会区位向另一个社会区位的移动，或是某种发明带来的突然变化，都可能带来文化的衰败。文化对行为的控制不断减弱，本能冲动与愿望得以任意、

① 在美国的房地产中，front foot 是一种简略的度量标准，用来描述或定价临街商业地产。a front foot 的地价指临街土地宽一英尺的售价，较少考虑其纵深长度。——译者

无节制地表达，结果就是道德堕落与青少年犯罪。简言之，即个人与社会的解体。变动（movement）导致文化衰败，对此观点的一个绝好例证是，在移民家庭的孩子中，青少年犯罪率非常高。邻里工作者曾在多大程度上意识到，正是这些新闻日报、电影、汽车和无线电广播在对我们的儿童、青年和成年人产生影响，使
151 他们从其所处的邻里关系中解脱出来，与整个城市、整个国家乃至整个世界的当前生活相联系？

我们可以从商业型娱乐引人注目的形式中一窥社区生活正在发生的变化。邻里中的大众舞厅与邻里电影放映已经成为历史，或者至少正在成为历史。年轻人抛弃邻里中的娱乐中心，都蜂拥至当地社区以外的娱乐中心，去高档的豪华跳舞场和夜总会，以及霓虹区内那些“令人惊叹”的剧院。

城市年轻人的休闲活动正在发生分化和重组，每一个致力于邻里工作的机构都必须对此有所认识。邻里曾在年轻人的生活中占据着一定的地位，而这种情况是否即将成为过去？睦邻中心（settlements）和社区中心是否能抑制住城市生活愈演愈烈的发展潮流？

我们需要一幅标记各舞厅主顾居住地的地图，它对我们有着重要的意义。从这张地图中，我们可以看到邻里中正在消失的各种小型大众舞厅，也可以看到各种大舞厅在“霓虹区”的聚集，它的价值在于直接描绘了滥交现象（promiscuity）。这里的“滥交”，是指在进行次级交往（secondary contact）时建立某种亲密关系和行为。在乡村的邻里中，每个人都认识其他任何人，年轻人的社会关系受到群体舆论这种初级控制的看护。但在大众舞厅中，年轻人来

自于城市的各个区域，原有的初级控制就不再起作用了。这难道不正是社会工作者发现舞厅总是在个人解体和青少年犯罪中扮演重要角色的根本原因吗？然而，对于作为青年人社会世界的舞厅，我们至今仍没看到好的相关研究。舞厅和电影造就了两种新的社会类型——“风流郎”（the “sheik”）和“轻佻女”（the “flapper”），但他们只被当作开玩笑的对象，而不是严肃研究的对象。

艾维琳·巴肯（Evelyn Buchan）女士的少女犯罪研究展现了 152
城市生活日益增长的流动性和滥交现象（promiscuity）对青少年行为的影响，并提出了一种有趣的研究方法。为了更清楚地说明流动性和滥交对青少年行为所产生的影响，她采用了一种叫作“青少年犯罪三角形”的方法。该三角形的三个顶点分别代表女孩的家、她异性玩伴的家和青少年犯罪场所。这样，该三角形就呈现出三种不同的典型形式。

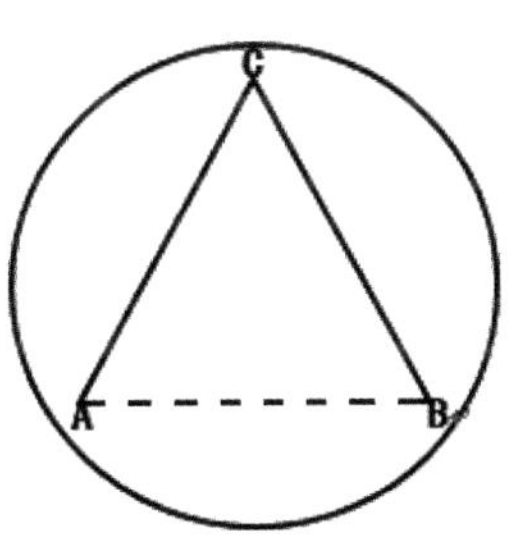

图二　邻里三角形

图二代表的是青少年性犯罪的传统形式，即三角形的三个顶点都在社区内。这可以被称为“邻里三角形”。在这种情况下，男孩儿和女孩儿之间亲密关系差不多是旧大陆民俗在这个国家的延续，但是却缺少欧洲农民风俗中对其婚后女子的保护。

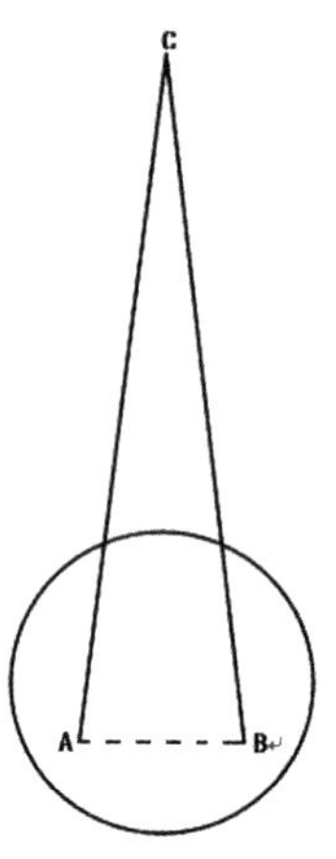

图三　流动性三角形

图三是“流动性三角形”，代表那些因活动自由的逐渐增大而产生的青少年犯罪，其中，三角形底边的两个顶点代表女孩和男孩的家，他们都处在同一个社区，但是最高点，即青少年犯罪场所处在社区之外。在这种情况中，“霓虹区”远离家庭和邻里细密而遥远的控制，成了青少年的自由之地。

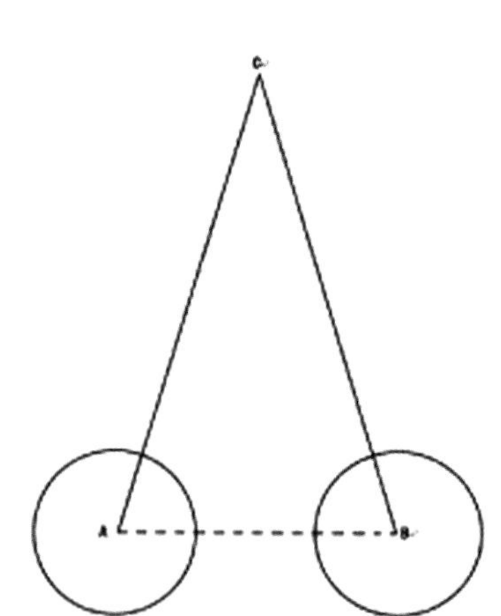

图四　滥交的三角形

图四中的青少年犯罪是一种滥交现象，三角形的所有顶点都在不同的社区。事情很可能是这样，一个钢铁厂的冶炼工人在某个娱乐公园中和一个“对上眼”（picked up）的西区女孩偶然相识，并由此产生亲密行为。但这种亲密关系是非常短暂的，他们 153
可能互相并不知道对方的姓名和家庭地址。

城市生活中的各种力，比如流动性和滥交，对邻里和我们传统文化的影响都是颠覆性、瓦解性的。对堕落区来说，情况尤其如此。该区的邻里工作虽然开展得最早，但无论它现在处于多么完善和发达的状态，该区的大部分既定区域内的情况并没有什么改观。社会研究者们绘制了很多地图，从地理的角度展示着他们已知的一个事实——城市中的堕落区和流动性最强的区域常常也是贫穷、卖淫（vice）、犯罪、青少年犯罪、离婚、遗弃、弃婴、谋杀和自杀最集中的地区。

政治力——政治力和公共舆论、法律这些更加正式的控制有关。一旦邻里工作想要发起社会行动，它就与政治力产生了关联。至少从这个角度来说，我们有关社会工作的整个规划都可被看作是一种社会政治。但是，作为社会政治家的社会工作者们是否和专业政治家一样，掌握着自己所负责邻里的详尽信息呢？他需要掌握的信息至少包括当地所有活跃人士的资料目录，比如帮会头领、台球室老板、邻里内各种组织的领导者等，并和其中的一些人建立起直接联系；还有当地所有专业人士的资料目录，比如一些社会机构的代表、医生、律师、牧师等。除此之外，他还需要了解居住于该社区的男性、女性、年轻人和儿童的基本利益、迫 154
切愿望，及其所面临的各种重要问题。

了解邻里生活中的这些力（force）有助于制定出切实可行的方案和项目。但情况常常是，所有试图进行社会控制的想法和方案都是出于无知的良好意愿，而不是现实中的具体情况。比如，那些一次又一次想要向不再是邻里的地区强加邻里关系的徒劳努力。

那么，面对邻里工作是否能有科学基础这一问题，我们将如何回答呢？如果它能以研究各种社会力为基础而开展工作，那它就拥有了一种科学的根基。从我们目前的研究来看，城市生活中的各种社会力似乎正在摧毁城市中的邻里。邻里中心是否在加入一场必然要失败的战斗，即抵抗现代城市中潜在的发展趋势？并且，还有一个问题也是必须直面的：邻里工作是否已经准备好了将自己存在的合法性建立在事实，而非情感之上？

有些人确信，随着城市中邻里的衰败，邻里中心的作用也正在逐渐消逝。对于我来说，情况或许并非如此。当前我们对邻里中心各项工作的分析与规划，需要结合整个城市生活的状况。邻里中心的工作和其他社会机构一样，都需要以对社会力的科学研究为基础。特别是那些探讨亲密关系在个人发展和社会控制中的实际影响的研究。

邻里中心想要为其工作奠定一个科学基础，一个可行的方法是加强对睦邻运动（settlement movement）的研究，因为邻里中心和睦邻运动一直都密不可分。30 年前，罗伯特 A. 伍兹（Robert A. Woods）先生曾写过一篇名为“将学区睦邻中心作为社会科学实验室”（“University Settlements as Laboratories in Social Science”）的论文，它论述了如何从睦邻运动与邻里工作的关系着眼开展研究。他分析了此类研究对社会科学本身、对睦邻中心的发展所具有的益处。此后，城市生活日益增长的流动性与复杂性增加了其论断的力度。

从当前的现实情况来看，如果邻里工作想要成为一门成功的技术，它就要更多地依靠对现代生活中社会力的科学研究。

欧内斯特·W. 伯吉斯

156 第九章　流动工人的心灵：有关心智与迁移之关系的思考

赫伯特·斯宾塞（Herbet Spencer）曾向我们指出，在进化的等级阶梯中，动物总是比植物处于更高的进化等级。不过，从变形虫进化到人类的漫长发展历程中，虽然也存在各种进步，但人这种生物仍在很大程度上可被看作一株植物。这清楚地表现在，人对其生活所住地和位置怀有难舍的依恋。人，特别是女人，总怀有一种根深蒂固的强烈愿望，即拥有一个自己可以居住和生活的家——这可能是某个洞穴、茅屋，或是某个房子。有了这样一个可以保护自己的山洞或角落，人们就可以日出而作，日落而息。

这样的人对土地、对生活饱含情感与依恋，并常常陷入某种怀旧与思乡之情，从而总是萦绕于那些昔日的熟悉之地。如果他们总是这样，那他们就永远无法真切地体会到人类可能拥有的其他愿望，比如超脱于世俗之上自由地流动，像纯粹精神一样独自生活在自己的心灵与想象的世界里。

我提到这些，只是想强调一点，心智（mind）是迁移（locomotion）的附带产物。心灵最原初、最令人信服的迹象除了动机

（motion）之外，还有我所说的迁移。植物不迁移，不发生空间上的移动。他们虽然没有神经，却或多或少会对刺激做出反应，但是，他们并不产生空间位移，当然，这种静止并不是出于它们自己的意愿。当他们移动的时候，他们既没有目标，又没有目的地，因为它们没有想象力。

动物的特征是它们能够并且经常变换位置。它们不仅会摇一 157
下尾巴，或者动一下四肢，而且，更重要的是它们在进行一个动作时能够协调和调动整个机体。就我们通常的认识而言，心灵是一种控制器官。当它协调各种冲动、调动整个机体去行动时，它并不产生新的活动。因为心灵本质上只是我们行动的意向，换言之，是我们的本能和态度。

心智活动总是从外围开始，心灵上的刺激虽先于行动，但最后也必然会转化为行动。不过，就其过渡性和口头性来说，心智是一种过程，如同我们常说的，“我们形成了自己的想法”，或改变了某些想法。这即是说，通过心智这一过程，我们确定了自身行动所趋向的方向，并在想象中确立了我们想要达成的目标。

表面上植物也具有动物新陈代谢的全过程——事实上，这就是生长过程（vegetative processes）这一概念的意涵——但是，它们并不发生任何移动。如果像一些人所设想的那样，植物也有心智，那么它一定是那种于冥思静想中慢慢成长的类型，就如同那些将外部的喧闹世界抛诸脑后，完全沉浸在个人内心冥想中的神秘主义者。与之相反，动物以及高等动物——事实上，应该包括任何比牡蛎更高等的动物——的特点是他们生来就需要迁移和行动。更进一步说，正是迁移过程，包括迁移时场景和位置的变换，使得人类得以发展其所特有的精神禀赋，即进行抽象思维的才智和习惯。

并且，也正是在迁移中，我们所说的“社会的”这种独特的组织类型得以发展。社会有机体（social organism）[①]——如果我们可以将其称为一种有机体——的特点在于它是由一些能够独立迁
158 移的个体所组成。如果像某些人曾设想的那样，社会是一种生物学意义上的有机体；也就是说，它由类似于植物外珠被或动物皮肤上的那些整整齐齐、安安稳稳排列的小细胞组成，而且它们都被严格控制和保护，以至没有任何一个细胞能够有机会进行冒险，或得到某些属于它自己的新经验；那么，社会中的个人就不需要拥有心智，因为人的社会性并不在于他们的相似性，而在于他们都是不同的。他们根据自己的个人意向而行动，但也正是这种行动使他们意识到了一种共同的目的。他们的冲动是私人的，而行动则是公共的。

了解这些之后，我们可能会问自己，如果流动工人的心智出了什么问题，那么，这究竟是什么问题？为什么他们有那么丰富的经历，却仍旧过得枯燥乏味？为什么他们有这么多的空闲，却仍旧缺少智慧？为什么他们到过那么多地方，接触过那么多人，穿行过那么多城市，熟悉那么多街头和贫民窟的生活，却未能在智识上对我们理解生活做出真正的贡献？

对此，我们可以不假思索地回答：流动工人心智的问题不是缺少经历，而是缺少一份固定的职业。可以肯定的是，流动工人

① Organism 一词既可指组织，也可指有机体，在这个意义上可以从生物学的角度理解组织形态。——译者

一直在迁移，但他没有任何目的地，也就永远没有真正到达过某地。流浪癖是生活中罗曼蒂克性情和趣味（romantic interest）的最基本表现，但对流动工人和其他的很多人来说，它往往成为一种恶习。他获得了自由，却失去了自己的方向。对他来说，迁移和场景变换并不具有什么特别的意义，而只是自然而然的迁移本身。不安分和逃离生活常规的冲动，在他人那里通常会成为某个新事业的起点，但对流动工人来说，它们只是迁移和运动本身而已。流动工人只是为了变化而寻求变化。这是一种习惯，并且就像药物依赖一样，它会形成一个恶性循环。他越流浪，他就越需要流浪。尼尔斯·安德森（Nels Anderson）在他最近的一部作品《流动工人》（*The Hobo*）中指出，流动工人的问题在于他们是个人主义者。这只是换了一种方式来表达上述事实。流动工人牺牲了人类对交往和组织的普遍需求，只为追求个人自由的浪漫激情。159
的确，社会是由相互独立的迁移性个体组成的。如我在前文所言，正是迁移这一事实确立了社会的真正本质。但是，为了社会的长久存在与发展，它的个体必须定居下来。定居是为了维持人际间的交流与沟通，而只有通过交流与沟通，我们所说的作为动态平衡的社会才能得以维持。

人类所有的交往形式最后都要依赖于区位和当地交往。现代社会所独有的交流工具，比如报纸、广播和电话，都只是为了既保持社会团体中区位与功能的永久性，又保证其个体具有最大可能的流动性与自由。

流动工人挣脱那些将其束缚于家庭和邻里的本地联系而开始自己的生涯，此后，他则以断绝所有团体形式的联系而告终。他不仅是一个“无家可归的人”，也是一个没有事业、没有国家的人。这充分展现了詹姆斯·伊兹（James Eads）等人所进行的工作的价值，但也很有可能更显示出这些努力的徒劳无效。他们探讨如何在美国各个地区建立流动工人协会（hobo colleges），这一方面能使流动工人聚集在一起交流各自的经验，讨论他们所遇到的问题以及社会上的诸多问题；另一方面，也能使流动工人以某种集体的形式存在，从而能以某种平等的身份与外界接触，相互交换意见，以期获得他人的理解。

与之类似的，还有世界产业工人组织（the Industrial Workers of the World）；到目前为止，它是唯一坚持将季节工和临时工这些无组织工人组织起来的劳工组织，并取得了一定的成绩。就其所取得的成效来看，它的工作方向是将这些流动工人按自身利益组织起来，使他们获得他们最需要的东西，比如群体意识、事业，

160 以及受人认可的社会地位。

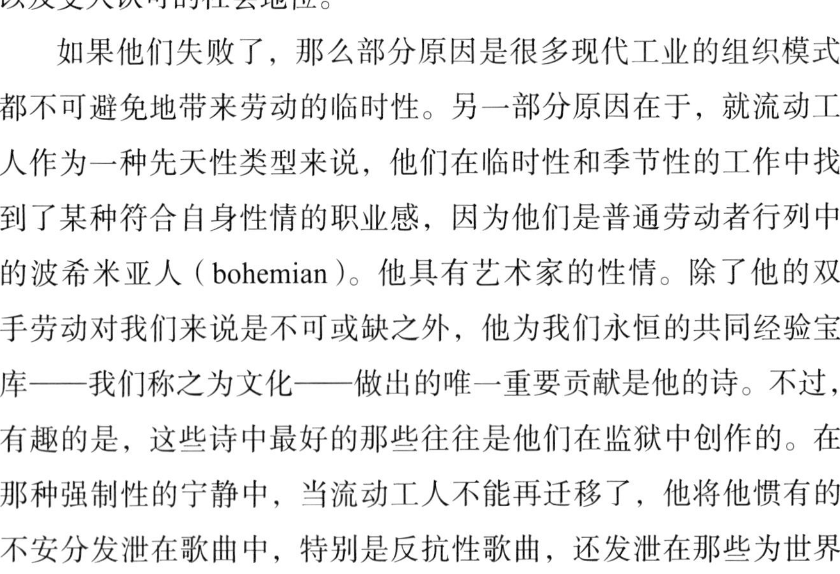

如果他们失败了，那么部分原因是很多现代工业的组织模式都不可避免地带来劳动的临时性。另一部分原因在于，就流动工人作为一种先天性类型来说，他们在临时性和季节性的工作中找到了某种符合自身性情的职业感，因为他们是普通劳动者行列中的波希米亚人（bohemian）。他具有艺术家的性情。除了他的双手劳动对我们来说是不可或缺之外，他为我们永恒的共同经验宝库——我们称之为文化——做出的唯一重要贡献是他的诗。不过，有趣的是，这些诗中最好的那些往往是他们在监狱中创作的。在那种强制性的宁静中，当流动工人不能再迁移了，他将他惯有的不安分发泄在歌曲中，特别是反抗性歌曲，还发泄在那些为世界

产业工人组织（I.W.W.）的抗争而写的赞美诗中，以及那些描述漫长流浪路途中各种艰辛与不幸的悲伤民谣中。

流动工人中产生了许多诗人。最杰出的是沃尔特·惠特曼（Walt Whitman），他不仅通过诗歌内容，而且还借助不拘一格的诗歌形式来表达流浪工人心中的动荡、反叛与个人主义。

> 除了不带任何更高目的的漫游，你认为还有什么足以慰藉心灵？

除此之外，再没有什么能够更好地表达旧时拓荒者的精神了；与美国人生活中所有其他特征相比，这一精神更有力地促成了美国建制和美国民情的形成。事实上，流动工人只是迟来的拓荒者，他是拓荒精神已经消逝不在的时代里的拓荒者。

罗伯特·E. 帕克

161 第十章　城市社区研究的书目

为了社会学学者的研究需要，本章汇编了一份城市研究的资料目录，这项工作并不像想象得那么简单。与城市有关的资料散见于众多研究领域，不仅包括自然科学与社会科学的众多分支领域，还包括实用性艺术与技艺领域。并且，这些资料要么过于技术化、抽象化，要么过于大众化，陷于人类兴趣的堆积。如果汇编者试图涉及城市研究的各个方面，那他很有可能走上歧路，最终哪里也到不了。并且，就连社会学家也还没有厘清“城市”这一概念的内涵，还无法澄清他的科学研究与城市现象之间的关系，所以，汇编者在搜集资料的过程中就缺乏指引，他们既没有航海图，又没有指南针。

当前的学科分化程度是如此之高，没有人能够奢望在其一生中成为多个领域的专家。城市卫生建设的工程师对城市环境卫生感兴趣，他关心各种排水系统、水泵、下水管道与焚化炉，但是，会计师、政治科学家和社会学家的主要兴趣却并不在这里。乍看起来，社会学家很可能忽略这些看似不属于其研究范围的材料，而去关注那些一直以来都吸引着他的机构、机制和社会过程，比如公园、户外玩耍场所、学校、婴儿死亡率、城市规划和选举中的弃权等。然而，在某些时候，城市排水系统中使用的下水管道也很有可能成为社会学家所关心的问题，如同他们关心城市规划和青少年犯罪一样。

因而，确定材料是否与社会学家的研究相关就成了一个重要 162
问题。当社会学家对一个与其他科学和技艺有关的研究主题有强烈兴趣时，他往往会有自己独特的视角、方法论和目标。由于他不能同时成为工程师、城市管理者和社会学家，他就必须接受其他学科专家有关该研究对象的研究数据。社会学家既不是城市工程师、卫生部门的官员，也不是住宅专家、区域规划专家或者某个大城市社会机构（agency）的社会工作者，但是，他很有可能为这些活动做出重要贡献，并且反过来从其他技术专家那里获取材料，从而更清楚地阐释他所关心的问题，对其进行社会学分析。如何挑选与城市研究有关的社会学书目，取决于我们如何从社会学的角度给城市下定义。

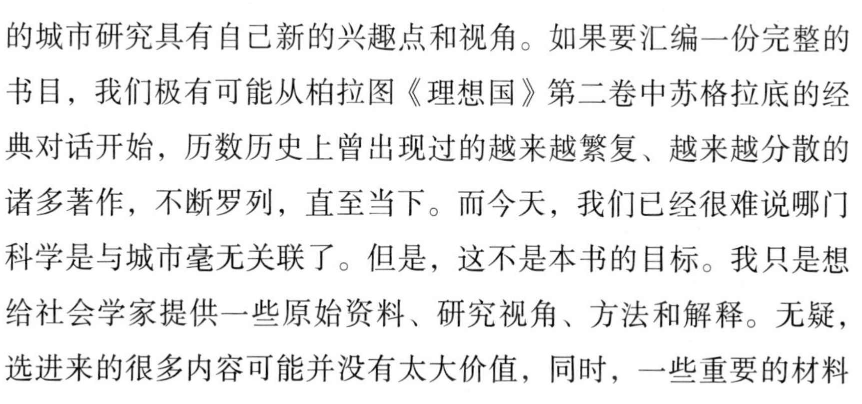

虽然与城市有关的文献可以追溯到城市成立之初，但是当前的城市研究具有自己新的兴趣点和视角。如果要汇编一份完整的书目，我们极有可能从柏拉图《理想国》第二卷中苏格拉底的经典对话开始，历数历史上曾出现过的越来越繁复、越来越分散的诸多著作，不断罗列，直至当下。而今天，我们已经很难说哪门科学是与城市毫无关联了。但是，这不是本书的目标。我只是想给社会学家提供一些原始资料、研究视角、方法和解释。无疑，选进来的很多内容可能并没有太大价值，同时，一些重要的材料又因为某些原因而忽略了。虽然我们力求避免重复，但结果也未能尽如人意。汇编之时，很多书籍和文章无法获得原文，不能对其内容进行详细考查，但我仍坚持列入其中；这要么是因为其标 163

题具有启发性，要么是因为该作者的学术声誉使然。

一份文献的学术贡献既包括它提供的参考文献，也包括它归纳的观点，以及论证这些观点的方法。本书目采用的分类方法为城市研究提供了一条新路径。随着新材料的发现和社会学家研究的不断更新，这一书目将会不断修正。它不仅会提供一个索引，列出城市生活最具研究潜力的方面，而且，也有助于组织和促进快速增长的城市社会学知识总体。

城市社会学文献的暂时分类方案[①]

Ⅰ. 城市的界定

1. 地理特征：选址、环境、地形、密度
2. 历史特征：政治地位、名号（title）、法律
3. 统计特征：人口普查
4. 作为经济单位
5. 社会学特征

Ⅱ. 城市的自然史

1. 古代城市：亚洲、埃及、希腊、罗马
2. 中世纪城市
3. 现代城市

Ⅲ. 城市的类型

1. 历史分类
2. 区域分类：沿海、内陆、河滨、湖滨

① 下文开列的文献，其标题后的括号中有若干数字，这表明该文献与提纲中相应数字所代表的主题有关，包含一些相关的材料。

3. 选址分类：平原、山谷、高山、丘陵、海港、岛屿
4. 功能分类：首府、铁路城市、港口城市、商业城市、工业城市、旅游城市、文化城市
5. 镇、城市和大都市
6. 结构类型：自然发展城市和规划城市

Ⅳ. 城市及其腹地 164

1. 贸易区
2. 通勤区：大都市区
3. 行政城市
4. 城市及其卫星城
5. 城市及其文化边界
6. 城市与世界经济

Ⅴ. 城市的生态组织

1. 自然区域
2. 邻里
3. 当地社区
4. 区域与区划
5. 城市规划

Ⅵ. 作为物理机制的城市

1. 公共设施：水、煤气、电
2. 通讯与交通方式：电话、书信、电报、电车、公共汽车、小汽车
3. 街道和下水道
4. 公共安全和福利：消防、警察、公共卫生部门、社会机构

5. 学校、剧院、博物馆、公园、教堂、居民区

6. 休闲娱乐

7. 市政府：市政主管、党政首领

8. 食品供应、物资供应（百货商店和连锁店）

9. 钢结构建筑：摩天大楼

10. 住房和地价

Ⅶ. 城市的发展

1. 扩张

2. 人口的分配与分布："城市建设"

3. 人口统计：自然增长和移民

4. 城市生活中的流动和新陈代谢

5. 社会组织化、社会解体与城市发展

Ⅷ. 城市的优生学

1. 出生率、死亡率和结婚率：生命周期

2. 性别和年龄群

3. 生育高峰期

Ⅸ. 人性与城市生活

1. 劳动分工：专业化与职业的专门化

2. 城市生活的心智

165 3. 交流：接触、公共舆论、道义、团体精神（ésprit de corps）

4. 城市类型

Ⅹ. 城市和乡村

1. 利益冲突

2. 社会组织与社会过程的比较

3. 个性类型的差异

XI . 城市研究

1. 对城市的系统研究

2. 社区调查技术

3. 有关城市的期刊

一、城市的界定

不同学科研究视角与方法的差异，清楚地显示在他们对同一对象所下的定义中。比较几个学科对城市这一现象的定义，我们可以更真切地理解这一问题。

1. 地理学家一直将城市视为地貌的一部分。从这个角度来说，城市是一片高地，像山峦一样从地面耸起。地理学界已经发现，城市作为地貌上的一个障碍物，能改变风速和大气层状况。最近，人文地理学家开始将城市看作人类对自然环境最重要的改造，也是人类与自然环境互动关系的一般产物的一部分。城市地理学作为一门区域地理学，近来得到了快速发展。城市的位置、物理结构、规模、密度和经济功能都是它关注的主要因素。此类文献大量涌现，很多都与城市社会学研究直接相关。

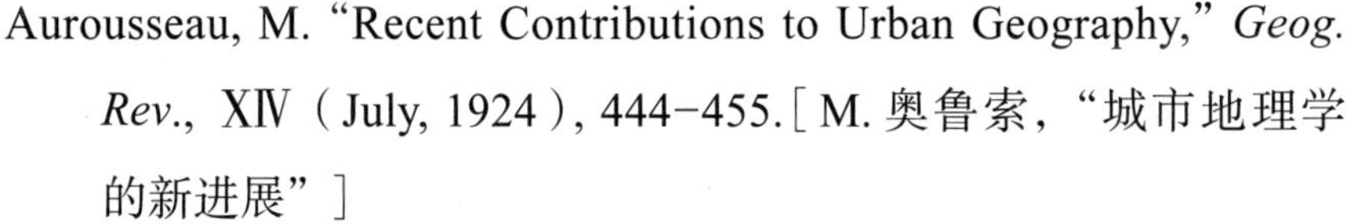

Aurousseau, M. “Recent Contributions to Urban Geography,” *Geog. Rev.*, XIV（July, 1924）, 444–455.［M. 奥鲁索，“城市地理学的新进展”］

简明扼要地介绍了城市研究的地理学方法，并附有一份有关

新近文献的最权威书目。同时，还指出了城市地理学研究的最新趋势，及其在方法上的困难。（Ⅱ, 3; Ⅲ.）

166 Barrows, Harlan H. "Geography as Human Ecology," *Annals of the Association of American Geographers*, Vol. Ⅻ（March, 1923）, No. Ⅰ.［哈兰·H. 巴罗斯，"作为人类生态学的地理学"］

本文虽不是有关城市研究的论文，但它界定了地理学家的研究视角与方法。

Blanchard, Raoul. "Une méde géographie urbaine," *La Vie Urbaine*, Ⅳ（1922）301–319.［拉乌尔·布兰查德，"城市地理学的方法"］

一位权威人士对城市地理学研究准则与方法的论述。（Ⅲ, 2, 3, 4, 6.）

Chi sholm, G.G. "Generalizations in Geography, Especially in Human Geography," *Scott. Geog. Mag.*, ⅩⅩⅫ（1916）, 507–519.（Ⅲ, 2, 3, 4）［G.G. 齐泽姆，"地理学概论，以人文地理学为主"］

Hassert, Kurt. *Die Städte geographisch betrachtet*（Leipzig, 1907）.［库尔特·哈塞特，《城市地理学研究》］

一部早期的城市地理学概论。（Ⅲ, 2, 3, 4, 6.）

——. " Über Aufgaben der Städtekunde," *Petermann's Mitteilungen*, LⅥ（Part Ⅱ, 1910）, 289–294.（Ⅲ.）［——，"城市地理的任务"］

Jefferson, M. "Anthropography of Some Great Cities: A Study in Distribution of Population." *Bull. Amer. Geog. Soc.*, XLⅠ（1909）, 537–566.［M. 杰弗逊，"大城市的人类地理学：人口分布研究"］

坚持认为从地理学角度定义城市具有重要意义，并以人口密度为基础给出了一个定义。（Ⅰ, 3, 4; Ⅲ; Ⅶ, 2.）

Schrader, F. “The Growth of the Industrial City,” *Scott.Geog. Mag.*, XXXIII（1917）, 348–352［F. 施瑞德，“工业城市的发展”］

本文是施拉德尔教授（Schrader）发表在 1917 年《地理学年鉴》（*Annales de Géographie*）1 月刊上一篇文献综述。本文详述了是哪些力在推动具有地理实体性之“城市”的产生，特别是工业城市。（Ⅰ, 4; Ⅲ, 2, 3, 4; Ⅳ, 1, 6; Ⅴ, 5; Ⅶ, 1.）

Smith, J.Russell. “The Elements of Geography and the Geographic Unit,” School and Society, Vol. XVII, No.441.（Ⅲ, 2, 3, 4.）［J. 罗素·史密斯，“地理学及地理单位的各要素”］

2. 城市的兴起给历史注入了一个全新的要素。因而，在最早研究城市这一人类聚集现象的学者中就有历史学家。他们大多喜欢从结构和正式组织的角度，追溯这种社会生活新形式的发展历程。历史文献主要着力于考察城市的缘起，古代城市的样貌，希腊的城邦—国家，罗马，中世纪城市的兴起，以及它向现代城市的转变。早期的历史研究本质上是政治性的。直到最近，历史学 167
家才开始着力于描绘城市所带来的新生活样态、城市与乡村之间的相互联系。一直以来，城市主要被看作一个政治单位。一个居住区能获得“城市”这一称号，要么是因为相对于中央政府，它已取得了一定程度的自治权；要么是因为它为更高的政治实体效力，而后者将该称号作为一种荣誉授予它；要么是由于合并或者某个方案的颁布实施。

Bücher, Karl. “Die Grossstädte in Gegenwart und Vergangenheit,” in the volume, *Die Grossstadt*, edited by Th. Petermann, Dresden, 1903.（Ⅰ,4; Ⅱ,2,3.）[卡尔·比谢尔，“大城市的过去与现在”]

Cunningham, William. *Western Civilization*（Cambridge, 1898-1900）.[威廉·坎宁安,《西方文明》]

提供了很多历史上城市概念之变迁的参考文献。（Ⅰ,4; Ⅱ,2,3.）

The Encyclopedia Americana, 1918 edition, Vol. Ⅵ, article, “City.”（Ⅱ; Ⅳ, 3.）[《美国百科全书》]

The Encyclopedia Brittanica, 1911 edition, article, “City.”（Ⅱ; Ⅳ, 3.）[《不列颠百科全书》]

Schäfer, D. “Die politische und militärische Bedeutung der Grossstädte,” in the volume *Die Grossstadt*, edited by Th. Petermann, Dresden, 1903.[D. 舍费尔，“大城市的政治与军事重要性”]

概述了城市何以是一个政治单位，并从军事角度考察了城市的功能。（Ⅱ; Ⅲ, 1, 2, 3, 4; Ⅳ, 5.）

3. 人口普查和数据解释都需要明确的统计单位，因而，统计学家常常不得不定义城市。界定城市的主要统计学方法是:（1）居住区面积大小，（2）居民人数。在美国人口普查的历史上，城市的界定开始是 8000 人及以上的混杂社区，随后是 4000 人及以上，目前是 2500 人及以上。

Blankenburg, R. “What Is a City?” *Independent*, XXCV（January 17, 1916）, 84-85.[R. 布兰肯伯格，“城市是什么？”]

Meuriot, P. M. G. “Du criterium adopté pour la définition de la population

urbaine," *Soc. De Statist. De Paris*, LV（October, 1914）, 418–430.
［P.M.G. 默里奥，"城市人口的确定标准"］

Reuter, E. B. *Population Problems*（Philadelphia and London, 1924）.
［E.B. 路透，《人口问题》］

展现了美国人口普查在不同时期所采用的城市（统计学）定义的变化。还包含了大量城市人口的材料。（Ⅶ, 2, 3; Ⅷ, 1, 2.）

4. 经济学家乐于将城市看作一个经济单位，从而追溯其发 168
展。从这个角度来看，城市是经济发展中的一个典型阶段。伴随着城市的兴起，手工业变为机器工业，出现了劳动分工、市场和交换。除了汗牛充栋的经济史研究在探讨城市经济的形成，还有很多有关某个城市经济史的专著和针对今日大城市经济发展的案例研究。

Below, George von. "Die Entstehung des modernen Kapitalismus und die Hauptstädte," *Schmollers Jahrbuch*, Xliii（1919）, 811–828.（Ⅲ, 4; Ⅳ, 1, 4, 6.）［乔治·冯·贝娄，"现代资本主义的形成及其主要城市"］

Cheney, Edward Potts. *Industrial and Social History of England*（New York, 1910）.（Ⅱ, 2, 3; Ⅳ, 6.）［爱德华·波茨·切尼，《英国工业史与社会史》］

Day, Clive. *History of Commerce*（New York, 1920）.（Ⅱ; Ⅲ, 4; Ⅳ, 6.）［克莱夫·戴，《贸易史》］

Dillen, Johannes Gerard van. *Het Economisch karakter der Middeleeu-*

wsche Stad. I. De Theorie der gesloten Stad-Huishanding（Amsterdam, 1914）.（Ⅱ, 2; Ⅲ, 4, 5; Ⅳ 6.）[约翰尼斯·杰拉德·范迪伦,《中世纪城市的经济特征》]

Gras, Norman S. B. *An introduction to Economic History*（New York, 1922）.[诺曼 S.B. 格拉斯,《经济史导论》]

提供了大量材料，展现了城市作为经济单位的兴起。（Ⅱ, 2, 3; Ⅲ, 4, 5; Ⅳ, 1, 2, 6; Ⅹ, 1.）

Sombart, Werner. *The Quintessence of Capitalism: A Study of the History and Psychology of the Modern Business Man*, Translated by M. Epstein（New York, 1915）.（Ⅱ, 3; Ⅳ, 6; Ⅸ, Ⅹ; 3.）[沃纳·桑巴特,《经济主义的典范：现代商人的历史与心理研究》]

Waentig, H. “Die wirtschaftliche Bedeutung der Grossstädte,” in the volume, *Die Grossstadt*, edited by Th. Petermann, Dresden, 1903. [H. 温蒂希，“大城市的经济重要性”]

对城市作为经济单位日益增长的重要性进行了深入研究。（Ⅲ, 4; Ⅳ, 6.）

5. 要想从社会学的角度定义城市就必须意识到，城市这一现象极其复杂，我们仅用一个独特的标记，或者任意一套主观特征
169 都无法完全概括它。城市由占领了某一区域的群体构成，而该群体发展出若干技术设置、机构、行政机器和组织，从而将自己与其他群体区分开。但是，在这个由建筑、街道和人聚集而成的聚集体中，社会学家发现了一种心物机制。对社会学家来说，城市是一套有关共同习惯、情感与传统的实践；这些习惯、情感和传

统在若干代人的生活中生发出来，成为一个文化单位的典型特征。并且，在城市这个更大的实体中，社会学家还发现了很多其他的分群形态（groupings），它们由不同的居民构成，占领着不同的区域，它们是城市发展及其持续筛选与分化的结果。这些区域中的每一个都有自己的特点，并培养着自己独特的居民。社会学家们还发现，大多数职业群体和文化群体虽因其各自独特的利益与特点而鲜有共同之处，但他们都意识到了自己是城市这个更大共同体的一员，并参与着城市生活。

从另一个角度看，城市是一个机构，它的兴起和发展在一定程度上独立于其自身的人口，因为它所满足的乃是特定地区居民的基本需求，不仅包括当地居民，更包括那些依赖于该城市之供给的更大区域的居民。

最后，城市可被看作三个基本过程的产物：生态过程、经济过程和文化过程。这些过程在城市中会产生一些分群形态（groupings）和行为，从而使该区域与周边农村区别开来。

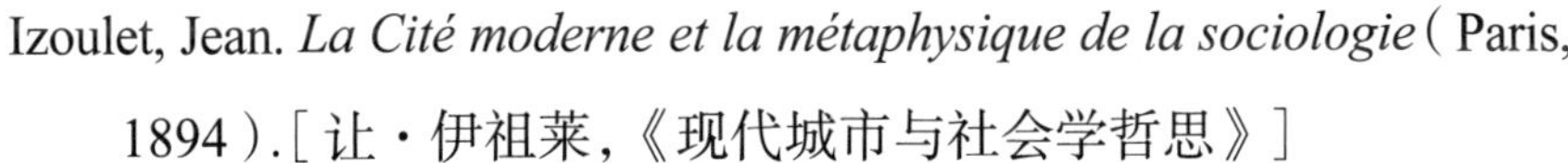

Izoulet, Jean. *La Cité moderne et la métaphysique de la sociologie*（Paris, 1894）.［让·伊祖莱，《现代城市与社会学哲思》］

Maunier, René. "The Definition of the City." Translated by L. L. Bernard, *Amer. Jour. Sociol.*, XV, 536-548.［勒内·莫尼耶，"城市的定义"］

根据社会学理论对现存的城市定义进行了批判性考察。（I. 1, 2, 3, 4）

社会学领域的每一本教科书几乎都会记载有关城市的某种操

作性定义。此外，在各种社会调查中也可以看到各种有关城市的概念。

170 ## 二、城市的自然史

一部城市的历史几乎等同于一部文明史。社会学家对城市的自然史感兴趣，他们将城市看作社会进化的一个阶段。和历史学家不同，他们并不致力于了解任何一个特定城市兴衰的具体事实，而是通过对各类城市历史的研究，试图发现典型城市的产生根源，并将之作为对各种城市类型与社会过程进行分类的基础；他们并不关心城市所处的具体时间和地点。

1. 有关城市起源的各种观点，大多来自于考古学家的发现。在人类漫长的发展史上，城市到底是何时出现的？这至今仍是一个悬而未决的问题。我们听说过一些旧石器时代洞穴城市的传说。当我们进入历史上的那些重要时段，就会发现很多城市的主要目的是防卫。古代城市，比如孟菲斯（Memphis）、底比斯（Thebes）、巴比伦和其他几个城市，已经开始进行强制性人口聚集，它们都成了行政和文化中心。有关希腊城邦—国家（city-state）和罗马的文献大量存在，这在任何一个图书馆中都能找到，这里只需稍举几例。

Clerget, Pierre. “Urbanism: A Historic, Geographic, and Economic Study,” *Smithsonian Institution Annual Report, 1912*（Washington, D.C., 1913）, pp. 653-667.（Ⅱ, 2, 3; Ⅲ; Ⅴ, 1, 2, 3; Ⅵ, Ⅶ,

Ⅷ.)[皮埃尔·克勒格特,“城市化:一个有关历史、地理与经济的研究”]

Coulanges, Fustel de. *The Ancient City: A Study of the Religion, Laws, and Institutions of Greece and Rome*(Boston, 1894). Translated by Willard Small.[福斯特尔·德·库朗热,《古代城邦:古希腊罗马宗教、法律与制度研究》]

Davis, W. S. *A Day in Old Athens: A Picture of Athenian Life*(New York, 1914).[W.S. 戴维斯,《古雅典的一天:雅典人生活图景》]

Fowler, W. W. *The City-State of the Greeks and Romans*(London and New York, 1895).(I, 2.)[W.W. 富勒,《古希腊罗马城邦》]

Friedländer, L. *Roman Life and Manners under the Early Empire.* Authorized translation by L. A. Magnus from the 7th rev. ed. Of the Sittengeschichte Roms(London, 1908-1913), 4 vols.(Ⅲ, 4.)[L. 弗里德伦德尔,《早期帝国时代的罗马生活与习俗》]

Rostovtzeff, Michael. “Cities in the Ancient World,” in volume *Urban* 171
Land Economics, edited by R. T. Ely, Institute for Research in Land Economics, Ann Arbor, 1922.[迈克尔·罗斯托夫采夫,“古代世界的城市”]

Zimmern, Alfred E. *The Greek Commonwealth: Politics and Economics in Fifth-Century Athens*(2d rev. edition; Oxford, 1915).[阿尔弗雷德·E. 齐默恩,《古希腊联邦:五世纪雅典的政治与经济》]

2. 历史学家仍旧无法确定,中世纪城市的出现是罗马时期以来城市不断发展的最终产物，还是公元1000年左右随着社会生活向更简单形式的倒退而新生的城市类型。不过，对于他们来说，毫无疑问的是，中世纪城市不仅在城市结构上不同于希腊和罗马的城市，而且还扮演着完全不同的角色。典型的中世纪城市都属军事防卫型，且相对于中央政府都获得了一定程度的政治自治权。但他们承担的主要功能是经济上的，他们往往是商业贸易中心，各种行会的大本营。到了16世纪，欧洲的城市生活发生了重要变化。火药的发明使原本坚固的城墙不再有用，工业的出现使原本就狭隘的行会组织逐渐没落。面对这些新出现的事物，昔日的中世纪城市——实际上只是一个城镇——要么选择适应，从而继续发展，要么就愈发破败，逐渐衰亡。

Bax, E. B. *German Culture, Past and Present*(London, 1915). [E.B. 巴克斯,《德意志文化的过去与现在》]

追溯了中世纪德国城市的发展历程。(Ⅱ, 3.)

Benson, E. *Life in a Medieval City, Illustrated by York in the Fifteenth Century*(London, 1920).[E. 本森,《一个中世纪城市的日常生活 : 以15世纪的约克城为例》]

Consentius, Ernst. *Alt-Berlin, Anno 1740* (2d ed.; Berlin, 1911).[厄恩斯特·康森修斯,《古代柏林，公元1740年》]

众多有关德国城镇早期历史的专著中的一本。(Ⅲ, 6.)

Coulton, George Gordon. *Social Life in Britain from the Conquest to the Reformation*(Cambridge, 1918).[乔治·戈登·库尔顿,《诺曼征服至宗教改革时期的英国社会生活》]

Green, Alice S. A.（Mrs. J.R.）*Town Life in the Fifteenth Century*（2 vols., New York, 1894）.（Ⅲ, 5.）［爱丽丝·格林，《15 世纪的城镇生活》］

Pirenne, Henry. *Medieval Cities: Their Origins and the Revival of* 172
Trade.（Princeton, N. J., 1925）.［亨利·皮雷纳，《中世纪城市：起源及其贸易的复兴》］

追溯了城市的发展历程，以及与贸易复兴有关的城市内部体制。（Ⅰ, 4; Ⅲ, 4; Ⅳ, 4; Ⅶ, 1.）

Preuss, Hugo. *Die Entwicklung des Deutschen Städtewesens*（Leipzig, 1906）.［胡戈·普罗伊斯，《德国城市生活的发展》］

一部有关德国城市发展的正史。（Ⅰ, 2; Ⅱ, 3; Ⅳ, 3; Ⅵ, 7; Ⅶ, 1.）

Stow, John. *The Survey of London*（1598）（London and New York, 1908）.［约翰·斯托，《伦敦调查》］

3. 现代城市的出现标志着文明史上一个新纪元的来临。伴随着现代城市的兴起，经济、政治、文化和社会生活等方面都发生了深刻变革，同时反过来说，正是这些变革促成了现代城市的兴起。每个现代人都可被视为现代城市的产物，而为了充分理解城市转型的价值与意义，我们需要探寻城市的起源和发展。我们今日所见的城市并不是一个完成品，它发展飞速，能量无限，每天都在不断改变着自身内部的复杂结构，也在改变着内部居住者的人性特征。

Baily, W. L. “Twentieth Century City,” *Amer. City,* XXXI（August, 1924），

142–43.［W.L. 贝利，“二十世纪的城市”］

Beard, C.A. “Awakening of Japanese Cities,” *Review of Reviews*, LXIX（May, 1924）, 523–527.［C.A. 比尔德，“日本城市的苏醒”］

Bücher, Karl. *Industrial Evolution.* Translated by S.M.Wickett（London and New York, 1901）.［卡尔·比谢尔，《工业革命》］

从工业社会的角度论述了现代城市。（Ⅱ, 1, 2; Ⅲ, 4, 5; Ⅳ, 6; Ⅶ, 1; Ⅸ, 1.）

Die Stadt Danzig: ihre geschichtliche Entwickelung und ihre öffentlichen Einrichtungen（Danzig, 1904）.［但泽市：发展历史及其公共机构］

展示了一个现代城市的发展历程及其独特体制。（Ⅲ, 1, 2, 3; Ⅵ.）

Ebeling, Martin. “Grossstadtsozialismus.” Vol. XLⅣ of *Grossstadtdokumente*, edited by Hans Ostwald（Berlin, 1905）［马丁·艾贝林，“大城市社会主义”］

从工人的角度论述了现代城市的一个剖面。（Ⅳ, 3, 6; Ⅴ, 2, 3; Ⅵ; Ⅶ, 2, 5; Ⅷ, 1.）

173 Ende, A. von. *New York*（Berlin, 1909）.［A. 冯·恩德，《纽约》］

一本典型的城市旅游指南。这类旅游指南书主要由旅行家和作家编写，最著名的丛书有贝迪克（Baedeker）旅游指南，莱比锡（Leipzig）旅游指南，它们都涵盖了欧洲所有的重要城市。

George, M. Dorothy. *London life in the XVⅢ th Century*（New York, 1925）.［M. 多萝西·乔治，《18 世纪的伦敦生活》］

包含一个经过精选的有关伦敦市研究的书目。描写了现代初期伦敦城市生活的一个剖面。（Ⅲ; Ⅶ, 1, 2.）

Hare, Augustus J. C. *Paris*（London, 1900）.［奥古斯都·哈尔，《巴黎》］

一套欧洲城市旅游指南书系中的一本。

Hessel, J. F. *The Destiny of the American City.* Champaign, Illinois, 1922.［J. F. 埃塞尔，《美国城市的命运》］

美国城市的发展趋势及其存在的问题。

Howe, Frederic C. *The Modern City and Its Problems*（New York, 1915）.［弗里德里克·豪，《现代城市及其问题》］

简要概述了现代城市的发展历程，城市文明的内涵，并讨论了城市作为物理机制的作用。同时，对市政所有权与市政管理之原则的延伸、城市规划与合作提出了建议。（Ⅲ, 5; Ⅳ, 2, 3; Ⅴ, 4, 5; Ⅵ; Ⅶ, 1, 2; Ⅸ, 3.）

Irwin, Will. *The City That Was: A Requiem of Old San Francisco*（New York, 1906）.［威尔·欧文，《往昔城市：昔日旧金山的挽歌》］

Johnson, Clarence Richard（editor）. *Constantinople Today, or, the Pathfinder Survey of Constantinople: A Study in Oriental Social Life*（New York and London, 1923）.（Ⅲ, 2; Ⅴ; Ⅵ; Ⅶ; Ⅷ; Ⅸ, 1, 3.）［克拉伦斯·理查德·约翰逊，《今日之君士坦丁堡，或对君士坦丁堡的开创性调查：一项有关东方社会生活的研究》］

Kirk, William（editor）. *A Modern City: Providence, Rhode Island, and Its Activities*（Chicago, 1909）.（Ⅲ, 4; Ⅵ; Ⅶ.）［威廉·科克，《现代城市：普罗维登斯岛、罗得岛及其岛屿生活》］

"London: A Geographical Synthesis," *Geog. Rev.*, ⅩⅣ（1924）, 310-312.［"伦敦：一个地理学综合体"］

概述了有关现代城市的地理学协同研究。（Ⅲ; Ⅳ; Ⅴ; Ⅵ, 3）

Pollock, H. M., and Morgan, W. S. *Modern Cities*(New York, 1913).［H.M. 波洛克，W.S. 摩尔根，《现代城市》］

探讨了美国各大城市及其所存在的问题。(Ⅲ, 6; Ⅴ, 5; Ⅵ.)

Strong, Josiah. *The Twentieth Century City*(New York, 1898).［约书亚·斯特朗，《二十世纪城市》］

Zueblin, Charles. *American Municipal Progess*(new and revised edition; New York, 1916).［查尔斯·朱布林，《美国市政发展》］

试图创建一门新的科学："市政社会学"。(Ⅵ; Ⅶ; Ⅷ, 1.)

每一个现代城市的当前发展中都包含若干历史，而且时下
174 的杂志对这些独特的城市已经进行了大量报道。与现代城市有关的案例研究数量极其庞大，浩如烟海，难以列举。不过，幸好这类书目已有很多，我们可以省却这一烦恼。一些比较重要的欧洲城市和美国城市都有相关的研究书目，且皆已出版。比如，有关伦敦的书籍可谓汗牛充栋，以至伦敦市有一家图书馆专门馆藏此类文献。这类资料还存在于巴黎、罗马和其他一些文化中心，因为在这些地方曾兴起一种历史传统，即对本土性保有一种全人类的普遍兴趣。还有很多有关教堂性城市（the city of churches），比如莫斯科的书籍，他们强调由于莫斯科的精神领导性，它在俄罗斯人生活中占据着主导地位，我们可从那些宏伟的教堂中看到这个城市的地位。麦加也属此类，有关文献亦可罗列甚多。

本书目收入了奥古斯都-哈尔（Augustus Hare）所著的《巴黎》（*Paris*）和冯·恩德（von Ende）所著的《纽约》（*New York*），人们

可能会好奇，为什么收入了这两本不太重要的书，而与之类似的其他著作则没有被收入？那些针对特定城市的旅游手册和旅人记述，数量众多，难以收录，但它们又可能有助于那些研究特定城市之个性与特征的学人；而这两本书与本书目的关联在于，它们正可以作为此类文献的典型代表。

最近几年，学界对于美国城市多样性与差异性的研究逐渐升温。很多相关著作常常是以囊括诸多城市的丛书形式出现，这类书不只是旅行家的叙述，它们还探寻到了每个城市的精神。格雷斯·金（Grace King）的《新奥尔良》（*New Orleans*）可以算是这类美国丛书中最好的著作，虽然未必是最具代表性的。

三、城市的类型

和其他的事物一样，从某种意义上说，每个城市在本质上都是独一无二的。然而，有关城市的科学研究却假设，城市研究能够发现这些城市之间所存在的不同等级与类型，同一种类型的城市都具有某些相同的特征，将他们与其他类型区分开来。确实存在很多的划分标准，根据其中的任何一个，我们都可以将城市划分成若干不同的类型。但在此类研究文献中已经存在一些基本类型，这对社会学家而言可能颇有帮助。

1. 我们观察一个城市，最先关注的往往是它所经历的岁月。欧洲城市与美国城市在这方面的区别是如此显著，任何人都不可能没有察觉。但当我们将这些西欧的城市与某些东方城市进行比较时，我们又会发现它们是相对年轻的。对城市进行深入细致的研究就会发现，一个城市的早期经历会对它以后的发展产生重要影响，并且，这种影响往往是趋于保守的。那些经历了几个世纪风雨的街道、城墙、名称和传统会在城市中留下无法磨灭的印迹，直到今日我们都会发现它们的存在。有经验的观察者不仅能分辨相邻国家各自的城市特点，还能通过城市的样貌区分出他们各自属于什么历史时期。这些差别不仅体现在建筑的主导风格中，还体现在城市的整体风格，居住者的生活状态和他们的日常活动中。

Fleure, Herbert John. "Some Types of Cities in Temperate Europe," *Geog. Rev.*, Ⅹ,No.6（1920）, 357–374.［赫伯特 · 约翰 · 弗勒，《欧洲温带区的几种城市类型》］

追溯了城市历史对城市特性的影响。（Ⅱ; Ⅲ, 2, 3, 5, 6.）

——. *Human Geography in Western Europe: A Study in Appreciation*（London, 1919）.（Ⅲ.）［——，《西欧人文地理学：评估研究》］

Fraser, E. "Our Foreign Cities," *Sat. Eve. Post,* CXCVI（August 25, 1923）, 14–15.［E. 弗雷泽，"我们的外域城市"］

城市居民的来源状况主导了该城市的风格。（Ⅴ, 3; Ⅶ, 2, 3.）

176 Gamble, Sidney D. *Peking: A Social Study*（New York, 1921）.［西德尼 · 甘布尔，《北京：一项社会调查》］

对一个东方城市的调查。也展现了现代城市令人费解的多样性。（Ⅱ, Ⅲ, 4, 6; Ⅳ, 3; Ⅴ, Ⅵ; Ⅷ; Ⅸ, 3.）

Hanslik, Erwin. *Biala: eine deutsche Stadt in Galizien*（Wien: Teschen und Leipzig, 1909）［欧文 · 汉斯立克，《比亚瓦：加利西亚的德国城市》］

一种历史性城市类型在变化着的环境中的延续。（Ⅲ,6.）

Homburg, F. "Names of Cities," *Jour. Geog.*, XV（September, 1916）, 17–23.［F. 洪堡，"城市名称"］

Rhodes, Harrison. *American Towns and People*（New York, 1920）.［哈里森·罗德，《美国城镇与居民》］

Uhde-Bernays, Herman. *Rothenburg of der Tauber*（Leipzig, 1922）.［赫尔曼，伍德–伯内斯，《罗腾堡》］

"城市文化"丛书中的一本。强调城市的历史对城市风格的持续影响。（Ⅲ, 6.）

2. 任何历史时期所使用的交通通讯方式都决定了人类居住地的区位（location）。因而，大多数古代城市与中世纪城市都选址于海边或者靠近一个可通航的水域。当前，城市的建立与发展仍旧依赖于它的区位，区位关系到交通通讯方式的好坏，以及出入该城市的便利程度。正是由于铁路的开通，才使大型内陆城市成为可能。居住区的选址大多倾向于沿海，沿着某条重要的河流或者湖泊这些有利的地理位置，这种自然优势对其发展有着重要的影响。区位是一个重要的竞争性因素（competitive element），它是产生基本城市类型的条件。

Faris, J. T. "The Heart of the Middle West," *Travel*, XLII（December, 1923）, 30–34.［J.T. 法里斯，"中西部腹地"］

Geddes, Patrick. "Cities, and the Soils They Grow From." *Survey Graphic*（April, 1925）, pp. 40–44.［帕特里克·格迪斯，"城

市，及其产生的土壤”]

该书结合自然环境来理解城市，富有哲理性。提出了一些有关地理技术、造林与区域发展的建议。（Ⅲ, 2, 3; Ⅴ, 5.）

Jefferson, Mark. “Some Considerations on the Geographical Provinces of the United States,” *Ann. of the Ass. of Amer. Geographers*, Ⅶ（1917）, 3–15.［马克·杰弗逊，“有关美国地理区划的若干思考”］

发展了这样一种理论：我们可以根据一个国家内部各地域区位的不同，比如沿海、邻近内陆湖泊、邻近河流等，将整个国家划分为若干个省份，并且每一个省份城市的特点都来自于它们的区位。（Ⅲ, 3, 4; Ⅳ, 1, 6.）

177 Mercier, Marcel. *La Civilisation Urbaine au Mzab: Étude de Sociologie Africaine*（Alger, 1922）.［马尔塞·梅西耶，《姆扎卜的城市文明：非洲社会学研究》］

研究了一个处于沙漠地区的非洲城市，该城市的选址是即时的、不固定的，主要取决于水源供应状况和交通路线。社区所处的环境决定了该社区中的各种社会活动及其所受的限制。（Ⅲ, 1, 6; Ⅳ, 1, 6; Ⅴ, 1; Ⅵ; Ⅷ, 2; Ⅸ, 1.）

Ratzel, Friedrich. “Die geographische Lage der grossen Städte,” in volume “*Die Grossstadt,*” edited by Th. Petermann, Dresden, 1903.［弗里德里希·拉泽尔，“大城市的地理位置”］

本书对各种类型的城市区位进行了全面考察，作者是最早一批城市研究者中的代表人物与佼佼者。他所提出的理论和库利的理论不谋而合（库利《交通理论》，C.H.Cooley. *The Theory of Transportation*），即城市总是兴起于交通路线的终点处，几条交

通路线的交叉处，或者一条路线与另一条路线的交接点处，比如内陆交通道路与水路交通的交接处。拉泽尔（Ratzel）还从地理学角度给城市下了一个定义，这恐怕是有关城市的最早一批定义之一，但也是最恰切的定义之一："占据一定区域面积，并处于几条交通路线中部（或其交叉处）的永久性人类聚集地（或密集型居住地）。"（Ⅰ, Ⅱ, Ⅲ, 1, 3, 4, 5, 6; Ⅳ, 1; Ⅴ, 5; Ⅶ, 2.）

Ridgley, Douglas C. "Geographic Principles in the Study of Cities," *Jour. of Geog.*, XXⅣ（February, 1925）, 66–78.［道格拉斯·里奇利，"城市研究中的地理准则"］

重申了库利的理论："人口和财富会在交通路线的任何一个中断处聚集。"（Ⅰ, 1; Ⅶ, 1, 2.）

Wright, Henry C. *The American City: An Outline of Its Development and Functions*（Chicago, 1916）.［亨利·赖特，《美国城市：对其发展状况与功能的概述》］

本书第一章概述了各城市的区位情况，并按照其功能做了分类。其他章节则主要探讨政府、金融和行政管理等问题，比如卫生、治安、教育、住房、区划；以及城市对市民的影响。（Ⅲ, 3, 4; Ⅴ, 4，5; Ⅵ; Ⅶ, 2; Ⅸ.）

3. 地理学家通常使用的一种城市分类方法是以城市地理位置的差异作为标准。我们需要区分构成城市的两个重要方面，一是其所处的一般性环境，比如，城市所处区位周边的地域环境，以及该城市与其他人口、资源中心之间的交通方式和通讯方式；一是该城市自身的直接性地理位置，这将影响到它的城市结构和发

展，并带来一些其他方面更深层次的影响。

Biermann, Charles. “Situation et Site de Lausanne,” *Bull. Soc. Neuchateloise de Geog.*, XXV（1916）, 122–149. Reviewed in Geog. Rev., Ⅵ（1918）, 285.［查尔斯·毕尔曼，“洛桑的位置与区位”］

区分了一般性区位和直接性位置的不同，两者对一个城市的特性会产生不同的影响。重点讨论了中世纪城市的防卫系统对现代城市所施加的限制与影响。（Ⅲ,1, 2; Ⅵ, 3.）

178 Brunhes, Jean. *Human Geography: An Attempt at a Positive Classification Principles and Examples.* Translated by T. C. LeCompte（Chicago and New York, 1920）.［让·布吕纳，《人文地理：进行系统分类的诸原则与案例》］

该书是目前人文地理学方面综合性最强的入门书籍。它将城市看作一种土地占有形式，介绍了一些基础性原理，并详述了城市区位对城市发展和城市特性所产生的影响。（Ⅰ, 1; Ⅱ, 2, 3; Ⅲ; Ⅳ; Ⅶ, 1, 2.）

King, C. F. “Striking Characteristics of Certain Cities,” *Jour. School Geog.*, Ⅳ（1900）, 201–207, 301–308, 370–391.（Ⅲ, 1, 2, 4, 6.）［C.F. 金，“一些城市的显著特征”］

Semple, Ellen C. “Some Geographical Causes Determining the Location of Cities,” *Jour. School Geog.*, Ⅰ（1897）, 225–231.［艾伦·桑普尔，“决定城市区位的若干地理因素”］

Smith, Joseph Russell. *Human Geography: Teachers' Manual*（Philadelphia and Chicago, 1922）.［约瑟夫·鲁塞尔·史密斯，《人文地理：教师用书》］

4. 我们还可以按照城市在国家经济与世界经济中所起的不同作用进行分类。城市之间、各城市的内部都存在竞争，这就给每个城市规定了一种角色，确立了其在世界社区中的身份与地位。和其他工商业城市相比，首都总是具有一些独特之处。铁路城市也从根本上区别于旅游城市、宗教圣地麦加、大学城以及国际型港口城市。并且，在这每一种城市类别中，我们都可以发现更细微的差别。因而，我们往往有一些钢铁城市、电影城市、汽车城市、橡胶业城市和器具城市。目前，对于全国和世界范围内的生态过程，我们的研究还不充分，因而不能进行十分系统的分类，但是，作为实体的诸城市之间具有强烈的功能分化趋势则是不容置疑的。

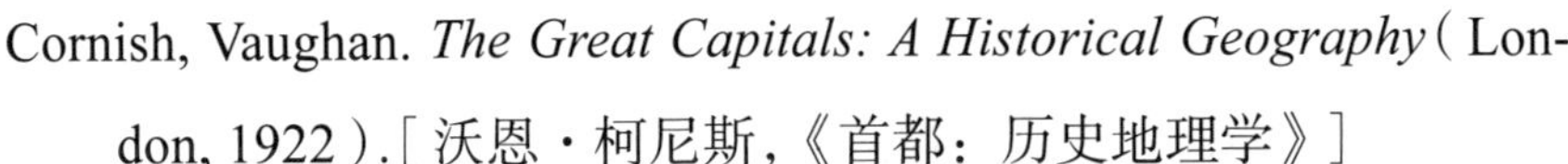

Cornish, Vaughan. *The Great Capitals: A Historical Geography*（London, 1922）.［沃恩・柯尼斯，《首都：历史地理学》］

研究了各种各样、作为政治中心的城市。本书曾极大地推动了对不同功能类型城市的研究。（Ⅲ, 1.）

"F.O.B. Detroit," *Outlook*, Ⅲ（1915）, 980–986.［"F.O.B. 底特律"］

研究了一个工业城市，该城市是围绕一种产品——汽车——的生产而建立的。（Ⅳ, 6; Ⅸ, 1.）

Homburg, F. "Capital Cities," *Jour. Geog.*, XIX（January, 1920）, 8-15.［F. 洪堡，"首都"］ 179

Kellogg, Paul U.（editor）. *The Pittsburgh District*（New York, 1914）.［保罗・凯洛格，《匹兹堡地区》］

《匹兹堡调查》一书的导论。匹兹堡调查对匹兹堡这个工业城市进行了全面、翔实的研究。包含了有关城市结构和城市生活方

方面面的材料。（Ⅴ；Ⅵ；Ⅶ；Ⅷ；Ⅸ，1, 3.）

Kenngott, George F. *The Record of a City: A Social Survey of Lowell, Massachusetts*（New York, 1912）.［乔治·肯格特，《城市记录：马萨诸塞州洛威尔市社会调查》］

有关一个典型产业城市的剖面调查。（Ⅴ；Ⅵ；Ⅶ；Ⅷ；Ⅸ，1, 3.）

McLean, Francis H., Todd, Robert E., and Sanborn, Frank B. *The Report of the Lawrence Survey*（Lawrence, Massachusetts, 1917）.（Ⅴ；Ⅵ；Ⅶ；Ⅷ；Ⅸ，1,3.）［弗朗西斯·麦克林，罗伯特·托德，弗兰克·桑伯恩，《劳伦斯市调查报告》］

"The Right of the Community to Exist," *Living Age*, CIII（October 4, 1919）, 46–48.［"社区存在的权利"］

Roberts, Peter. *Anthracite Coal Communities*（New York, 1904）.［彼得·罗伯茨，《无煤烟社区》］

研究了美国的矿业社区。（Ⅴ；Ⅵ；Ⅶ；Ⅷ；Ⅸ，1, 3.）

Steele, Rufus. "In the Sun-Spot," *Sunset,* XXXIV（1915）, 690–699.［鲁弗斯·斯梯尔］

对电影城市洛杉矶的研究。（Ⅳ, 6; Ⅸ，1.）

Semple, Ellen. "Some Geographical Causes Determining the Location of Cities," *Jour. School Geog.*, I（1897）, 225–231.［艾伦·桑普尔，"决定城市区位的若干地理因素"］

——. *Influences of Geographic Environment, on the Basis of Ratzel's System of Anthropogeography*（New York, 1911）.［——，《地理环境的影响作用，以拉采尔的人类地理学系统为基础》］

该著作是一部综合性论著，考察了自然环境中与居住区、人

类活动有关的各种因素。（Ⅲ, 2, 3.）

Tower, W. S. "Geography of American Cities," *Bull. Amer. Geog. Soc.*, XXXVII (1905), 577–588.［W.S. 托尔，"美国城市的地理状况"］

区分了工业中心、商业中心、政治中心和社会中心的差异，并指出城市可能同时具有这其中的若干功能。为每一种类型的城市都列举了相关实例，并指出其各自的显著性特征。（Ⅲ, 2, 3.）

Wood, Arthur Evans. *Some Unsolved Problems of a University Town* (Philadelphia, 1920.)［亚瑟·伊文思·伍德，《一个大学城镇的若干未解决问题》］

研究了新泽西州普林斯顿市（Princeton, New Jersey）的住房、公共卫生和属地（dependency）情况。（Ⅵ, 10; Ⅶ, 5.）

在近期的期刊文献中，我们能找到大量有关城市功能类型的研究文章。《国家地理杂志》（*National Geographic Magazine*）也登载了很多从该角度研究单个城市的论文。

5. 城镇、城市和大都市这三个概念具有内在的相关性，它们 180
是一个包含着诸多关联和影响的区域在不断扩大的过程中所经历的三个阶段。城镇是一个地方性聚集体，其周边有一圈很窄的郊区。由于交通与通讯的限制，城镇往往发展成一个具有一定自足性的经济单位。城市是一个更加专门化的单位，它往往会成为一个有着更广泛联系的区域的组成部分。大都市则由于交通通讯方式的高度发展，往往成为一个世界性单位。这三种城市类型的差异并不仅仅在于居民数量和职业范围的不同，它们在社会机制和个人观念上也有很大不同。现在有人呼吁按照各个大都市单位的

影响区域将美国划分为不同省份；它们往往在其影响区域内占据主导地位，但同时又依赖于后者。

Cottrell, E. A. “Limited Town-Meetings in Massachusetts,” *Nat. Mun. Rev.*, Ⅱ(July, 1918), 433–434.[E.A. 科特利尔，“马萨诸塞州受限制的城镇会议”]

该文主要讨论行政管理问题，并且指出城镇与城市的一个本质性区别。(Ⅴ, 3; Ⅵ, 7; Ⅸ, 3.)

Febvre, Lucien. *A Geographical Introduction to History*. Translated by E. G. Mountsford and T. H. Paxton(New York, 1925).[卢西恩 · 费布弗尔,《历史地理学导论》]

清楚地阐述了人文地理学的相关问题。其中，第三部分第三章有关城镇的论述颇有启发性。(Ⅰ, 1; Ⅱ; Ⅲ.)

Gide, Charles. “L’habitation hors la ville,” *Revue Economique Internationale*(January, 1925), 141–157.[查尔斯 · 盖德，“城镇外的聚居区”]

Gilbert, Bernard. *Old England: A God’s-Eye-View of a Village*(Boston, 1922).[伯纳德 · 吉尔伯特,《古代英国：上帝眼中的一个村庄》]

研究了农村生活与农村经济剖面状况。

Gras, Norman S.B. “The Development of Metropolitan Economy in Europe and America,” *Amer. Hist. Rev.*, ⅩⅩⅦ (1921–1922),695–708.[诺曼 · 格拉斯，“欧洲与美国的大城市经济发展”]

辨明了庄园、乡村、城镇、城市和大都市在经济上的差别。

（Ⅰ, 4; Ⅱ; Ⅲ, 1; Ⅳ, 1, 2, 6; Ⅹ, 1, 2.）

Lasker, B. "Unwalled Towns," *Survey*, XLⅢ（March 6, 1920）, 675–680.［B. 拉斯克，"没有围墙的城镇"］

Lohman, K.B. "Small Town Problems," *Amer. City*, XXⅢ（July, 1920）, 81.［K.B. 洛曼，"小城镇问题"］

Maine, Sir H. S. *Village Communities in the East and West*（7th ed.; 181
London, 1913）.［H.S. 梅因，《东西方村落共同体》］

有关乡村研究最权威的英文论著。（Ⅱ, 1, 2; Ⅲ, 1; Ⅳ, 3; Ⅵ, 7; Ⅹ, 2.）

McVey, Frank L. *The Making of a Town*（Chicago, 1913）.（Ⅳ, 1, 2, 3; Ⅴ, 4, 5; Ⅵ; Ⅶ, 1.）［弗兰克·麦克维，《一个城镇的形成》］

Shine, Mary L. "Urban Land in the Middle Ages," in volume, *Urban Land Economics,* Institute for Research in Land Economics（Ann Arbor Michigan, 1922）.［玛丽·夏因，"中世纪的城市区域"］

展现了从城镇向城市生活的转变。包含了一些有关中世纪城市的珍贵材料。（Ⅰ, 2, 4; Ⅱ, 2, 3; Ⅲ; Ⅵ; Ⅶ, 2, 5; Ⅸ, 1; Ⅹ, 1, 2.）

Sims, Newell Leroy. *The Rural Community, Ancient and Modern*（New York, 1920）.（Ⅱ, 1, 2; Ⅲ, 1, 6; Ⅳ, 1; Ⅴ, 3.）［纽厄尔·勒鲁瓦·西蒙斯，《古代与现代的农村社区》］

Slosson, P. "Small-Townism," *Independent*, CⅥ（July 9, 1921）, 106–107.（Ⅹ, 2, 3.）［P. 斯洛森，"小城镇化"］

Wilson, Warren H. *Quaker Hill: A Sociological Study*（New York, 1907）.［华伦·威尔森，《贵格山：一项社会学研究》］

描绘了一个通过宗教与社会纽带整合在一起的社区。并且，展现了其从初级交往向次级交往的转变。（Ⅴ, 3; Ⅶ, 2; Ⅸ, 3.）

6. 我们既可以将城市看作人们世世代代与环境相互作用而产生的自然的、非规划的产物，又可以将其看作人们为了某一特定目的而进行的有意识活动的产物。我们听说过一些古代城市的兴起是为了满足帝王荣耀自身的目的。在美国，有一些城市是个体或公司预先规划的产物，它们主要作为工厂的附属物而出现。与之不同，有一些美国首府城市的建立则需要立法机构的同意。规划型城市与“自然”城市的区别不仅在于结构上的区别，还有功能和发展潜能上的区别。如果一个规划型城市不能在世界经济中承担某一种重要职能，并在整个竞争过程中获得自己的位置，那么它可能就无法发展为一个大都市。

Aurousseau, M. “Urban Geography: A Study of German Towns,” *Geog. Rev.*, XI (October, 1921), 614–616. [M. 奥鲁索，“城市地理学：德国城镇研究”]

对一本德语著作(Geisler, Walter, “Beiträge zur Stadtgeographie.” *Zeitschrift der Gesellschaft für Erdkunde*, Nos. 8–10 [Berlin, 1920], 274–296) **的概述。展现了旧城镇规划对现代城市发展的影响。**(Ⅱ, 2, 3; Ⅲ.)

182 Bodine, H. E. “Study of Local History Teaches Value of City-Planning,” *American City*, XXV (September, 1921), 241–245. [H.E. 博丁，“对当地历史的研究有助于了解城市规划的价值”]

Cushing, C. P. “Rambler on the Standardized City,” *Travel*, XXIX (July, 1917), 40. [C.P. 库欣，“标准化城市中的漫步者”]

Ely, Richard T. “Pullman: A Social Study,” *Harper's New Monthly*

Magazine, LXX（December, 1884）, 453-465.［理查德·伊利，“普尔曼：一项社会调查”］

该文只是一般的调查，并未专门研究城市规划对城市发展的现实影响，但它也发现了其中的一些问题，即由于城市的高速发展，以及一些难以预料的复杂情况，严格按照城市规划方案对城市发展施加控制往往会产生一些失调。（Ⅳ, 4; Ⅶ, 3; Ⅸ, 1.）

Ormiston, E. “Public Control of the Location of Towns,” *Econ. Jour.*, XXⅧ（December , 1918）, 374-385.［E. 奥米斯顿，“城镇区位的公共规划与控制”］

本文向我们讲述了几个在不适宜环境中建立城镇的失败案例。并且，本文还指出只要能对城市发展中的诸因素进行透彻研究，就可以将公共控制作为一种预防性措施来使用。（Ⅲ, 2, 3, 4; Ⅳ, 6.）

Whitbeck, R. H. “Selected Cities of the United States,” *Jour. Geog.*, XXⅠ（September, 1922）, 205-242.［R.H. 惠特贝克，“美国的样板城市”］

包含了一些展示城市结构的地图。

有关城市规划的文献中往往有很多案例，有些案例展现了规划型城市与自然型城市之间的异同，有些则反映了城市规划对城市自然发展所产生的影响，或是与之相反的现象——城市自然发展对城市规划所产生的影响。

四、城市及其腹地

城市并不仅是人与建筑随意的聚集体，它更是一个广阔区域的核心，它既从这一区域内部汲取资源，也对该区域施加影响。城市及其腹地代表了同一种机制的两个阶段，我们可以从不同的角度对其展开分析。

1. 盖尔平（Galpin）在《农村社区的社会剖析》(*Social Anatomy of a Rural Community*）一书中将社区的边界定义为该社区贸易所能达到的区域范围，与该定义类似，城市的边界也可以界定为
183 其贸易活动的区域范围。城市从周边区域中获取原材料，一部分是为了维持城市居民生活的需要，另一部分则通过城市人口的相应技术转化为产品，再销售到周边区域，或者有时候甚至销售到更远的区域。还有另外一种观点认为，城市将它的触角伸向世界上那些最遥远的角落，从那里获取一些在周边区域内无法获得的货源，再将它们销售给城市和周边农村地区的居民。因而，我们可以将城市看作财富的分配者，扮演着重要的经济角色，而这一角色在复杂的现代金融系统中已经被制度化了。

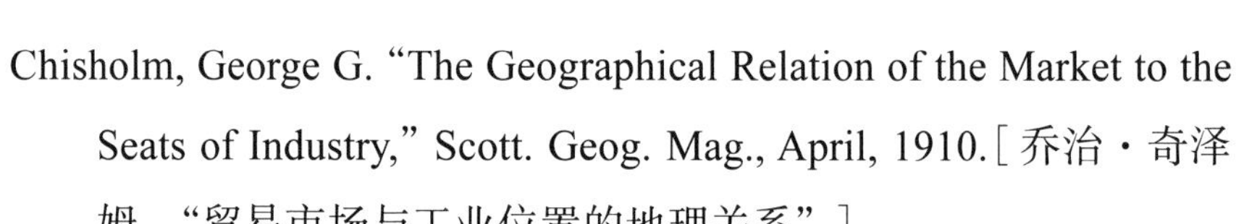

Chisholm, George G. "The Geographical Relation of the Market to the Seats of Industry," Scott. Geog. Mag., April, 1910.［乔治·奇泽姆，"贸易市场与工业位置的地理关系"］

Galpin, C. J. "The Social Anatomy of an Agricultural Community," Agricultural Experiment Station of the University of Wisconsin, *Research Bulletin 34*（Madison, Wisconsin, 1915）.［C. J. 盖尔平，"农业社区的社会解剖学"］

主要关注农业区的贸易路线，同时也分析了城市贸易区。（V, 2; X, 2.）

Levainville, Jacques. “Caen: Notes sur l’évolution de la fonction urbaine,” *La Vie Urbaine,* V(1923), 223-278.［雅克·勒凡维尔，“卡昂：城市功能的演变”］

本研究重点考察了城市的经济功能，清楚地说明了贸易区的重要性。

报纸、商行和邮购公司已经出版了大量讨论与图表，主要涉及其发行流通状况、与周围区域的贸易联系。我们可以从数目繁多的专业性商贸杂志中找到此类材料。同时，一些政府公报和商会出版物也会涉及这一问题。

2. 任何城市存在的先决条件是存在一个本地的交通系统，它能够将居住在各个地方的人口运输到他们的工作地点和各种商贸 184
中心、文化中心与社会活动中心。城市不仅包括一系列人口稠密、楼宇密集的区域，还包括郊区与远郊区。通过快捷的交通，郊区与远郊区的居民能够比较便利地参加城市活动。这些郊区与远郊区又称为通勤区。通勤区的居民虽然不和城市居民处于同一个税收、警察或者管理部门的统辖之下，但是他们仍然将自己看作这个大都市的一部分，积极地参加这个城市的各种生活。

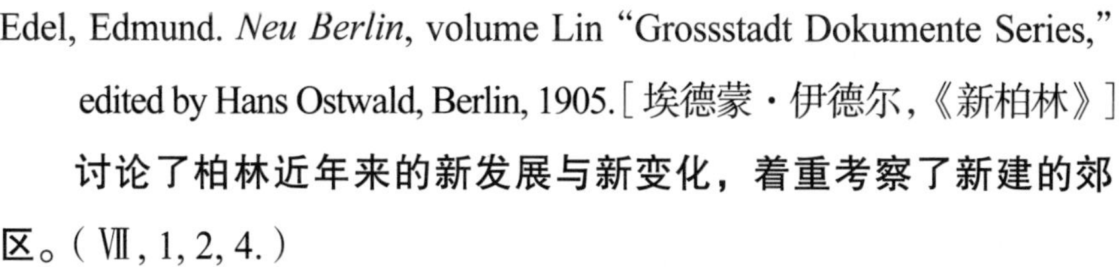

Edel, Edmund. *Neu Berlin*, volume Lin “Grossstadt Dokumente Series,” edited by Hans Ostwald, Berlin, 1905.［埃德蒙·伊德尔，《新柏林》］

讨论了柏林近年来的新发展与新变化，着重考察了新建的郊区。(Ⅶ, 1, 2, 4.)

Lueken. E. “Vorstadtprobleme,” *Schmollers Jahrb.*, XXXIX (1915),

1911–1920.［E. 卢肯，“郊区问题”］

讨论了郊区发展所带来的行政管理问题与技术问题。（Ⅳ, 3; Ⅴ, 1; Ⅵ.）

Wright, Henry C. “Rapid Transit in Relation to the Housing Problem.” In *Proceedings of the Second National Conference on City Planning*（Rochester, 1910）. pp. 125–135.［亨利·赖特，“快捷的交通与住房问题的关系”］

讨论以下方案的可行性：建立一个快捷的交通系统，将城市人口分散到城市郊区。（Ⅵ, 2, 3, 10.）

3. 在大都市中，那些处于同一个行政管理机器之下的居民只占都市全体居民的较小部分。行政管理单位的规模大小总赶不上都市规模的发展程度。随着城市的发展，郊区被逐步地纳入城市范围之中，但当地的规约和立法组织的变化却往往跟不上其城市化的进程。伦敦城实际上只是伦敦这个大都市的一个较小部分。由于城市边界的这种模糊性，我们很难对政府部门汇编的统计数据进行分析和解释。

Gross, Charles. *Bibliography of British Municipal History*（New York,
185 1897）.（Ⅰ, 2; Ⅵ, 7.）［查尔斯·格罗斯，《英国市政史书目》］

Howe, Frederic C. *European Cities at Work*（New York, 1913）.［弗里德里克·豪，《欧洲当代城市》］

对欧洲城市结构与管理所进行的一般性调查研究。（Ⅱ, 3; Ⅵ; Ⅶ, 1.）

——. *The British City: The Beginnings of Democracy*（New York, 1907）.（Ⅱ, 2,3; Ⅵ.）[——,《英国城市：民主的开端》]

Kales, Albert M. *Unpopular Government in the United States*（Chicago, 1914）.[阿尔伯特·凯尔斯,《不得人心的美国城市管理》]

关于城市行政管理问题的论述，重点探讨了面对城市的不断发展，原先的法律限制所带来的异常情形。（Ⅵ, 7; Ⅹ,1, 2.）

Maxey, C. C. "Political Integration of Metropolitan Communities," *National Munic. Rev.*, Ⅺ（August, 1922）, 229–253.（Ⅳ, 2; Ⅵ, 7.）[C.C. 马克西，"大城市社区的政治整合"]

Wilcox, Delos F. *The American City: A Problem in Democracy*（New York, 1906）.[迪洛斯·威尔科克斯,《美国城市：民主的一个问题》]

该著作主要讨论了城市的行政管理。第一章"美国的民主与城市生活"，第二章"街道"与第五章"闲暇时间的利用"都颇有启发性。（Ⅵ; Ⅶ, 5.）

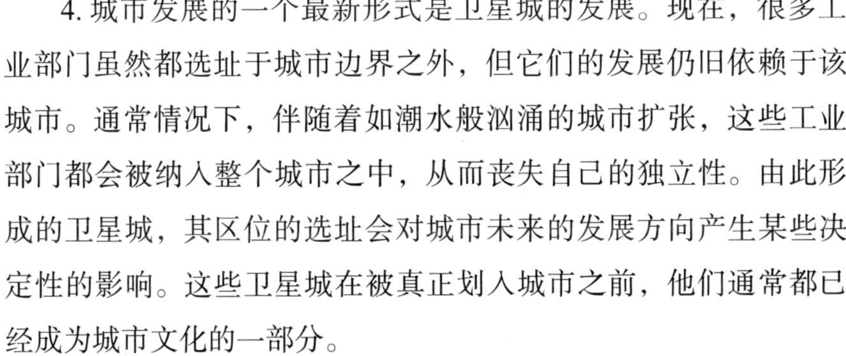

4. 城市发展的一个最新形式是卫星城的发展。现在，很多工业部门虽然都选址于城市边界之外，但它们的发展仍旧依赖于该城市。通常情况下，伴随着如潮水般汹涌的城市扩张，这些工业部门都会被纳入整个城市之中，从而丧失自己的独立性。由此形成的卫星城，其区位的选址会对城市未来的发展方向产生某些决定性的影响。这些卫星城在被真正划入城市之前，他们通常都已经成为城市文化的一部分。

Taylor, Graham Romeyn. *Satellite Cities: A Study of Industrial Sub-*

urbs（New York and London, 1915）.［格拉汉姆·洛米扬·泰勒，“卫星城：对工业郊区的研究”］

该类研究中最全面的一个。（Ⅲ, 4; Ⅶ, 2; Ⅸ, 1.）

Wright, R. “Satellite Cities,” *Bellman*, XXV（November 16, 1918）, 551–552.［R. 赖特，“卫星城”］

5. 城市往往是一个地方的文化中心。社会生活与思想观念上的革新总是从城市传入农村。城市中有报纸、剧院、学校和博物馆，还有流动推销员、邮购公司和立法机关的各个代表，城市通
186 过这些机构和个人，以及其他任何与周边农村居民有联系的事物，来向城市外围更广阔的区域传播自己的文化。从这个意义上说，城市是一个重要的文明传播者。

Desmond, S. “America’s City Civilization: The Natural Divisions of the United States,” *Century*, CⅧ（August, 1924）, 548–555.［S. 戴斯蒙德，“美国的城市文明：合众国的自然区划”］

本文认为美国正在创造一种新的城市文明类型——离心型。它将几个重要的美国城市看作文化实体，并认为这些实体对更广阔的农村地区有着主导性的影响，因而建议按照文化类型的不同划分相应的省份。（Ⅲ, 1, 2, 3; Ⅸ, 2.）

Petermann, Theodor. “Die geistige Bedeutung der Grossstädte,” in the volume, *Die Grossstadt*（Dresden, 1903）.［特奥多尔·彼得曼，“大城市的精神意义”］

本文从农村的角度论述城市的文化意义及其重要性，简明扼

要。（Ⅳ, 6; Ⅸ, 1, 2; Ⅹ, 1, 2, 3.）

Wells, Joseph. *Oxford and Oxford Life*（London, 1899）.［约瑟夫·威尔斯，《牛津及其生活》］

介绍了一个作为案例的文化城市，阐述了该城市的功能及其影响。（Ⅱ, 2, 3; Ⅲ, 4.）

有很多研究倾向于考察那些作为文化中心的城市。比如，莫斯科经常被描绘为教会城市，它在文化方面对俄罗斯人生活的影响是如此之大，几乎超过了它在其他任何方面的影响。类似的还有对罗马、威尼斯、德累斯顿（Dresden）等城市的研究。

6. 随着现代交通通讯方式的发展，整个世界开始变成一个机械装置，每个国家和每个城市只是其中的一个组成部分。随着城市发展而产生的功能专门化，整个世界的各个组成部分都处于一种相互依赖的状态。芝加哥谷物交易所（Chicago Grain Exchange）中小麦价格的波动会影响全球最遥远的地方，任何一个地方出现的新发明都会立即在其他地方引起反应。城市作为这个复杂机械装置中的高度敏感单位，反过来将其所受到的刺激再传播给本地区域。它所传播的内容既涉及经济、政治，也与社会生活和精神生活密切相关。

Baer, M. Der *internationale Mädchenhandel*, Vol. ⅩⅩⅩⅦ in “Grossstadt 187
Dokumente”（Berlin, 1905）.［M. 贝尔，《全球女奴交易》］

展示了大城市作为世界“卖良为娼”（white-slave）交易中心的一面。（Ⅲ, 4; Ⅶ, 5; Ⅸ, 4.）

Bernhard, Georg. *Berliner Banken*, Vol. Ⅷ in “Grossstadt Dokumente”

（Berlin, 1905）.［乔治·伯恩哈德，《柏林银行》］

虽然是一个有关柏林银行的研究，但反映了大城市作为世界经济生活中心的一面。（Ⅲ, 4; Ⅴ, 1; Ⅸ, 1, 4.）

Jefferson, Mark. “Distribution of British Cities and the Empire,” *Geog. Rev.*, Ⅳ（November, 1917）, 387–394.［马克·杰弗逊，“英帝国及其城市的分布”］

“英国城市是独一无二的，它们将整个世界都作为自己的周边农村……大英帝国这一称谓的产生不仅是英国凭借其丰富的煤铁资源发展生产、开拓贸易的直接产物，而且还由于英国在全球范围内建立它的大城市。”（Ⅲ, 4; Ⅵ, 8.）

Olden, Balder. *Der Hamburger Hafen*, Vol. XLVI in “Grossstadt Dokumente”（Berlin, 1905）.［巴尔德·奥尔登，《汉堡港》］

展现了世界贸易对城市的影响。（Ⅲ, 3, 4; Ⅳ, 4; Ⅵ, 1; Ⅸ, 1, 4.）

Penck, Albrecht. *Der Hafen von New York*, Vol. Ⅳ of the collection, “Meereskunde”（Berlin, 1910）.［阿尔伯特·彭克，《纽约港》］

对纽约港贸易状况进行了精彩分析。（Ⅲ, 2, 3, 4.）

Zimmern, Helen. *Hansa Towns*（New York, 1895）［海伦·齐默恩，《汉莎镇》］

通过一个历史城市的个案研究，分析了城市在世界经济中所具有的典型功能。（Ⅰ, 2; Ⅱ, 2.）

五、城市的生态机制

作为一个整体，城市会受到位置、功能与发展这些非人工规划的、竞争性因素的影响，与之类似，城市也具有一个内在的固有机制，我们可以将其称为生态机制，即人口与机构的空间分布，以及随着选择、分配和竞争这些会产生特定结果的因素共同作用时所产生的短暂的结构和功能。由于生态因素的作用，每个城市都会形成一种特定的结构功能模式。在对城市生态的外部状况进 188
行分析的同时，我们更需要对城市的内在生态机制进行细致研究和准确分析。研究城市的生态状况，我们还需要依靠经济学家、地理学家和统计学家的研究成果。不过，由于各种生态因素而产生的人口当地聚集现象则需要社会学家的研究。

1. 植物生态学家通常使用“自然区域”一词描述那些具有自我独特性的空间单位。在人类生态学中，“自然区域”这一术语主要指那些根据选择性与文化特征而被划分的组群。地价的差异是划分这些本地区域边界的重要指标。街道、河流、铁路、电车轨道，以及其他显著的地标或分隔物都是城市各个自然区域的分界线。

Addams, Jane. *A New Conscience and an Ancient Evil*（New York, 1912）.［简·亚当斯,《古老的罪恶与新的良知》］

讨论了芝加哥市的恶行与道德败坏区域。（Ⅴ, 4; Ⅵ, 6.）

Anderson, Nels. *The Hobo: The Sociology of the Homeless Man*（Chicago, 1923）.［尼尔斯·安德森,《流浪工人：无家可归者的社会学研究》］

研究了一个典型的流浪工人聚集而成的城市堕落区。（Ⅶ, 5; Ⅸ, 4.）

Bab, Julius. *Die Berliner Bohème*, Vol. Ⅱ in “Grosstadt Dokumente”

(Berlin, 1905).[尤里乌斯·巴布,《柏林的波希米亚》]

深入研究了一个自然区域，其成员由于与外界的社会隔离形成了独特的个性，从而使该区域具有一种独特的风格。同时，本研究呈现了一个当地社区的精彩历史，对于探究城市生活的心智做出了独一无二的贡献。(Ⅴ, 3; Ⅶ, 2; Ⅸ, 2, 3, 4.)

Booth, Charles. *Life and Labor of the People of London*(London, 1892).[查尔斯·布斯,《伦敦人的生活与劳动》]

该著作是迄今为止所有伦敦城市研究中最全面的研究。特别引人入胜的是其有关城市自然区域的论述。第五卷对东伦敦区的论述是研究城市生活的绝好案例。本书几乎涉及了城市生活的所有内容，应该将其与本目录的其他类别相互参照。

Brown, Junius Henri. *The Great Metropolis: A mirror of New York*(Hartford, 1869).[朱尼厄斯·亨利·布朗,《大都市：纽约城的一面镜子》]

考察了 19 世纪中期的纽约。很有意思的地方在于它从自然区划(natural divisions)的角度对 19 世纪中期的纽约和现在的纽约进行了比较研究。(Ⅶ, 2; Ⅸ, 1.)

Denison, John Hopkins. *Beside the Bowery*(New York, 1914).(Ⅶ, 2.)[约翰·霍普金斯·丹尼森,《波威里街畔》]

189 Dietrich, Richard. *Lebeweltnächte der Friedrichstadt*, Vol. XXX in "Grossstadt Dokumente"(Berlin, 1905).[理查德·迪特里希,《弗里德里希城的夜景》]

考察了柏林的霓虹区。(Ⅵ, 6; Ⅶ, 2, 5; Ⅸ.)

Goldmark, Pauline. *West-Side Studies*(New York, 1914).[波林·戈

德马克，《西区研究》]

从社会福利与社会病理学的角度对当地城市区域进行了历史与社会的考察。（Ⅴ, 2, 3; Ⅵ; Ⅶ, 2, 5; Ⅷ; Ⅸ, 1.）

Harper, Charles George. *Queer Things about London; Strange Nooks and Corners of the Greatest City in the World*（Philadelphia, 1924）.（Ⅱ, 3; Ⅴ, 2, 3; Ⅵ, 3, 5, 8, 10.）[查尔斯·乔治·哈普，《伦敦怪事：世界最大城市中的奇异角落》]

Kirwan, Daniel Joseph. *Palace and Hovel, or Phases of London Life; Being Personal Observations of and Amercian in London*（Hartford, 1870）.（Ⅱ, 3; Ⅵ; Ⅶ, 2; Ⅸ, 1, 4.）[丹尼尔·约瑟夫·基尔万]

Ostwald, Hans O.A. *Dunkle Winkel in Berlin*, Vol. Ⅰ in "Grosstadt Dokumente"（Berlin, 1905）.[汉斯·奥斯瓦尔德，《柏林的灰色区域》]

描述了柏林的一些灰色区域，特别是那些黑社会。（Ⅱ, 3; Ⅶ, 2; Ⅸ, 2, 3, 4.）

Scharrelmann, Heinrich. *Die Grossstadt; Spaziergänge in die Grossstadt Hamburg*, 1921.[海恩里希·沙利曼，《大城市：在汉堡市中的漫步》]

简要介绍了在该城市散步时会遇到的各个区域。

Seligman, Edwin R. A.（editor）. *The Social Evil, with Special Reference to Conditions Existing in the City of New York*（New York and London, 1912）.[埃德温·希尔格曼，《纽约的社会恶行及其产生条件》]

介绍了大 城市的道德败坏区。当前有很多针对美国大城市

道德区域的研究，本研究就是其中的一个典型。我们可以将其与伊利诺伊州的研究报告《芝加哥的社会恶行》(*The Social Evil in Chicago*)进行对比阅读。(Ⅶ, 2, 5; Ⅸ, 1.)

Smith, F. Berkeley. *The Real Latin Quarter* (New York, 1901). (Ⅴ, 3; Ⅶ, 2; Ⅸ, 2, 3, 4.) [F. 伯克利・史密斯，《正统拉丁区》]

Strunsky, Simeon. *Belzhazzar Court, or, Village Life in New York City* (New York, 1914). (Ⅴ, 2, 3; Ⅶ, 2; Ⅸ, 2, 3, 4.) [西缅・斯特朗斯基，《纽约的农村生活——伯沙撒区》]

Timbs, John. *Curiosities of London* (London, 1868). (Ⅸ,1,4.) [约翰・梯姆斯，《伦敦的各种奇特》]

Werthauer, Johannes. *Moabitrium*, Vol. XXXI of the "Grosstadt Dokumente" (Berlin, 1905). [约翰尼斯・沃瑟奥，《摩押区》]

对柏林出租房区域所进行的个人调查。(Ⅶ, 2, 4; Ⅸ, 2, 3, 4.)

Woods, Robert A. *The City Wilderness: A Settlement Study of South End, Boston* (Boston and New York, 1898). [罗伯特・伍兹，《城市荒野：波士顿南端住宅研究》]

从居住工人的角度研究了城市及其贫民区，类似的研究还有很多。(Ⅴ, 2, 3; Ⅵ; Ⅶ, 5.)

190 Young, Erle Fiske. "The Social Base Map," *Jour. App. Sociol.*, Ⅸ (January-February, 1925) 202-206. [厄尔・菲斯克・扬，"社会基础图"]

一种用于自然区域研究的特制图表。(Ⅶ, 2.)

2. 邻里是乡村与小城镇的典型产物。它的突出特征在于个体居民的相互毗邻，互相合作，具有亲密的社会联系和强烈的社会共同意识。在现代城市中，我们也会发现人们毗邻而居，空间位置十分紧密，但他们之间却没有合作与亲密的联系，彼此之间往往毫不相识，更不用说伴随着空间邻近存在群体意识。在现代社会中，邻里不再指那些自足的、人与人之间相互合作、具有自我意识的群体，而是指城市中的小型同质性地理区域。

Daniels, John. *America via the Neighborhood*（New York, 1920）.（Ⅴ, 3; Ⅸ, 3.）[约翰·丹尼尔斯，《由邻里构成的美国》]

Felton, Ralph E. *Serving the Neighborhood*（New York, 1920）.（Ⅴ, 3L Ⅵ, 4.）[拉尔夫·菲尔顿，《服务邻里》]

Jones, Thomas Jesse. *The Sociology of a New York City Block*, "Columbia University Studies in History, Economics, and Public Law," Vol. ⅩⅪ（New York, 1904）.[托马斯·杰西·琼斯，《一个纽约街区的社会学研究》]

对一个拥挤街区所进行的细致的剖面研究。（Ⅵ; Ⅶ, 2, 4, 5; Ⅷ; Ⅸ, 1, 3.）

McKenzie, R.D. *The Neighborhood: A Study of Local Life in Columbus, Ohio*（Chicago, 1923）.[R. D. 麦肯齐，《邻里：俄亥俄州哥伦布市当地生活的研究》]

对本地群体的精彩研究。（Ⅴ,1, 3; Ⅶ, 1, 2, 4, 5.）

Perry, Clarence A. "The Relation of Neighborhood Forces to the Larger Community: Planning a City Neighborhood from the Social Point of View," *Proceedings of the National Conference of Social Work*（Chicago, 1924）, pp. 415–21.（Ⅴ, 2, 3; Ⅶ, 5.）[克拉伦斯·佩里，"邻

里与更大社区的关系：从社会角度对城市邻里的规划”]

White, Bouck. *The Free City: A Book of Neighborhood*(New York, 1919).[布克·怀特,《自由之城：一本有关邻里的书》]

如果该作者有关社会机制的设想能成为现实，那么城市生活会变得十分奇妙，并充满情感。(V, 3, 5; IX, 1, 2, 3.)

Williams, James M. *Our Rural Heritage; the Social Psychology of Rural Development*(New York, 1925).[詹姆斯·威廉姆斯,《我们的乡村遗产：乡村发展的社会心理学》]

本书将其对纽约州农村生活的分析一直追溯到上世纪中期。第三章还辨别了邻里与社区的差别。(V, 3; X,1, 2, 3.)

191 3. 在一个简单的社会形态中，当地社区和邻里这两个概念是同义的。但是，随着城市中专业化的不断发展，人口更多地根据职业和收入进行分化组合，而不再是根据亲属血缘关系或者共同的传统。不过，在美国的一些大城市中，我们发现有一些当地社区，它们都是由一些多少保持着团结意识的移民群体构成，彼此之间距离很近，并且更重要的是，他们常常一起参加那些独立或共同的社会机构，形成了高效的公共控制。这些社区大多相互隔离，或者与一些美国的本土社区隔离。这些社区的区位是通过竞争而赢得的，而竞争最终体现为地价和房租。但是，随着居民自身经济条件和他们所住区域的变化，这些移民社区也处于不断变化之中。

Besant, Walter. *East London*(London, 1912).[沃尔特·贝赞特,《伦

敦东区》]

对一个大都市中的隔离社区进行了详细、精彩的论述。（Ⅴ, 1; Ⅶ, 2; Ⅸ, 1, 2, 3, 4.）

Buchner, Eberhard. *Seken und Sektierer in Berlin*, Vol. Ⅵ in "Grossstadt Dokumente"（Berlin, 1904）.[伊本哈德·布奇纳,《柏林的宗教与信徒》]

详细论述了大城市中聚集在当地社区的许多隐秘宗教派别的活动区域。（Ⅶ, 2; Ⅸ, 2, 3, 4.）

Burke, Thomas. *Twinkletoes: A Tale of Chinatown*（London, 1917）. [托马斯·布克,《闪亮的脚尖：唐人街的故事》]

一份针对伦敦中国城的浪漫主义论述。（Ⅶ, 2.）

Daniels, John. *In Freedom's Birthplace*（Boston and New York, 1914）. [约翰·丹尼尔斯,《在自由的诞生地》]

波士顿的黑人社区。（Ⅶ, 2.）

Dreiser, Theodore. *The Color of a Great City*（New York, 1923）. [西奥多·德莱塞,《一个大城市的色彩》]

作者对城市生活的方方面面进行了深入透彻的观察，但是文笔略逊。（Ⅸ, 2, 4.）

Dunn, Arthur W. *The Community and the Citizen*（Boston, 1909）.[亚瑟·邓恩,《社区与市民》]

公民学（civics）的基本教科书。简要介绍了社区这个概念。（Ⅴ, 3, 2; Ⅰ, 4; Ⅱ, 3; Ⅳ, 3; Ⅵ.）

Eldridge, Seba. *Problems of Community Life: An Outline of Applied Sociology*（New York, 1915）.[西巴·埃尔德里奇,《社区生活

的问题：应用社会学的概况》]

有关社区组织与社会解体的社会学教科书。(Ⅴ, 2, 4, 5; Ⅵ, Ⅶ, 5; Ⅷ; Ⅸ, 3.)

192 Hebble, Charles Ray, and Goodwin, Frank P. *The Citizens Book*(Cincinnati, 1916).[查尔斯·雷·赫伯尔，弗兰克·古德温，《市民手册》]

讨论了社区生活的基础，其文化活动、商业利益和政府活动，并对未来城市的发展提出了若干建议。(Ⅵ, 7; Ⅸ, 3.)

Jenks, A. E. "Ethnic Census in Minneapolis," *Amer. Jour. Sociol.*, XVII (1912), 776–782.[A.E. 詹克斯，"明尼阿波利斯的种族调查"]

大城市中的族群(ethnic groupings)。

Jewish Community of New York City: The Jewish Communal Register of New York City(New York, 1917–1918).[纽约的犹太社区：纽约的犹太人公共注册簿]

对纽约市犹太人社区的内部机制、规模、分布、历史与各种活动进行了全面研究。(Ⅶ, 2, 3, 4, 5; Ⅸ, 3, 4.)

Katcher, Leopold(pseudonym, "Spektator"). *Berliner Klubs*, Vol. XXV in "Grossstadt Dokumente" (Berlin, 1905).[利奥波德·凯契尔，《柏林的俱乐部》]

对柏林俱乐部进行的参与式观察。(Ⅵ, 6; Ⅸ, 1, 2, 3, 4.)

Lucas, Edw. V. *The Friendly Town: A Little Book for the Urbane*(New York, 1906).(Ⅴ, 1; Ⅸ, 2, 3.)[爱德华·鲁卡斯，《友好的城镇：有关都市化的小册子》]

Maciver, R.M. *Community; a Sociological Study, Being an Attempt to Set Out the Nature and Fundamental Laws of Social Life*(London,

1917).[R.M. 麦基弗,《社区：为了探讨社会生活的自然法则所进行的社会学研究》]

辨别了自然区域和社区的异同，并讨论了职业群体与文化群体是如何参与政治的。(Ⅳ, 3; Ⅴ, 1, 2, 4; Ⅵ, 7.)

Maurice, Arthur Bartlett. *The New York of the Novelists*(New York, 1916).[亚瑟·巴特列塔·莫里斯,《小说家笔下的纽约》]

从文学家的视角所看到的纽约。

Park, Robert E., and Miller, H.A. *Old-World Traits Transplanted*(New York, 1921).[罗伯特·帕克，H.A. 米勒,《旧世界习俗的移植》]

对移民社区的研究。(Ⅶ, 2, 5; Ⅸ, 3, 4.)

Sears, C. H. "The Clash of Contending Forces in Great Cities," *Biblical World*, XLⅧ (October, 1916), 224–231.(Ⅷ, 5; Ⅸ, 3, 4.)[C.H. 西尔斯,"大城市中各种竞争力量的冲突"]

Symposium, "The Greatest Negro Community in the World," *Survey Graphic*, LⅢ (March 1, 1925), No.11.[学术研讨会,"世界上最大的黑人社区"]

针对纽约市哈林区(Harlem)黑人社区的研究论文集。(Ⅶ, 2, 3; Ⅸ, 1, 3, 4; Ⅹ,1.)

Williams, Fred V. *The Hop-Heads: Personal Experiences among the Users of "Dope" in the San Francisco Underworld*(San Francisco, 1920).(Ⅶ, 2; Ⅸ, 3, 4.)[弗莱德·威廉姆斯,《摇晃的头：旧金山地下"兴奋剂"吸食者的个体经验》]

4. 我们可以用图表的方式将城市描绘成一系列的同心圆，不

193 同的圆圈代表不同的区域或者某些特定的居住区。处于同心圆中心的是商业区，地价最高。商业区外围是堕落区，聚集了很多贫民窟。堕落区的外围依次是工人居住区、中产阶级公寓区与上流社会住宅区。这些区域在地价、外观和功能上都存在差异。这些区域在结构与功能上的差异也反映在区域规划的相关法律中。面对城市日新月异的发展，这种措施是控制各种正在发生作用的生态力的一种尝试。

Cheney, C. H. “Removing Social Barriers by Zoning,” *Survey*, XLIV（May, 1922）, 275–278.（Ⅴ, 1, 5; Ⅶ, 2.）［C. H. 切尼，“通过区划消除社会阻隔”］

Eberstadt, Rudolph. *Handbuch des Wohnungswesens und der Wohnungsfrage*（4th ed.; Jena, 1910）.［鲁道夫·依伯斯塔特，《住宅业及住宅问题手册》］

有关住房、城市区划与规划的百科全书。（Ⅵ, 1, 2, 3, 6, 7, 8, 9, 10; Ⅶ.）

Kern, Robert R. *The Supercity: A Planned Physical Equipment for City Life*（Washington, D. C., 1924）.［罗伯特·柯恩，《超级城市：城市生活的物质设施规划》］

一种人工规划的城市模型，其中有很多相互合作的服务类型，并把区划作为其重要特征。（Ⅴ, 5; Ⅵ.）

Wuttke, R. *Die deutschen Städte*（2 vols.; Leipzig, 1904）.［R. 维特克，《德国城市》］

一本有关城市生活诸技术阶段的论文集。第四篇文章是高级

建筑监查官格鲁纳 Oberbaukommissar Gruner 写的《建筑治安官》“Die Baupolizei”，讨论了建筑物的公共规制，以及区划与建筑法规在现代城市中的功能。（Ⅵ; Ⅶ, 3; Ⅶ, 1, 2.）

值得一提的是，很多城市的区划委员会都有一些相关报告，并且，杂志上也有大量城市生活管理方面的文献，比如《美国城市》（*The American City*）。我们可以从中找到有关区划手段的文摘、评论和相关讨论。

5. 城市中共同生活的需要赋予城市某种秩序，这有时体现在城市规划中。城市规划是为了预测并指导城市物理结构（physical structure）的发展。与美国城市的棋盘式布局不同，欧洲旧城更 194

像是个人主义偶然而无规划的产物。但实际上，大多数欧洲城市都是根据一些预测与规划而建立的，它们试图将社区的需要与环境的限制等因素都考虑在内。不过，当前的情况往往是城市发展总与原本的规划背道而驰，对此，我们从华盛顿城市规划所遇到的种种问题中就可以窥见一斑。城市是一个动态的机制，除非我们完全了解它的起源与发展机理，我们是无法提前控制其发展的。现在，城市规划已成为一门高度技术化的职业，它开始越来越多地关注这个始终变化着的机制、城市发展和那些在城市生活中发挥作用的力，而不只是制定一些有关城市结构的人工设计方案。一个方面，我们已经认识到了设计一个完备而秩序化的城市发展方案的重要性，但另一方面，从事此工作的规划者的经验也在不断提醒他们，任何试图按照某种人工规划来控制城市发展的企图都具有局限性。

Agache, Auburtin and Redont. *Comment reconstruire nos cités destruites, reviewed in Scott. Geog. Mag.*, XXXⅢ, 348–352, and Annales de Geog., January, 1917, by F. Schrader.［阿伯丁·阿加斯；伦堂特·阿加斯，《如果重建我们的城市》］

对法国废弃区域中若干城市的重建方案所进行的评论。（Ⅲ, 6.）

American Institute of Architects. *City-Planning Progress in the United States*（New York, 1917）.［美国建筑师学会，《美国城市规划的发展状况》］

Bartlett, Dana W. *The Better City: A Sociological Study of a Modern City*（Los ANGELES, 1907）.（Ⅲ, 6.）［丹纳·巴特列塔，《更好的城市：一个现代城市的社会学研究》］

English Catalogue, "International Cities and Town-Planning Exhibition, Gothenburg, Sweden, 1923."［英文书目，"国际都市与城镇规划展览会，瑞典，高森堡，1923"］

有关城镇规划运动的总结性报告。任何研究该主题的学者都要参阅此报告。（Ⅱ,3; Ⅴ, 4.）

Geddes, P. *Cities in Evolution: An Introduction to the Town-Planning Movement and the Study of Civicis*（London, 1915）.［P. 格迪斯，《城市的演进：城镇规划运动与市民研究导论》］

英国一流权威学者的导论性著作。（Ⅱ; Ⅲ; Ⅳ, 2; Ⅴ, 4; Ⅵ, 3, 5, 6, 9; Ⅶ, 1, 2.）

195 Haverfield, F. J. *Ancient Town Planning*（Oxford, 1913）.（Ⅱ, 1; Ⅲ, 6.）［F.J. 哈弗菲尔德，《古代城镇规划》］

Hughes, W. R. *New Town: A Proposal in Agricultural, Industrial, Educational,*

Civic, and Social Reconstruction（London, 1919）.［W. R. 休斯，《新镇：有关农业、工业、教育、市民与社会的重建规划》］

Lewis, Nelson P. *The Planning of the Modern City: A Review of the Principles Governing City-Planning*（New York, 1916）.［尼尔森·刘易斯，《现代城市的规划：城市规划的原理综论》］

Mulvihill, F. J. "Distribution of Population Graphically Represented as a Basis for City-Planning," *American City*, XX（February, 1919）, 159–161.（Ⅶ, 2.）［F.J. 穆尔维尔，"作为城市规划基础的人口分布图示"］

Purdom, C. B. *The Garden City*（London, 1913）.（Ⅳ, 6.）［C.B. 普尔多姆，《花园城市》］

Roberts, Kate L. *The City Beautiful: A Study of Town-Planning and Municipal Art*（New York, 1916）.（Ⅵ, 3, 5, 6.）［凯特·罗伯茨，《城市美化：一项有关城镇规划与市政艺术的研究》］

Sennett, A. R. *Garden Cities in Theory and Practice*（2 vols.; London, 1905）.（Ⅲ, 6.）［A.R. 塞纳特，《花园城市的理论与实践》］

Stote, A. "Ideal American City," *McBride's*, XCⅦ（April, 1916）, 89–99.［A. 斯道特，"理想的美国城市"］

Symposium, "Regional Planning," *Survey Graphic*, May 1. 1925.［学术研讨会，"区域规划"］

包括一些有关城市发展与城市规划的建议性文章。（Ⅴ, 5; Ⅶ, 1, 2, 3; Ⅲ, 6.）

Tout, T. F. *Medieval Town-Planning*（London, 1907）.（Ⅱ, 2; Ⅲ, 6.）［T.F. 托特，《中世纪的城镇规划》］

Triggs, H. Inigo. *Town Planning*（London, 1909）.［H. 伊尼戈·瑞格，《城镇规划》］

六、作为物理机制的城市

人口在某一区域的大量聚集，比如现代城市，使满足所有居住者的基本需求这一公共努力既成为可能，也变得十分必要。满足这些基本需求的方式日益制度化。那些为了满足这些基本需求而建立的公共设施成为城市这一社会机制的物理结构。

1. 对水、燃料和照明的需求具有持续性，这就使得满足这些需求的手段要么掌握在作为法人团体的城市手中，要么掌握在那些受到市政府控制与规范的个体手中。对于社会学家来说，这些公
196 共设施之所以值得研究主要是因为它们对群体生活会造成一定影响，引起一些可能对群体产生影响的观念、情感和行为。水、燃料和照明这些因素与城市的生态机制有着重要联系，它可能影响人口的选择、分配过程，导致人口的分群。城市的照明可能对城市的犯罪、水供应与卫生等状况产生直接影响。公共设施的管理还可能成为选举中的话题，引起党派之争，使之在社区中扮演社会分群者的角色。

Fassett, Charles M. *Assets of the Ideal City*（New York, 1922）.［查尔斯·法西特，《理想城市的资产》］

简要介绍了城市结构的各个方面，并附有一个书目。（Ⅴ, 4, 5; Ⅵ.）

Grahn, E. "Die städtischen Wasserwerke," in Wuttke, *Die Deutschen Städte*(Leipzig, 1904), pp.301–344.［E. 格兰，"市政水厂"］

介绍了德国城市水供应所存在的问题。

Höffner, C. "Die Gaswrke," in Wuttke, *Die Deutschen Städte*(Leipzig, 1904), pp. 198–238.［C. 霍夫纳，"煤气厂"］

介绍了现代城市天然气供应技术的发展历程及其目前状况。

Jephson, H.L. *The Sanitary Evolution of London*(London, 1907). (Ⅵ.)［H.L. 杰弗逊,《伦敦公共卫生业的发展》］

Kübler, Wilhelm. "Über städtische Elektrizitätswerke," in Wuttke, *Die Deutschen Städte*, pp. 239–300.［惠勒姆・库伯勒，"市政电厂"］

介绍了德国城市中的市政供电状况。

绝大多数有关现代城市的著作都有一章内容讨论公共设施，并且，我们能够搜集到的很多技术杂志和市政报告都对公共设施的技术、管理与功能等各方面进行了详细论述。

2. 城市生活的一个显著特征是相互间交通通讯技术的高度发展。这一现象的出现取决于一些现代技术设备的产生，比如电话、有轨电车和汽车。虽然社会学家对这些技术设备本身并没有什么兴趣，但他们通过研究这些技术设备来考察其他问题，比如，城市人口的流动性问题。

D'Avenel, G. le Vicomte. *Le MéCanisme de la Vie moderne*(3 vols.; 197
Paris, 1922).［G. 勒魏孔德・德瓦纳,《现代生活的机制》］

这本书考察了城市作为物理机制的方方面面，其中有一章讨

论了出版宣传、城市交通与通讯。本书已不断再版，写作手法比较大众化。（Ⅵ；Ⅸ，1.）

Harris, Emerson Pitt. *The Community Newspaper*（New York, 1923）.（Ⅸ，3.）［爱默生·皮特·哈里斯，《社区报纸》］

Kingsbury, J.E. *The Telephone and Telephone Exchanges: Their Invention and Development*（London and New York, 1915）.［J. E. 金斯伯里，《电话与电话通讯：发明及其发展》］

Lewis, H.M. and Goodrich, E.P. *Highway Traffic in New York and Its Environs*（New York, 192［H.M. 刘易斯，E. P 古德里奇，《纽约公路交通及其周边环境》］

这是纽约市及市郊区域规划委员会（the Committee on a Regional Plan for New York and its Environs.）的一份研究报告。（Ⅳ，2；Ⅴ，4, 5; Ⅵ，2; Ⅶ；2, 4.）

Park, Robert E. *The Immigrant Press and Its Control*（New York, 1922）.［罗伯特·帕克，《移民报纸及其控制作用》］

有关研究了大城市中移民社区内部报纸的机制和影响力。（Ⅸ，3.）

有关市政交通与通讯问题的文献很多，我们可以查看一些有关电话、电报、广播、有轨电车系统、公交汽车、汽车、邮政服务、报纸、铁路的专门研究，也可以查看一些市政报告、技术与行政管理杂志和相关的城市教科书。

3. 街道、人行道、巷弄、下水道，以及与之类似的设施使城市成为一个物理机制，从而影响着个体和群体的行为，这些都会引起社会学家的兴趣。

Hirschfeld, Magnus. *Die Gurgel Berlins*, Vol. XLI in “Grossstadt Dokumente”（Berlin, 1905）.［马格纳斯·赫斯费尔德，《柏林的咽喉》］

本研究考察了柏林主干道对个体的影响，从而揭示了城市生活的本质。（Ⅵ, 2; Ⅶ, 2, 4.）

Quaife, Milo Milton. *Chicago's Highways, Old and New*（Chicago, 1923）.［米罗·密尔顿·奎弗，《芝加哥的新旧公路》］

从街道变化的角度考察了城市自身特点的变化。（Ⅵ, 2; Ⅶ, 1, 2.）

Whipple, G. C. “Economical and Sanity Problems of American Cities,” *American City*（February, 1921）, p.112.（Ⅵ.）［G. C. 威普尔，“美国城市的经济与公共卫生问题”］

4. 许多公共安全与公共福利方面的设施明显是城市的特有物，比如消防部门、警察局、卫生监督部门，以及社会团体（social 198 agencies）所举办的各式活动，这些在社会学家看来都是城市中群体生活的典型表现。

Addams, Jane. *Twenty Years at Hull House; With Autobiographical Notes*（New York, 1910）.［简·亚当斯，《赫尔馆二十年：附自传笔记》］

从社会睦邻中心这一典型的社会团体来考察城市生活。（Ⅴ, 2, 3; Ⅶ, 5.）

Assessor（pseudonym）. *Die Berliner Polizei*, Vol. XXXⅣ in “Grossstadt Dokumente”（Berlin, 1905）.［阿塞瑟（笔名），《柏林警察》］

对现代城市中的治安力量进行了个性化描绘。（Ⅸ, 1.）

Anonymous. *Berliner Gerichte*, Vol. XXⅣ in "Grossstadt Dokumente"（Berlin, 1905）.［佚名，《柏林法庭》］

一个普通城市法庭的日常活动。

Carbaugh, H. C. *Human Welfare Work in Chicago*（Chicago, 1917）.［H.C. 卡博，《芝加哥公共福利工作》］

简要概述了大城市中各种专门的社会团体。（Ⅶ, 5; Ⅸ, 1.）

Fitzpatrick, Edward A. *Interrelationships of Hospital and Community, reprint from Modern Hospital,* February, 1925. Pamphlet.［爱德华·菲茨帕特里克，《医院与社区的相互关系》］

勾勒了卫生部门在现代城市社区中的位置及其本质特性。

Fosdick, Raymond, and Associates. *Criminal Justice in Cleveland, directed and edited by Roscoe Pound and Felix Frankfurter*（Cleveland, 1922）.（Ⅵ, 7.）［雷蒙·福斯迪克等人，《克利夫兰的刑事审判》］

Fosdick, Raymond B. *European Police Systems*（New York, 1915）.［雷蒙·福斯迪克，《欧洲警察系统》］

——. *American Police Systems*（New York, 1920）.［——，《美国警察系统》］

Harrison, Shelby M. *Public Employment Offices; Their Purpose, Structure, and Method*（New York, 1924）.（Ⅸ, 1.）［谢尔比·哈里森，《公共就业部门：目的、结构及其方式》］

Richmond, Mary E. *The Good Neighbor in the Modern City*（Philadelphia and London, 1913）.［玛丽·瑞奇蒙德，《现代城市中的好邻居》］

向一般读者介绍了现代大城市中的各种社会团体及其工作内容。（Ⅴ, 2; Ⅶ, 5.）

Wilson, Warren H. *The Evolution of the Country Community: A Study in Religious Sociology*（Boston, New York, Chicago, 1912）.［华伦·威尔森，《乡村社区的演进：一项宗教社会学研究》］

为不同的组织与机构进行分类。（Ⅴ, 3; Ⅹ, 2.）

大城市中的社会团体和公共机构数量巨大，且工作性质迥然
有别，因而，几乎每个大城市都曾出版过有关这些团体与机构的 199
通讯录。另外，很多城市的报告、调查资料也容易获得，并且相关的期刊文献也十分丰富。

5. 城市社区的文化需求主要表现为学校、剧院、博物馆、公园、纪念馆和其他的公共事业。他们的影响力超越了城市的地域边界，可以说代表了个体欲求和愿望的方式与程度。它们能够显示出该社区社会生活的水平。

Carroll, Charles E. *The Community Survey in Relation to Church Efficiency*（New York, 1915）.［查尔斯·卡罗尔，《有关教会效率的社区调查》］

针对影响城市生活中宗教与文化机构地位的典型研究。（Ⅹ, 2.）

有关现代城市中教育问题的概述，可参阅约翰·杜威的《民主与教育》一书（Dewey, John. *Democracy and Education* New York, 1916）。

Moore, E. C. "Provision for the Education of the City Child," *School and*

Society, Ⅲ(February 19, 1916), 265–272.[E.C.摩尔，“为城市儿童所提供的教育”]

Phelan, J. J. *Motion Pictures as a Phase of Commercialized Amusement in Toledo, Ohio*(Toledo, Ohio, 1919).[J.J.费兰，《俄亥俄州托莱多市商业性娱乐之一——电影》]

Tews, Johannes. *Berliner Lehrer*, Vol. XX in “Grossstadt Dokumente”(Berlin, 1905).[约翰尼斯·图斯，《柏林教师》]

对大城市中一个职业群体的深入研究。(Ⅸ, 1.)

Trawick, Arcadius McSwain. *The City Church and Its Social Mission*(New York, 1913).[阿卡迪乌斯·麦克斯韦恩·特拉维克，《城市教会及其社会功能》]

Turszinsky, Walter. *Berliner Theater*, Vol. XXIX of “Grossstadt Dokumente”(Berlin, 1905).[沃尔特·特斯津斯基，《柏林剧场》]

Ward, Edward J. *The Social Center*(New York and London, 1915).(Ⅵ, 6; Ⅶ, 5.)[爱德华·沃德，《社会中心》]

6.城市的各种休闲娱乐活动与人们的生活有着紧密联系，从而易于引起城市生活所特有的病态与解体。舞厅、电影院、娱乐公园、后院(back-yard)、空地、临时的休闲广场以及其他各种具
200 有公共性、商业性或者临时性的娱乐设施，都是社会学家需要研究的群体生活类型。

Arndt, Arno. *Berliner Sport*, Vol. X in “Grossstadt Dokumente”(Berlin, 1905).[阿尔诺·阿尔德特，《柏林体育》]

描述了柏林不同形式的，专业化、制度化、商业化的体育运动。（Ⅸ，2，4.）

Bowman, LeRoy E., and Lambin, Maria Ward. "Evidences of Social Relations as Seen in Types of New York City Dance Halls, " *Jour. Social Forces*, Ⅲ（January, 1925）, 286–291.（Ⅸ，2,3,4.）［勒洛埃·鲍曼，玛利亚·沃尔德·拉宾，"纽约舞厅中所见的几种社会关系"］

Buchner, Eberhard. *Berliner Variétés und Tingeltangel*, Vol. XXⅡ in "Grossstadt Dokumente"（Berlin, 1905）.［伊本哈德·布奇纳，《柏林的杂技场与低级歌舞厅》］

分析了各种类型的杂技汇、歌舞厅和幽默剧表演，以及这些机构在城市中的发展状况。（Ⅸ，1，3，4.）

Günther, Viktor. *Petersbourg s'amuse*, Vol. XXXⅡ in "Grossstadt Dokumente"（Berlin, 1905）.［维克多·昆瑟，《彼得堡的娱乐》］

描述了俄罗斯首府的娱乐活动。（Ⅲ，4；Ⅴ，1；Ⅸ，2.）

Herschmann, Otto. *Wiener Sport*, Vol. Ⅻ in "Grossstadt Dokumente"（Berlin, 1905）.［奥托·赫斯曼，《维也纳的体育》］

描述了维也纳居民的主要娱乐活动。（Ⅸ，4.）

Ostwald, H.O.A. *Berliner Kffeehäuser*, Vol. Ⅶ in "Grossstadt Dokumente"（Berlin, 1905）.［H.O.A. 奥斯瓦尔德，《柏林咖啡馆》］

人们在柏林咖啡馆的各种行为。（Ⅸ，4.）

——. *Berliner Tanzlokale*, Vol. Ⅳ in "Grossstadt Dokumente"（Berlin, 1905）.［——，《柏林舞厅》］

对各种舞厅及其常客进行了详细的观察。（Ⅴ，2，3；Ⅶ，5；Ⅸ，1，4.）

Phelan, John J. *Pool, Billiards, and Bowling Alleys as a Phase of Commercialized Amusement in Toledo*（Toledo, 1919）.（Ⅶ, 5）.［约翰·费兰,《托莱多的商业性娱乐——游泳池、台球与保龄球馆》］

Rhodes, H. "City Summers," *Harper's*, CXXXI（June, 1915）, 2–15.［H. 罗迪斯，"城市之夏"］

探讨了城市娱乐的季节性。

7. 城市管理比城市生活的其他方面更能反映该城市在多大程度上改造了城市生活、人们的生活习惯与观念。我们可以看到，不同区域、不同民族、不同文化和不同利益的群体都试图对城市
201 管理施加自己的影响。在城市中，我们通常会将政治领袖视为无序状态的产物。我们还会发现另外一些现象，比如选举中的弃权，本地群体与职业群体之间的冲突，人们的需求与那些目前用来满足这些需求的机构之间的诸多不协调。

Bruere, Henry. *The New City Government*（New York, 1913）.［亨利·布鲁厄,《新型城市治理》］

一项针对城市治理中委员会形式的研究。

Capes, William Parr. *The Modern City and Its Government*（New York, 1922）.［威廉·凯普斯,《现代城市及其治理》］

Clerk（pseudonym）. *Berliner Beamte*, Vol. XLIII in "Grossstadt Dokumente"（Berlin, 1905）.［克拉克（笔名）,《柏林的政府官员》］

考察了现代城市治理所促生的不同类型的文职人员。（Ⅸ, 1, 2, 4.）

Cleveland, Frederick A. *Chapters on Municipal Administration and*

Accounting(New York, 1909 and 1915).[弗里德里克・克利夫兰，《有关市政管理与会计的论述》]

Cummin, G. C. “Will the City-Manager Form of Government Fit All Cities- Large Cities-Machine-Controlled Cities” *National Municipal Rev.*, Ⅶ(May, 1918), 276–281.[G.C. 库明，“市长制治理适合所有城市——比如大城市、机械化城市吗？”]

Ely, Richard T. *The Coming City*(New York, 1902).[理查德・伊利，《未来城市》]

这篇演讲谈到了当代美国城市中与政府、行政管理中的公共利益、腐败有关的若干问题。(Ⅶ, 5.)

Gilbert, Arthur Benson. *Amercian Cities: Their Methods of Business*(New York, 1918).[亚瑟・本森・吉尔伯特，《美国城市：商贸形式研究》]

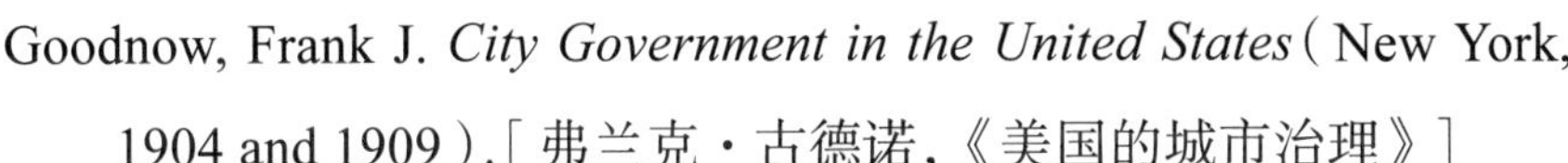

Goodnow, Frank J. *City Government in the United States*(New York, 1904 and 1909).[弗兰克・古德诺，《美国的城市治理》]

Hill, Howard C. *Community Life and Civic Problems*(New York, 1922).[霍华德・黑尔，《社区生活与公民问题》]

一本有关社区公民阶级的基本教科书。(Ⅴ, 3; Ⅵ.)

McKenzie, R.D. “Community Forces: A Study of the Non-Partisan Municipal Elections in Seattle,” *Journal of Social Forces*(January, March, May, 1924).[R.D. 麦肯齐，“社区力：对西雅图非党派选举的研究”]

研究了当地不同群体与政治态度之间的关系。(Ⅳ, 3; Ⅴ, 1, 2, 3; Ⅶ, 5; Ⅸ, 3.)

Munro, W.B. *Municipal Government and Administration*（New York, 1923）.（Ⅱ, 3; Ⅳ, 3; Ⅶ, 1.）［W.B. 孟罗，《市政治理与行政》］

——. *The Government of American Cities*（3d ed.; New York,1921）.［——，《美国城市治理》］

有关美国城市治理的标准教科书。可参阅该作者的另一本同类著作《欧洲城市治理》（The Government of European Cities）。（Ⅵ, 7; Ⅳ, 3.）

202 Odum, Howard W. *Community and Government: A Manual of Discussion and Study of the Newer Ideals of Citizenship*（Chapel Hill, North Carolina, 1921）.［霍华德·奥德姆，《社区与治理：有关公民身份新理念的讨论与研究手册》］

Steffens, Lincoln. *The Shame of the Cities*（New York,1907）.［林肯·斯蒂芬斯，《城市的耻辱》］

揭露了城市治理中的腐败。（Ⅶ, 5.）

Thoulmin, Harry A. *The City Manager: A New Profession*（New York, 1915）.（Ⅸ, 1.）［哈里·图尔明，《城市经理：一种新职业》］

Weber, G. A. *Organized Efforts for the Improvement of Methods of Administration in the United States*（New York and London, 1919）.［G.A. 韦伯，《改进美国行政管理办法的努力》］

Weyl, Walter E. “The Brand of the City,” *Harper's*, CXXX（April, 1915）, 769–75.［沃尔特·威尔，《城市的品牌标志》］

Wilcox, Delos F. *Great Cities in America: Their Problems and Their Government*（New York, 1910）.（Ⅳ, 3; Ⅵ; Ⅶ, 1, 5.）［德洛斯·威尔科克斯，《美国的大城市：问题与治理》］。

Zueblin, Charles. *A Decade of Civic Development*（Chicago, 1905）.

［查尔斯·朱布林，《市民生活发展的十年》］

讨论了20世纪初美国城市市民的状况。（Ⅴ, 4, 5; Ⅵ; Ⅶ, 1; Ⅷ, 1.）

8. 通过考察城市为其人口提供食物及其他生活必需品的方式，我们可以清楚地看出城市的复杂性、专门化和依赖性。运载着食物、牛奶、牲畜的火车，每日都排着长队驶向大城市的冷藏车与运煤车，以及街道边的各种仓库和商店，街道上数不清的运输货车——所有这些都说明，为了满足我们这几百万城市居民的迫切需求、我们生存和享受的欲望，已经建立了一个异常复杂而高效的机制。我们还会时常看到，在我们采取各种办法来满足城市需求的过程中，些微的中断或者错误就可能造成多么大的恐慌与灾难。百货公司和连锁店是典型的城市机构，它们所应对的乃是城市人口的分化和组合。

Colze, Leo. *Berliner Warenhäuser,* Vol. XLⅦ in "Grossstadt Dokumente"（Berlin, 1905）.［列奥·柯尔兹，《柏林百货商店》］

介绍了柏林的商店。（Ⅲ, 4; Ⅳ, 1; Ⅴ, 1; Ⅸ, 1.）

Loeb, Moritz. *Berliner Konfektionen*, Vol. ⅩⅤ in "Grossstadt Dokumente"（Berlin, 1905）.［莫里兹·李奥博，《柏林服装业》］

介绍了成衣生产工厂的状况。（Ⅴ, 1, 4; Ⅸ, 1.）

Parker, Horatio Newton. *City Milk Supply*（New York, 1917）.（Ⅳ, 1.） 203

［霍雷肖·牛顿·帕克，《城市牛奶供应》］

Shideler, E. H. "The Business Center as an Institution," *Jour. Appl. So-*

ciol, Ⅸ（March, April, 1925），269–75.［E.H. 谢德乐，“商业中心体制”］

概述了城市社区中本地商业中心的状况，及其在城市生活中的重要性。（Ⅳ, 1; Ⅴ, 1, 2, 3; Ⅶ, 1, 2.）

9. 一种新型建筑技术的发明直接带来了城市发展的一个新阶段。钢结构使摩天大楼、高架铁路和地铁成为可能，从而给城市发展增加了一种新的维度。这一新技术为每一块地面单位都增加了人口密度，使城市变得更加复杂。我们仍旧无法完全了解该技术所具有的全部影响。

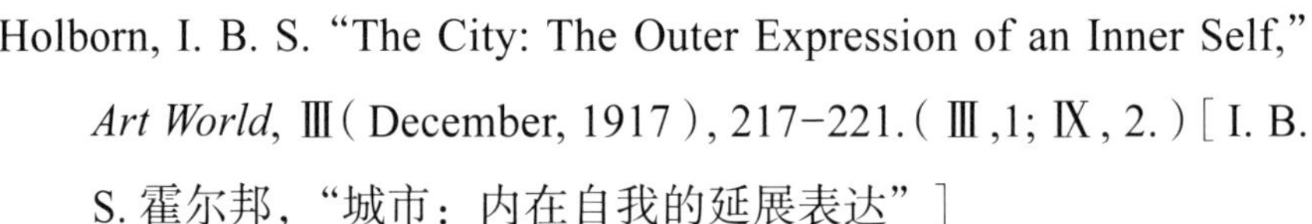

Holborn, I. B. S. “The City: The Outer Expression of an Inner Self,” *Art World*, Ⅲ（December, 1917），217–221.（Ⅲ,1; Ⅸ, 2.）［I. B. S. 霍尔邦，“城市：内在自我的延展表达”］

Mumford, Lewis. *Sticks and Stones: A Study of American Civilization*（New York, 1925）.［刘易斯·芒福德，《棍棒与石头：美国文明研究》］

对美国城市的建筑特征及其文化内涵进行了评估与批判。（Ⅴ, 5; Ⅵ, 9; Ⅹ, 2.）

Nichols, C. M.（editor）. *Studies on Building-Height Limitations in Large Cities*（Chicago, 1923）.［C.M. 尼克尔斯，《大城市建筑物高度限制研究》］

从房地产的角度进行的论述。

Schumacher, Fritz. “Architektonische Aufgaben der Städte,” in Wuttke,

Die Deutschen Städte, pp. 47–66.［弗里茨·舒马赫，“城市建筑的意义”］

讨论了城市建设过程中各种需求与方法的不断变化。

有关钢结构这一建筑技术之重要性的研究文献还很缺乏。专业工程师与建筑师在他们的专业期刊上发表了一些文章，但对其价值的进一步分析还有待后续研究。

10. 在进行区域划分和决定一块地的主要用途上，地价起着主要的决定作用。同时，地价还决定了在某一特定区域内的建筑类型——是廉价房、办公楼、工厂，或是别墅——以及哪些建筑需 204
要拆毁，哪些需要修整。为城市各区域确定地价，这一工作已成为一种高度专业化的高薪职业。作为一个有着极强影响力的选择性因素，人类生态学家会发现地价可以作为城市生活各方面的精确标尺。

Aronovici, Carol. *Housing and the Housing Problem*（Chicago, 1921）.［卡洛尔·阿罗诺维，《住宅与住宅问题》］

研究了房租、收入与住房之间的关系。

Arner, G. B. L. “Urban Land Economics,” in volume, *Urban Land Economics,* Institute for Research in Land Economics（Ann Arbor, Michigan, 1922）.［G.B.L. 阿纳，“城市的土地经济”］

概述了纽约的地价情况，并对该主题做了简要介绍。（Ⅶ, 1, 2.）

George, W. L. *Labor and Housing at Port Sunlight*（London, 1909）.（Ⅲ, 4, 6; Ⅴ, 4, 5; Ⅸ, 1.）［W.L. 乔治，《日光港的劳动与住宅》］

"Housing and Town Planning," *Ann, Amer. Acad.*, LI (January, 1914), 1-264. [“住宅与城镇规划”]

列出了很多有关住房、城市规划、城市地价、交通与治理的权威性文章。(Ⅲ, 6; Ⅳ, 1, 2, 3; Ⅴ; Ⅶ; Ⅷ.)

Hull House Maps and Papers (New York, 1895). [《赫尔馆地图与报纸》]

介绍了芝加哥一个交通拥挤区域的各种族及其收入情况，并对一些社会问题进行了评论。(Ⅶ, 2, 3, 4, 5; Ⅸ, 3.)

Hunter, Robert. *Tenement Conditions in Chicago: Report by the Investigating Committee of the City Homes Association* (Chicago, 1901). (Ⅶ,5.) [罗伯特·汉特,《芝加哥的公寓情况：城市家庭协会调查委员会报告》]

Hurd, Richard M. *Principles of City Land Values* (New York, 1924). [理查德·赫德,《城市地价原理》]

以城市发展为基础的土地估价。小汽车的出现虽然使大片土地成了居民用地，但它与广播，以及其他通讯设备的出现并没有从实质上改变城市发展的基本原理。本书还包含一些地图与照片，展示了不同城市的地价与土地利用状况。(Ⅶ, 1, 4; Ⅵ, 2.)

Morehouse, E. W., and Ely, R. T. *Elements of Land Economics* (New York, 1924). [E.W. 莫豪斯,《土地经济学》]

介绍了土地估价。第六章论及城市土地的利用。(Ⅶ,1, 2; Ⅹ, 2.)

McMichael, Stanley L., and Bingham, Robert F. *City Growth and Values* (Cleveland, 1923). [斯坦利·麦克迈克尔，罗伯特·宾汉姆,《城市发展与价值》]

一本权威性论著。(Ⅶ, 1.)

Olcott, George C. *Olcott's Land Value Maps* (annually, Chicago, 1909–1925). [乔治·奥尔柯特,《奥尔柯特的地价图示》] 205

评估了芝加哥的房地产。

Pratt, Edward Ewing. *Industrial Causes of Congestion of Population in New York City* (New York, 1911). [爱德华·埃温·普拉特,《纽约人口过剩的工业化原因》]

包含一份极好的书目。(Ⅲ, 4; Ⅴ, 1, 2, 4, 5; Ⅵ, 2, 3; Ⅶ, 1, 2, 3, 4, 5.)

Reeve, Sidney A. "Congestion in Cities," *Geog. Rev.*, Ⅲ(1917), 278–293. [西德尼·里夫, "拥挤的城市"]

本文认为交通拥挤日益威胁着公共卫生与社会稳定，分析了原因与补救措施。(Ⅴ, 4, 5; Ⅵ; Ⅶ, 1, 2, 5; Ⅷ 1.)

Riis, Jacob A. *How the Other Half Lives: Studies among the Tenements of New York* (New York, 1890 and 1914). [雅各布·里斯,《另一半人是如何生活的：有关纽约廉价房的研究》]

本书与该作者的另一本书《向贫民窟开战》(*The Battle with the Slum*, New York, 1892) 都努力号召公众关注美国大城市的廉价房问题，并且要求从立法上进行补救。(Ⅴ, 1, 2, 4, 5; Ⅶ, 1, 2, 5.)

Schumacher, F. "Probleme der Grossstadt," *Deutsche Rundschau filr Geog.*, CXXC (July 5, 1919), 66–81, 262–285, 416–429. (Ⅴ; Ⅵ, Ⅶ; Ⅷ.) [F. 舒马赫, "大城市的问题"]

Smythe, William Ellsworth. *City Homes on Country Lanes: Philosophy and Practice of the Home-in-a-Garden* (New York, 1921). (Ⅴ, 5.) [威廉·艾尔斯沃兹·斯麦斯,《乡村小道中的城市之家：花园之家的思考与实践》]

Stella, A. “The Effects of Urban Congestion on Italian Women and Children,” *Medical Record*, LXXIII（New York, 1908）, 722-732.（V, 1, 3; VIII, 1.）[A. 斯特拉，“城市拥挤对意大利妇女儿童的影响”]

Südekum, Albert. *Grossstädtisches Wohnungselend*, Vol. XLV in “Grossstadt Dokumente”（Berlin, 1905）. [阿尔伯特·休德克姆，《大城市的住房问题》]

描述了欧洲城市中一个典型的廉价房区域，以及该区域对居民行为的影响。（VII, 5; IX, 3.）

Veiller, Lawrence. “The Housing Problem in America,” *Ann. Amer. Academy*, XXV（1905）, 248-275. [劳伦斯·维勒，“美国的住宅问题”]

该作者被公认为美国一流的住房研究学者，他在本文及其后期的很多作品（比如，《住房改革》*Housing Reform*, New York, 1910）中展现了现代城市中差的住房制度可能产生的一系列社会不良影响，并质疑了政府在贫民窟中的民主改革措施是否足以解决该区域的问题。（V; IX, 3.）

七、城市的发展

城市的发展被看作现代文明的显著特征。社会学家对该现象背后的诸过程有着浓厚兴趣。

1. 城市发展的一个突出特点是城市数量的增多与城市面积的
206 扩大。统计学家与地理学家对此有过精确的测量。城市扩张的一般过程是从城市的中心向其外围不断扩展。有关此过程的研究资料十分丰富，但对此过程进行解释与分析的工作还有待进行。在城市的发展过程中，城市中心会变得人口稀少，成为空城。这一现象被称为“城市建设”（city-building）。

Ballard, W. J. “Our Twenty-nine Largest Cities,” *Jour. Educ.*, XXCIII（April 27, 1916）, 468.［W.J. 巴拉德，“我国的二十九个大城市”］

Bassett, E.M. “Distribution of Population in Cities,” *American City*, XIII（July, 1915）, 7–8.［E.M. 巴谢特，“城市中的人口分布”］

Bernhard, H. “Die Entvölkerung des Landes,” *Deutsche Rundschau filr Geog.*, XXXVII（1914–1915）, 563–567.［H. 伯恩哈德，“国家人口的减少”］

考察了 21 个国家，都在 1880—1910 年间显示出城市人口的增长，以及农村人口占总人口比例的下降，并且很多国家的城市人口增长率都远高于人口的自然增长率。（VII, 3; VIII, 1; X, 2.）

Brown, Robert M. “City Growth and City Advertising”（Abstract of paper read at 1921 Conference of American Geographers）, *Ann. Assoc. Amer. Geog.*, Xii（1922）, 155.［罗伯特·布朗，“城市发展与城市宣传”］

通过分析 1910 年以来美国发展最快的 100 个城市，讨论了美国城市发展的原因。其分类方式类似于广告宣传中使用的方法。

Bushee, F. A. “The Growth of Population of Boston,” *Pub. Amer. Statistical Assoc.*, VI（1899）, 239–274.（VIII, 3.）［F.A. 布西，“波士顿人口的增长”］

City-Building: A Citation of Methods in Use in More Than One Hundred Cities for the Solution of Important Problems in the Progressive Growth of the American Municipality（Cincinnati, 1913）.（V, 4, 5; VI; VII, 5.）[《城市建设：曾在一百多座美国城市的市政发展问题解决方案中采用过的方法》]

"City Growth by Dead Reckoning," *Literary Digest*, XXCII（August 9, 1924）, 12. [“对城市发展所进行的科学测量”]

Fawcett, C. B. "British Conurbations in 1921," *Sociol. Rev.*, XIV（April, 1922）, 111–122. [C.B. 佛谢特，“1921 年的英国城市”]

Feather, W. A. "Cities That Make Good," *Forum*, LXII（May, 1917）, 623–628. [W.A. 费瑟，“优秀城市”]

Gregory, W. M. "Growth of the Cities of Washington," *Jour. Geog.*, XIV（May, 1916）, 348–353.（VII, 3.）[W.M. 格里高利，“华盛顿城市的发展”]

"How Big Should a City Be?" *Literary Digest*, LI（August 28, 1915）, 399–400. [“城市的规模应该有多大？”]

207 James, Edmund J. "The Growth of Great Cities," *Ann. Amer. Academy*, XIII（1899）, 1–30.（VII, 2, 3.）[埃德蒙·詹姆斯，“大城市的发展”]

追溯了城市的发展及相关问题的起源。

Jefferson, Mark. "Great Cities of the United States in 1920," *Geog. Rev.*, XI（July, 1921）, 437–441. [马克·杰弗逊，“1920 年美国的大城市”]

Martell, P. "Die Bevölkerungsentwicklung der Stadt Berlin," *Allgemeines*

Statistisches Archiv, X(1917), 207–215.(Ⅶ, 3; Ⅷ, 1.)[P. 马特尔，“柏林市的人口发展”]

Püschel, Alfred. *Das Anwachsen der Deutschen Städte in der Zeit der mittelalterlichen Kolonialbewegung*(Berlin, 1910).[阿尔弗雷德·布舍尔,《德国城市在中世纪殖民时期的发展情况》]

包括 15 个城市的规划方案，追溯了中世纪的城市发展状况与城市结构的变化。(Ⅱ, 2; Ⅶ, 2.)

Ridgley, D. C. “Sixty-eight Cities of the United States in 1920,” *Jour. Geog.*, XX (February, 1921), 75–79.[D.C. 里奇利，“1920 年美国的 68 个城市”]

一系列城市人口发展普查报告中的一份。

Roth, Lawrence V. “The Growth of American Cities,” *Geog. Rev.*, V (May, 1918), 384–398.[劳伦斯·罗斯，“美国城市的发展”]

认为美国城市的发展已经过了四个阶段，每一阶段的出现都是由于某一新地理区域在商业与工业上的发展。区分了城市具体位置与其所处环境的不同，并着重讨论了一般环境对城市发展的影响。

Sedlaczek. “Die Bevölkerungszunahme der Grossstädte im XIX Jahrhundert und deren Ursachen,” *Report of the Eighth International Congress of Hygiene and Demography*(Budapest, 1894).(Ⅶ,3; Ⅷ, 1; X, 1.)[锡德拉切克，“19 世纪大城市人口增长及其原因”]

United States Bureau of the Census. *A Century of Population Growth*(Washington, 1909).(Ⅶ,3; Ⅷ; X, 2.)[美国人口普查局,《人口增长的一个世纪》]

United States Bureau of the Census. *Population: Fourteenth Census of the United States*(3 vols.; Washington, 1920).(Ⅶ, 3; Ⅷ, 1, 2; Ⅸ, 1; Ⅹ, 2.)[美国人口普查局,《人口：美国第 14 次人口普查》]

Van Cleef, E. “How Big Is Your Town?” *American City*, ⅩⅦ(November, 1917), 471–473.[克里夫·范,“你的城镇有多大？”]

Weber, Adna Ferrin. *The Growth of Cities in the Nineteenth Century: A Study in Statistics*, “Columbia University Studies in History, Economics, and Public Law”(New York, 1899).[阿德纳·弗林·韦伯,《19 世纪的城市发展：一个统计学研究》]

该书是对城市发展进行统计研究的最重要著作，且具有很多对研究城市的学者颇具价值的重要特征，特别是其考察了城市环境对人口的影响。(Ⅶ, 2, 3; Ⅷ.)

208 “Why Cities Grow,” *Literary Digest*, LⅧ(August 17, 1918), 22–23.[“城市为什么会增长？”]

Zahn, F. “Die Volkszählung von 1900 und die Grossstadtfrage,” *Jahrbuch filr Nationalokonomie und Statistik*, XXCI (1903), 191–215.(Ⅶ, 3.)[F. 赞恩,“1900 年的人口普查与大城市问题”]

2. 城市数量的增多和城市面积的扩大都伴随着总人口的重新分布与分配。一些人或群体被安置到新的住所，另一些人被迁移了出去，而这却并非由于新来者的排挤。人口的自然增长与外来移民的进入都推动了城市的持续性发展，但这又致使城市人口总是处于不断的再分布之中。

Allison, Thomas W. "Population Movements in Chicago," *Jour. of Social Forces*, Ⅱ(May, 1924), 529–533.(Ⅴ, 1, 3; Ⅶ, 4.)[托马斯·埃里森，"芝加哥的人口运动"]

Aurousseau, M. "Distribution of Population: A Constructive Problem," *Geog. Rev.*, Ⅺ(October, 1921), 568–575.[M. 奥罗修，"人口分布：一个重要问题"]

"人口密度考察的是每一单位面积上的人口数量；人口分布是对一个地区与另一地区之间的人口密度进行的比较；人口安置则是指人们聚集的方式。分群（grouping）是最基本的概念……"（Ⅰ, 1; Ⅳ, 1; Ⅹ, 2.）

Bushee, F. A. "Ethnic Factors in the Population of Boston," *Pub. Amer. Statistical Assoc.*, Vol. Ⅳ, No. 2, pp. 307–477.(Ⅴ, 1, 2, 3.)[F.A. 布西，"波士顿人口的种族因素"]

Douglas, H. Paul. *The Suburban Trend*(New York, 1925).[H. 保罗·道格拉斯，《郊区发展趋势》]

考察了美国大城市社区的去中心化过程。(Ⅶ, 2, 1, 4; Ⅳ, 2; Ⅲ, 5; Ⅴ, 4.)

Hirschfeld, Magnus. *Berlins drittes Geschlecht*, Vol. Ⅲ in "Grossstadt Dokumente"(Berlin, 1905).[马格纳斯·赫希菲尔德，《柏林的第三性别》]

研究了柏林的同性恋者，作为大城市人口聚集的实例。(Ⅴ, 1, 3; Ⅶ, 5.)

Hooker, G. E. "City-Planning and Political Areas," *Nat. Mun. Rev.*, Ⅵ(May, 1917), 337–345.(Ⅳ, 3; Ⅴ, 1, 4, 5; Ⅵ, 7.)[G.E. 胡克，

“城市规划与政治区域”]

The London Society. *The London of the Future*(New York and London, 1921).[伦敦研究会,《未来的伦敦》]

深入考察了人口的分配过程，以及城市从中心向边缘的发展趋势。(Ⅱ, 3; Ⅲ, 1, 5, 6; Ⅳ; Ⅴ; Ⅵ; Ⅶ; Ⅷ, 1, 2, 3; Ⅸ, 1, 2, 3, 4.)

209 Ripley, W. Z. “Racial Geography of Europe,” *Popular Science Monthly*, LⅡ(1898), 591–608; XⅣ, “Urban Problems.” See also his “Races of Europe,” chap. xx, on “Ethnic Stratification and Urban Selection.” (Ⅴ, 3.)[W.Z. 里普利，“欧洲的种族地理学”]

Salten, Felix. *Wiener Adel*, Vol. XⅣ in “Grossstadt Dokumente” (Berlin, 1905).[菲利克斯·沙尔顿，“维也纳的贵族”]

展示了欧洲大城市中贵族在当地的分化状况。(Ⅸ, 4.)

Schmid, Herman. *City bildung und Bevölkerungsverteilung in Grossstädten: Ein Beitrag zur Entwicklungsgeschichte des modernen Städtewesens*(MüNCHEN, 1909).[赫尔曼·施密特,《城市发展与人口分布：现代城市生活的历史贡献》]

本书认为城市发展的正常过程是中心人口的减少和人口在城市外围边缘地区的重新分布。(可以比照马克·杰佛森(Mark Jefferson)的“大城市的人类地理分布学：人口的分布”, “The Anthropography of Some Great Cities: A Study in Distribution of Population,” *Bull. Amer. Geog. Soc.*,(1909), 537–566.)(Ⅶ,4, 5.)

Williams, James M. *An American Town: A Sociological Study*(New York, 1906).[詹姆斯·威廉姆斯,《一个美国城镇：社会学研究》]

从社会一心理角度分析了一个美国社区。探讨了一些有关人口增长与分配的有趣现象。（Ⅲ, 5; Ⅴ, 1, 2, 3; Ⅸ, 1, 3.）

Winter, Max. *Im unterirdischen Wien*, Vol. XⅢ in "Grossstadt Dokumente"（Berlin, 1905）.［麦克斯·温特，《地下维也纳》］

对维也纳的研究，展现了该城市人口的分隔、分配以及工作中的交流。（Ⅴ, 1; Ⅵ, 4, 6; Ⅶ, 5; Ⅸ, 3, 4.）

3. 在 19 世纪末期，人们开始听到这样的说法"飞出农村"和"流向城市"。人们发现城市人口的迅速增长并不是自然增长，比如出生率大于死亡率，而是周边农村地区的移民所导致。在美国，城市规模的迅速增大主要是由于一股来自欧洲的移民流，他们远离家乡的农场，被城市生活所吸引。人口统计学家十分谨慎地观察着这一过程，看它是否还在继续发展，或者发生了什么变化。同时，人们也密切关注着，提高农村生活水平与有意识地控制人口流动是否能够维持农村—城市人口的平衡。

Ashby, A. W. "Population and the Land," *Edinburgh Rev.*, CCXXⅣ（1916）, 321-339.（Ⅹ, 1, 2.）［A.W. 阿什比，"人口与土地"］

Ballod, C. "Sterblichkeit und Fortpflanzung der Stadtbevölkerung," 210
Jahrbuch für Nationalökonomie und Statistik, XXXⅢ（1909）, 521-541.（Ⅷ, 1, 3.）［C. 巴洛德，"城市居民的死亡与增加"］

Bauer, L. *Der Zug nach der Stadt*（Stuttgart, 1904）. Reviewed in *Archiv f. Rassen u. Gesellschaftsbiologie*, Ⅱ, 300.（Ⅶ, 1.）［L. 鲍尔，《向城市的迁移》］

Beusch, P. *Wanderungen und Stadtkultur: eine bevolkerungspolitische und sozialethische Studie*(München-Gladbach, 1916).［P. 比尤契，《移民与城市文化：人口政策与社会伦理研究》］

Böckh, R. “Der Anteil der örtlichen Bewegung an der Zunahme der Bevölkerung der Grossstädte,” *Congress Intern. d’Hygiène et de Démographie*(Budapest, 1894).(Ⅶ, 1.)［R. 鲍克，“本地运动对城市人口增加的影响”］

Bowley, A. L. “Births and Population in Great Britain,” *Econ, Jour.*, XXXIV (June, 1924), 188–192.(Ⅶ, 1; Ⅷ, 1.)［A.L. 鲍利，“大不列颠的出生率与人口”］

Bryce, P. H. “Effects upon Public Health and Natural Prosperity from Rural Depopulation and Abnormal Increase of Cities,” *Amer. Jour. Public Health,* New York, V, 48–56.(Ⅷ; X,1, 2.)［P.H. 布莱斯，“农村人口减少与城市人口的异常增多对公共卫生和自然环境的影响”］

Cacheux, E. “Influence des grandes villes sur la dépopulation,” *Rev. Philanthrop.* Paris, XXXVII (1916), 513–518.(Ⅷ; X, 1.)［E. 卡休斯，“大城市对城市人口减少的影响”］

Dickerman, G. S. “The Drift to the Cities,” *Atlantic Monthly*, CXI (1913), 349–553.(Ⅸ, 2; X, 1, 2.)［G.S. 迪克曼，“向城市的迁移”］

Dittmann, P. *Die Bevölkerungsbewegung der deutschen Grossstädte seit der Gründung des deutschen Reiches*(Bamberg, 1912).(Ⅶ, 1.)［P. 迪特曼，《德意志帝国建立以来的大城市人口迁移动态》］

Groves, E. R. “Urban Complex: A Study of the Psychological Aspects of the Urban Drift," *Sociol. Rev.*, XII（1920）, 73–81.（IX, 2; X, 3.）［E. R. 格鲁弗斯，"城市综合体：对城市迁移的心理因素研究"］

Hecke, W. "Volksvermehrung, Binnenwanderung, und Umgangssprache in den österreichischen Alpenländern und Südländern," *Statist. Monatsschr.*, XXXIX（1913）, 323–392.（VIII, 1, 3; X, 2.）［W. 赫克，"奥地利阿尔卑斯山及南部地区人口增长"］

Hoaglund, H. E. "The Movement of Rural Population in Illinois," *Jour. Pol. Econ.*, XX（1912）, 913–927.［H.E. 霍格兰德，"伊利诺伊州的农村人口流动"］

Mayr, G. von. *Die Bevölkerung der Grossstädte*, in "Die Grossstadt"（Dresden, 1903）.［G. 冯·迈尔，《大城市的居民》］

这一问题的最佳论述之一。（VII, 1, 2; VIII, 1, 2, 3.）

Prinzing, Dr. F. "Die Bevölkerungsentwicklung Stockholms, 1721–1920," *Jahrbuch für Nationalökonomie und Statistik*, XLVII（1924）, 87–93.［F. 普林辛，《斯德哥尔摩的人口增长》］

有关现代欧洲城市最精彩的个案研究。（VII, 1; X, 1, 2.）——. "Einheimische und Zugezogene in den Grossstädten," *Zeitschr. Für Sozialwiss.*, VII（Berlin, 1904）, 660–667.［——，"大城市中的本地人及外来移民"］

Ravenstein, E. G. "The Laws of Migration," *Jour. Royal Statist. Soc.*, XLVIII 211
（1885）, 167–227.（X, 2.）［E.G. 拉文斯坦，"移民法"］

Spencer, A. G. "Changing Population of Our Large Cities," *Kindergarten Primary Mag.*, XXIII（1910）, 65–71.［A.G. 斯宾塞，"我国大城市的人口变化"］

Steinhart, A. *Untersuchung zur Gebürtigkeit der deutschen Grossstadtbevölkerung, Entwicklung, und Ursachen*, "Rechts und Staatswissenschaftliche Studien," Heft 45（Berlin, 1912）.（Ⅷ, 1; Ⅹ, 2.）［A. 施泰因哈特，《德国大城市人口的来源、发展及其原因》］

Voss, W. "Städtische Kleinsiedlung," *Archiv für exacte Wirtschafisforschung*, Ⅸ（1919）, 377–412.［W. 沃斯，《城市社区》］

Weisstein, G. "Sind die Städte wirklich Menschenverzehrer?" *Deutsche Städte Zig.*（1905）, pp. 153–154.［G. 沃斯坦，"城市是否使人丧失本性？"］

4. 随着城市的发展，城市人口的流动性主要体现在以下几点：个体间联系的增多，个体活动的变化，个体面貌的变化，某些区域由于内部继替而产生的特定氛围，地价的不同。流动性不仅意味着活动，还意味着新的刺激；刺激的数量和强度都有所增加，并且对新刺激的回应也更加沉着。城市将内部的居民和外部的个体都纳入它的生活之中，这一过程可被称为城市生活的新陈代谢。流动性是新陈代谢的指标。

Bercovici, Konrad. *Around the World in New York*（New York, 1924）.［康拉德·别克维茨，《纽约城中的世界各地移民》］

讨论了大城市中的地方性社区及其筛选成员的过程。（Ⅶ, 1, 2; Ⅸ, 3; Ⅴ, 1, 2, 3.）

Digby, E. "The Extinction of the Londoner," *Contemp. Rev.*, London, XXCVI（1904）, 115–126.（Ⅶ, 2, 3; Ⅷ, 1; Ⅸ, 2, 3.）［E. 迪格比，

“伦敦人的灭绝”]

Herzield, Elsa G. *Family Monographs; The History of Twenty-four Families Living in the Middle West Side of New York City*(New York, 1905).[艾尔莎·赫茨菲尔德,《家庭专著:纽约中西部24个家庭的历史》]

举例说明了廉价住宅区极强的流动性(类似于移民)。(Ⅶ,5.)

Meuriot, P. “Les Migrations internes dans quelques grandes villes,” *Jour. Soc. Stat.*, Paris, L(1909), 390.(Ⅴ, 1; Ⅶ, 2.)[P. 默里奥,“几个大城市的内部迁移”]

Prinzing, F. “Die Bevölkerungsbewegung in Paris und Berlin,” *Zeitschr. Für Soziale Medizin*, Leipzig, Ⅲ(1908), 99–120.[F. 普林辛,“巴黎与柏林的人口流动”]

Stephany, H. “Der Einfluss des Berufes und DER Sozialstellung auf die 212
Bevölkerungsbewegung der Grossstädte nachgewiesen an Königsberg i. Pr.,” *Königsb. Statist.*, No. 13, 1912.(Ⅶ, 2, 3.)[H. 斯蒂芬尼,“普鲁士大城市柯尼斯堡的职业、社会地位对人口流动的影响”]

Weleminsky, F. “Über Akklimatisation in Grossstädten,” *Archiv für Hygiene*, XXXVI(1899), 66–126.(Ⅶ, 3, 5; Ⅷ, 1.)[F. 维里敏斯基,“对大城市环境的适应”]

Woods, Robert A. *Americans in Process: A Settlement Study, North- and West- End Boston*(Boston, 1902).(Ⅶ, 2; Ⅴ, 3; Ⅸ, 3.)[罗伯特·伍兹,《发展中的美国:波士顿北区与西区的住房研究》]

典型的居住区研究,考察了城市对外部人口的影响。

5. 城市发展被看作一个解体与再组织化的过程。发展总是多少包含着这些过程，但是，当城市快速发展时，我们所看到的解体情况之多足以令人确信城市陷入了病态。从个人的角度看，犯罪、自杀和离婚都是社会解体所带来的行为问题。邻里与地方社区的消失，以及与之相伴随的个体性控制的消失，是造成社会解体现象的直接因素之一。

Addams, Jane. *The Spirit of Youth and the City Streets*（New York, 1909）.（Ⅴ, 1, 2, 3; Ⅸ, 3; Ⅹ, 2.）[简·亚当斯，《青年精神与城市街道》]

Bader, Emil. *Wiener Verbrecher,* Vol. ⅩⅥ, "Grossstadt Dokumente"（Berlin, 1905）.（Ⅵ, 4; Ⅶ, 5; Ⅸ, 4.）[埃米尔·贝德，《维也纳的犯罪》]

Bonne, G. "Über die Notwendigkeit einer systematischen Dezentralisation unserer Grossstädte in hygienischer, sozialer, und volkswirtschaftlicher Beziehung," *Monatschr. Für soz. Med.*, Ⅰ（Jena, 1904）, 369, 425, 490.（Ⅴ, 5; Ⅷ.）[G. 博讷，《从医疗、社会互助与国民经济方面看大城市去中心化制度的必要性》]

Buschan, G.H. *Geschlecht und Verbrechen*, Vol. ⅩⅬⅧ, "Grossstadt Dokumente"（Berlin, 1905）.[G.H. 布昌，《性别与犯罪》]

考察了城市人口的自然史，但非常零散。（Ⅷ, 2; Ⅸ, 3, 4.）

Chalmers, Thomas. *The Christian and Civic Economy of Large Towns*（Glasgow, 1918）.（Ⅳ, 5; Ⅶ; Ⅷ, 1, 4.）[托马斯·查尔莫斯，《基督教与大城镇的城市经济》]

Classen, W. F. *Grossstadt Heimat: Beobachtungen zur Naturgeschichte des Grossstadtvolkes*（Hamburg, 1906）.［W.F. 克拉森，《作为家的城市：对城市居民自然史的考察》］

Classen, W. *Das stadtegeborene Geschlecht und seine Zukunft*（Leipzig, 213
1914）.［W. 克拉森，《城市家族及其未来》］

Henderson, C. R. "Industry and City Life and the Family," *Amer. Jour. Sociol.*, XIV, 668.（VIII, 1, 2, 3.）［C.R. 汉德森，"工业、城市生活与家庭"］

Lasson, Alfred. *Gefährdete und verwahrloste Jugend*, Vol. XLIX, "Grossstadt Dokumente"（Berlin, 1905）.［阿尔弗雷德·拉森，《被忽视的堕落青少年》］

介绍了城市青少年所面对的危险和青少年犯罪。（IX, 4.）

Marcuse, Max. *Uneheliche Mütter*, Vol. XXVII in "Grossstadt Dokumente"（Berlin, 1905）.（VIII, 1, 3; IX, 3.）［麦克斯·马尔休斯，《未婚妈妈》］

描述了柏林的非婚生子女。并对未婚母亲划分了若干类型。

Ostwald, H.O. A. *Das Berliner Spielertum*, Vol. XXXV in "Grossstadt Dokumente"（Berlin, 1905）.（VI, 6; IX, 4.）［H.O.A. 奥斯瓦尔德，《柏林的赌博业》］

介绍了城市赌博。

——. *Zuhältertum in Berlin*, Vol. V, "Grossstadt Dokumente"（Berlin, 1905）.［——，《柏林的拉皮条业》］

描绘了城市中的拉皮条者及其受害者。

Schuchard, Ernst. *Sechs Monate Arbeitshaus*, Vol. XXXIII in "Grossstadt Dokumente"（Berlin, 1905）.［恩斯特·舒查尔德，《六个月的

劳教所生活》]

该作者在城市劳教所（workhouse）中待过六个月，有很好的机会观察社会解体的过程。

Sears, Charles H. *The Redemption of the City*(Philadelphia, 1911). [查尔斯·西尔斯,《城市救济》]

Sharp, Geo. W. *City Life and Its Amelioration*(Boston, 1915).[吉奥·夏普,《城市生活及其改进》]

Steiner, Jesse F. "Theories of Community Organization," *Jour. Social Forces*, Ⅲ(November, 1924), 30-37.(Ⅴ; Ⅷ, 3.)[杰西·斯泰纳,"社区组织理论"]

——. "A Critique of the Community Movement," *Jour. App. Sociol.*, Ⅸ(November-December, 1924), 108.[——,"对社区运动的批判"]

探讨了与社区组织化、社区解体相关的社会控制问题。(Ⅴ; Ⅷ, 3.)

Stelze, Charles. *Christianity's Storm Center: A Study of the Modern City*(New York and Chicago, 1907).[查尔斯·斯泰尔茨,"基督教的风暴中心：对现代城市的研究"]

Strong, Josiah. *The Challenge of the City*(New York, 1907).[乔赛亚·斯特朗,《城市的挑战》]

从宗教与道德的角度进行了分析。(X, 1, 2.)

Thomas, W. I., and Znaniecki, Florian. *The Polish Peasant in Europe and America*, Vol. Ⅴ, "Organization and Disorganization in America" (Boston, 1920).(Ⅴ, 3; Ⅶ, 2.)[W.I. 托马斯，弗罗里安·兹纳涅茨基,《身处欧美的波兰农民》]

"The Tragedy of Great Cities," *Outlook*, CXXVI（1920）, 749–750.［"大城市的悲剧"］

Werthauer, Johannes. *Sittlichkeitsdelikte der Grossstadt*, Vol. XL in "Grossstadt Dokumente"（Berlin, 1905）.［约翰尼斯·沃瑟奥,《大城市的性犯罪》］ 214

一本有关城市性犯罪的论文集。（V, 4; IX, 4.）

八、城市的优生学

近来涌现出很多有关城市生活生态学的文献。但是，城市生活对人类到底产生了怎样的影响，恐怕还需要更加详细的研究。以当前可利用的资料为基础，我们能够探索出一些必然会卓有成效的研究路径，并得出一些尝试性的结论。

1. 从统计数据中，我们可以看出城市人口出生率、死亡率和结婚率的不断变化。这些现象都需要社会学的解释与分析。与之类似，城市生活与农村生活的差异也是一个值得研究的话题。人类所产生的垃圾及其对城市的社会影响，已经被看作城市这一实存（urban existence）的重要方面。

Bailey, W.B. *Modern Social Conditions: A Statistical Study of Birth, Marriage, Divorce, Death, Disease, Suicide, Immigration, etc., with Special Reference to the United States*（New York, 1906）.（VII, 5; VIII.）［W. B. 贝利,《现代生活状况：有关美国出生、结婚、离婚、死亡、疾病、自杀与移民等情况的统计调查》］

Bajla, E. "Come si distribuiscono topograficamente le malattee contagiose negli aggregati urbani," *Attualita Med. Milano*, V(1916), 542–546.[E. 巴依拉，"城市中传染病的地理分布状况"]

描述了城市中传染病的地方性分布。

Barron, S. B. "Town life as a Cause of Degeneracy ," *Pop. Sci. Mo.*, XXXIV (1888–1889), 324–330.(X, 2.)[S.B. 巴伦，《作为堕落之源的城镇生活》]

Billings, J.S. "The Mortality Rates of Baltimore; Life Table for Baltimore; Mortality in Different Wards; Causes of Disease," *Baltimore Med. Jour.*, X(1883–1884), 487–489.(V, 1.)[J.S. 比林斯，"巴尔的摩的死亡率；巴尔的摩的生命参数表；各选区的死亡率；疾病原因"]

"Biological Influences of City Life," *Literary Digest,* LII(February, 1916), 371–372.["城市生活的生物学影响"]

"Birth-and Death-Rates in American Cities," *Amer. City,* XVI(1917), 195–199.["美国城市的出生率与死亡率"]

Bleicher, H. "Über die Eigentümlichkeiten der städtischen Natalitäts- und Mortalitätsverhältnisse," *Intern, Kongr. Für Hygiene und Demographie*(Budapest, 1894).(VIII, 3.)[H. 布莱谢尔，"城市人口自然出生率与死亡率的比例"]

城市出生率与死亡率的特殊性。

215 Dublin, Louis I. "The Significance of the Declining Birth-Rate," *Science*,(new series), XLVII, 201–210.[路易斯·都柏林，"出生率下降的意涵"]

Fehlinger, Hans. "De l'influence biologique de la civilization urbaine," *Scientia*, X（1911）, 421–434.（Ⅷ, 3.）[汉斯·菲林格，"城市文明的生物学影响"]

Guilfoy, W. H. *The Influence of Nationality upon the Mortality of a Community, with Special Reference to the City of New York*, "Department of Health of New York City Monograph Series 18," 1919.（Ⅴ, 1, 2, 3.）[W.H. 吉尔福伊，《纽约市内民族构成对社区死亡率的影响》]

——. *An Analysis of the Mortality Returns of the Sanitary Areas of the Borough of Manhattan for the Year 1915*, "Department of Health of New York City Monograph Series 15," 1916. [——，《曼哈顿1915 年因公共卫生问题而致死的死亡率分析》]

Hammond, L. J., and Gray, C. H. "The Relation of the Foreign Population to the Mortality and Morbidity Rate of Philadelphia," *Bull, Amer. Acad. Of Med.*, XIV（1913）, 113–129.（Ⅴ, 1.）[L.J. 汉蒙德，C.H. 格雷，"费城外国人口与死亡率、发病率之间的关系"]

Harmon, G. E. "A Comparison of the Relative Healthfulness of Certain Cities in the United States, Based upon the Study of Their Vital Statistics," *Publ. Amer. Statist. Assoc.*, XV（Boston, 1916）, 167–174. [G.E. 哈蒙，"美国若干城市的相对健康状况比较，以其生命统计数据为基础"]

Holmes, Samuel J. *A Bibliography of Eugenics*, "University of California Publications in Zoölog," Vol. XXV , Berkeley, California, 1924. [塞缪尔·霍尔姆斯，《优生学书目》]

有一章节的内容是“城市选择与工业发展对种族遗传的影响”。我们的这份书目中有很多文献都来源于此书。（Ⅷ.）

Love, A. G. and Davenport, C. B. “Immunity of City-Bred Recruits,” *Arch. Med. Intern.*, XXIV（1919）, 129–153.［A.G. 勒弗，C.B. 达文波特，“城市新兵的免疫力”］

Macpherson, J. “Urban Selection and Mental Health,” *Rev. of Neurol. And Psychiatry*, Ⅰ（1903）, 65–73.（Ⅶ, 2, 5; Ⅸ, 2, 3, 4; Ⅹ, 3.）［J. 麦克弗森，“城市选择与心理健康”］

Meinshausen: “Die Zunahme der Körpergrösse des deutschen Volkes vor dem Kriege; ihre Ursachen und Bedeutung für die Wiederherstellung der deutschen Volkskraft,” *Archiv für Hygiene und Demographie*, XIV（1921）, 28–72.［梅因豪森，“战前德国人身高的增长，其原因及其对于恢复人民力量的意义”］

指出了城市青少年的堕落。（Ⅶ, 3; Ⅹ, 3.）

Pieper, E. “Über die Verbreitung der Geschlechtskrankheiten nach Stadt und Land mit besonderer Berücksichtigung der Verhältnisse der Stadt Rostock und des Staates Mecklenburg,” Arch. Für Soz. Hygiene und Demograhie, XIV（1923）, 148–187.（Ⅹ, 2.）［E. 皮珀，“性病在城市与乡村分布的对比，以罗斯托克和梅克伦堡的情况为例］

Sarker, S. L. “The Comparative Mortality of the Towns of the Nadia District,” *Indian Med. Gaz.*, LII（Calcutta, 1917）, 58–60.［S. L. 萨克，“纳迪亚地区城镇死亡率的比较研究”］

216 Walford, C. “On the Number of Violent Deaths from Accident, Negli-

gence, Violence , and Misadventure in the United Kingdom and Some Other Countries," *Jour. Royal Stat. Soc.*, XLⅣ（1881）, 444-521.［C. 沃尔福德，"英国和其他一些国家中因事故、疏忽、暴力和不幸而造成的暴力死亡人数"］

城市中暴力死亡的数量大于农村地区的数量。（X, 2.）

Weber, L. W. "Grossstadt und Nerven," *Deutsche Rundschau*, CLXXⅦ（December, 1918）, 391-407.（Ⅸ, 2, 4.）［L.W. 韦伯，"大城市及其神经系统"］

Weiberg, W. "Zur Frage nach der Häufigkeit der Syphilis in der Grossstadt," *Arch. Rass. Und Gesellsch. Biol.*, Vol. Ⅺ, 1914; 3 articles.［W. 韦博格，《大城市中的梅毒与其他性病的发病率》］

Whipple, G.C. *Vital Statistics: An Introduction to Demography*（New York, 1923）.（Ⅶ, 1; Ⅷ, 2, 3; Ⅸ, 2.）［G.C. 惠普尔，《基础统计学：人口学导论》］

2. 不同年龄群体之间、不同性别群体之间的相对差异，城市比农村更明显，并且城市中各区域之间的差异，都表明了一种会产生特定结果的基本过程。

Baker, J. E. "City Life and Male Mortality," *Publ. Amer. Statist. Assoc.*, Ⅺ（1908）, 133-149.（Ⅷ,1.）［J.E. 贝克，"城市生活与男性死亡率"］

Böckh, R. "Sterbetafeln C（für Grossstädte）; Die fünfzig Berliner Sterbetafeln," *Bericht über 14ten Intern. Kongr. Hygiene*, Ⅲ（Berlin,

1908), 1078–1887.(Ⅴ, 1, 2, 3, 4; Ⅷ, 1.)[R. 鲍克，“大城市死亡率表：50 个柏林人的死亡”]

Heron, David. *On the Relation of Fertility in Man to Social Status and on the Changes in This Relation That Have Taken Place during the Last Fifty Years*(London, 1906).(Ⅶ, 1, 5; Ⅷ, 1.)[戴维德·赫伦，《过去五十年，男性生育率与其社会地位的关系，以及这种关系的变化状况》]

Röse, C. “Die Grossstadt als Grab der Bevölkerung,” *Aerztliche Rundschau*, XV (München, 1905), 257–261.(Ⅷ, 3; Ⅷ, 1.)[C. 罗斯，“作为人口坟墓的大城市”]

3. 城市生活状况对妇女生育、家庭规模是否有影响，这是亟需深入研究的问题，对此已经有了一些尝试性探究。

Haurbeck, L. “Der Wille zur Mutterschaft in Stadt und Land,” *Deutsche Landwirtsch. Presse.*, XI (1915),12.(Ⅷ, 1, 2; Ⅹ, 2.)[L. 霍尔贝克，“城市母亲与农村母亲的愿望”]

Kühner, F. “Stadt und Bevölkerungspolitik,” *Städte-Zeit,* XIV(1917), 306.[F. 昆纳，“城市与人口政策”]

Lewis, C. F., and J. N. *Natality and Fecundity: A Contribution on National Demography*(Edinburgh, 1906).[C. F. 刘易斯，J. N. 刘易斯，《出生率与多育率：对国家人口的贡献》]

该研究以 1855 年苏格兰人口出生的官方统计数据为基础。

(Ⅷ, 1, 2.)

Manschke, R. “Innere Einflüsse der Bevölkerungswanderungen auf die Geburtenzahl,” *Zeitschr. Für Sozialwiss., neue Folge*, Ⅶ(1916), 100–115, 161–174.(Ⅶ, 3; Ⅷ, 1, 2; Ⅹ, 2.)[R. 曼契克，“人口流动对出生人数的内在影响”] 217

Morgan, J.E. *The Danger of Deterioration of Race from the Too Rapid Increase of Great Cities*(London, 1866).(Ⅶ, 1, 3; Ⅷ, 1.)[J. E. 摩尔根，《大城市过快发展所产生的种族退化危机》]

Prinzing, F. “Eheliche und uneheliche Fruchtbarkeit und Aufwuchsziffer in Stadt und Land in Preussen,” *Deutsche Med. Wochenschrift*, XLIV (1918), 351–354.(Ⅷ, 1; Ⅹ, 4.)[F. 普林辛，“普鲁士城乡婚生与非婚生子女数量”]

Theilhaber, F. A. *Das Sterile Berlin*(Berlin, 1913).(Ⅷ, 1, 2.)[F.A. 泰尔哈勃，《贫瘠的柏林》]

Thompson, Warren S. “Race Suicide in the United States,” *Sci. Mo.*, Ⅴ, 22–35, 154–165, 258–269.(Ⅷ,1; Ⅹ, 2.)[华伦 · 汤普森，“美国的种族性自杀”]

“Urban Sterilization,” *Jour. Hered.*, Ⅷ(1917), 268–269.(Ⅷ, 1.)[“城市贫瘠”]

九、人性与城市生活

城市正在重塑人性，每一个城市都生产着特定的人格特性。城市生活的影响是社会学家最感兴趣的话题之一。最开始，与此相关的资料并不是科学家搜集的，而是艺术家搜集的。学者必须用洞察力与想象力来认识和描述那些深藏在人性之中的深层变化。

1. 劳动分工、职业与工作的专门化都是城市生活的显著特征，它们带来了一种新的思维、习惯与态度，在几代人的时间内就促使个体发生了改变。城市人不再从所处的区域角度思考问题，而是更多地从职业角度出发。在某种意义上，他成为了他所操作的机器、他所使用的工具的附属物。他的兴趣只限制在与其工作有关的领域，他的地位和生活方式也是由此而决定的。

Bahre, Walter. *Meine Klienten.* Vol. XLII in “Grossstadt Dokumente”（Berlin, 1905）.［瓦尔特·巴尔，《我的当事人》］

通过研究一个律师办公室来考察专业化、职业类型与职业阶级。（Ⅸ, 4.）

218 Benario, Leo. *Die Wucherer und ihre Opfer*, Vol. XXXVIII in “Grossstadt Dokumente”（Ⅸ, 3, 4.）［里奥·比纳利奥，《高利贷者及其受害者》］

考察了大城市中的借贷行业，以及该职业群体的行为方式。（Ⅸ, 3, 4.）

Burke, Thomas. *The London Spy: A Book of Town Travels*（New York, 1922）.（Ⅱ, 3; Ⅴ, 1, 2, 3; Ⅸ.）［托马斯·伯克，《伦敦间谍：城镇旅游指南》］

Donovan, Frances. *The Woman Who Waits*（Boston, 1920）.［弗朗西斯·多诺文，《女侍者》］

一个芝加哥女侍者的见闻与职业经历。（Ⅸ, 2, 3.）

Hammond, J.L., and Barbara. *The Skilled Labourer*, 1760–1832（London,

1919).[J. L. 汉芒德，芭芭拉,《技术工人，1760–1832》]

工业革命中各种职业类型的出现。(Ⅲ, 4; Ⅳ, 6.)

Hammond, J.L., and Barbara. *The Town Labourer*, 1760–1832: The New Civilization (London, 1917). (Ⅱ, 3; Ⅲ, 4; Ⅳ, 6; Ⅸ, 2, 3; Ⅹ, 2.) [J.L. 汉芒德，芭芭拉,《城镇工人，1760–1832》]

Hyan, Hans. *Schwere Jungen,* Vol. XXVIII in "Grossstadt Dokumente" (Berlin, 1905). [汉斯·海因,《拳击少年》]

描述大城市中的一种职业群体——职业拳击手——的生活。(Ⅴ, 1, 3; Ⅵ, 6; Ⅸ, 4.)

Mayhew, Henry. *London Labour and London Poor: A Cyclopaedia of the Condition and Earnings of Those That Will Work, Those That Cannot Work, and Those That Will Not Work* (London, 1861–1862), 4 vols. [亨利·梅休,《伦敦劳工与伦敦贫民：有关那些想要工作、无法工作以及不愿工作者的生活状况与收入情况的百科全书》]

描述了城市专业化所产生的各种职业类型。(Ⅱ, 3; Ⅶ, 5; Ⅸ, 4.)

Noack, Victor. *Was ein Berliner Musikant erlebte,* Vol. XIX in "Grossstadt Dokumente" (Berlin, 1905). [维克多·诺克,《一个柏林音乐家的经历》]

描述了一个柏林音乐家的职业生涯。展现了该职业的变迁过程，以及随后出现的很多高度专门化的子类型。(Ⅸ; Ⅹ, 2.)

Roe, Clifford. *Panders and Their White Slaves* (New York and Chicago, 1910). (Ⅴ, 1; Ⅶ, 5.) [克利福德·罗,《拉皮条者与他们的白人奴隶》]

Rowntree, B. Seebohm, and Lasker, Bruno. *Unemployment: A Social*

Study（London, 1911）.［西博姆·朗特里，布鲁诺·拉斯克，《失业：一项社会研究》］

Simkhovitch, Mary K. *The City Worker's World in America*（New York, 1917）.（Ⅴ, 1, 2, 3; Ⅵ, 10; Ⅶ, 2, 5.）［玛丽·西科霍维茨，《美国城市工人的世界》］

Solenberger, Alice W. *One Thousand Homeless Men: A Study of Original Records*（New York, 1914）.［艾利思·索菱伯格，《一千个无家可归的人：对原始卷宗的研究》］

从一个社会机构的卷宗记录中展现了城市中的职业生涯。（Ⅵ, 4; Ⅶ, 4, 5; Ⅷ, 1.）

219 Veblen, Thorstein. *The Instinct of Workmanship, and the State of the Industrial Arts*（New York, 1914）.［索尔斯坦·维布伦，《技艺的本性，与工艺的现状》］

描述了劳动专业化的发展状况，及其对人类行为的影响。（Ⅸ, 2.）

Werthauer, Johannes. *Berliner Schwindel*, Vol. ⅩⅪ in "Grossstadt Dokumente"（Berlin, 1905）.［约翰尼斯·沃瑟豪，《柏林的骗局》］

展现了设骗局在多大程度上变成了一种技术性职业。（Ⅶ, 5; Ⅸ, 2, 4.）

Weidner, Albert. *Aus den Tiefen der Berliner Arbeiterbewegng*, Vol. Ⅸ, in "Grossstadt Dokumente"（Berlin, 1905）.［阿尔伯特·魏德纳，《柏林劳工运动的深处》］

大城市中劳工运动的意义。（Ⅴ, 1, 4; Ⅶ, 5; Ⅸ, 2, 3, 4.）

2. 城市心智显然区别于农村心智。城市人按照机械的、理性

的方式思考，而农村人则按照自然的、魔法的方式思考。这种区别不仅存在于城市与农村之间，还存在于城市与城市之间，城市的某一区域与另一区域之间。每个城市，甚至城市的每个区域都为其居民提供了一个独特的社会世界，它们将居民纳入其自身的人格之中，不论居民愿意与否。

Carleton, Will. *City Ballads, City Festivals, and City Legends* (London, 1907). (X, 2.) [威尔·卡尔顿,《城市民谣、节庆与传说》]

Grant, James. *Lights and Shadows of London Life* (London, 1842). [詹姆斯·格兰特,《伦敦生活的明暗面》]

生动描绘了现代城市的方方面面。

——. *The Great Metropolis* (London, 1836). (Ⅲ, 5; Ⅳ, 6; Ⅴ, 3; Ⅸ.) [——,《大都市》]

Marpillero, G. "Saggio di psicologia dell'urbanismo," *Revista Italiana di Sociologia*, Ⅻ (1908), 599–626. [G. 马皮里罗，"城市心理学论文集"]

Morgan, Anna. *My Chicago* (Chicago, 1918). [安娜·摩尔根,《我的芝加哥》]

从一个社会权贵的角度所看到的城市。(Ⅴ, 3.)

Seiler, C. Linn. *City Values*. "An Analysis of the Social Status and Possibilities of American City Life" (University of Pennsylvania, Ph. D. Thesis, 1912). [C. 林·塞勒,《城市价值》]

Simmel, G. *Die Grossstädte und das Geistesleben*, in "Die Grossstadt" (Dresden, 1903). [G. 齐美尔,《大城市及其精神生活》]

城市社会学研究中最重要的一篇文章。

220 Sombart, Werner. *The Jews and Modern Capitalism,* translated from the German by M. Epstein (London and New York, 1913). [沃纳·松巴特,《犹太人与现代资本主义》]

有关城市居民的最好研究，特别是探讨了城市生活对居民心智的影响。(Ⅸ, 1, 4; Ⅹ, 3.)

Spengler, Oswald. *Der Untergang des Abendlandes: Umrisse einer Morphologie der Weltgeschichte*, Vol. Ⅱ (München, 1922), chap. Ⅱ, "Städte und Völker," pp. 100–224. (Ⅱ; Ⅶ, 1, 5; Ⅸ, 1.) [奥斯瓦尔德·斯本格勒,《西方的没落》]

Winter, Max. *Das Goldene Wiener Herz*, Vol. Ⅺ in "Grossstadt Dokumente" (Berlin, 1905). [麦克斯·温特,《维也纳的金色心脏》]

对城市生活中金融关联的研究。(Ⅸ, 4.)

Woolston, H. "The Urban Habit of Mind," *Amer. Jour. Sociol.*, XVII, 602 ff. [H. 伍尔斯顿，"心灵的城市惯习"]

3. 影响并形塑着城市人的媒介，乃是那繁复的通讯机制。城市通讯系统具有一种独特的形式。它并不怎么产生初级联系，而主要产生次级联系。城市中的公众舆论，以及依赖于这种舆论的道德观念与整体精神，都是通过报纸进行传播的，而不是靠那些街头巷议者；通过电话和信件，而不是靠城镇会议（town meeting）。城市中的典型社会单位是各类职业群体，而不是每个地理区域。

Chicago Commission on Race Relations. *The Negro in Chicago* (Chicago, 1922).[芝加哥种族惯习委员会,《芝加哥的黑人》]

该著作是对芝加哥种族暴乱的研究，展示了城市中公众舆论的传播与群众、暴民们的行为的关系。(V, 1, 3; VII, 2.)

Follett, Mary P. *The New State: Group Organization the Solution of Popular Government* (New York, 1918).[玛丽 P. 福利特,《新国家：作为民众政府解决方式的团体组织》]

分析了当前形成公众舆论的条件，并指出当地组织可能是解决相关问题的一种方案。(V, 3; VII, 5; IX, 1.)

Howe, Frederic C. "The City as a Socializing Agency," *Amer. Jour. Sociol.*, XVII, 509 ff. (VII, 5.)[弗里德里克·豪，"作为社会化机构的城市"]

——. *The City: The Hope of Democracy* (New York, 1905).[——,《城市：民主的希望》]

本书中有一些章节描述了新型城市文明，探讨了政治腐败的原因，并简要叙述了城市生活，特别是城市中的公众舆论问题。(V; VI; VII, 1, 2.)

Park, Robert E. "The Immigrant Community and the Immigrant Press," *American Review*, III (March-April, 1925), 143−152. (V, 3.)[罗伯特·帕克，"移民社区与移民报纸"]

Triton (pseudonym). *Der Hamburger "Junge Mann,"* Vol. XXXIX in 221
"Grossstadt Dokumente."[特里顿（笔名),《汉堡"年轻人"》]

展示了城市的影响，以及城市如何促成了整体精神与某种人格类型之间的关联。在此研究中，汉堡市的年轻职员被看作汉堡这个港口城市国际性特征的产物。(IV, 6; IX, 1, 2, 4.)

4. 城市环境的最终产物是各种新型人格类型。在城市中，个人潜在的能量与才能找到了表现的机会，个体处于他们所喜爱的环境之中。这种将个体与其他人群分隔的趋势不断发展，强化了人格中的那些个体性要素。城市给予人们职业，赋予他们不断发展自我专长的机会，使他们的职业技能达到最高水准。同时，它还能够容忍个体的各种行为方式，并提供一些刺激与条件，使个体能够通过这些行为将内心深处的性情与心理品质呈现出来。

Hammer, Wilhelm. *Zehn Lebenslaufe Berliner Kontrollmädchen,* Vol. XVIII in “Grossstadt Dokumente.”［威尔姆·翰默，《十位柏林妓女的生活史》］

描述了十位柏林妓女的生活史，并建议区分不同的类型。（VI, 4; IX, 1.）

Deutsch-German, Alfred（pseudonym）. *Wiener Mädel*, Vol. XVII in “Grossstadt Dokumente”（Berlin, 1905）.［阿弗雷德·日耳曼（笔名），《维也纳女孩》］

对大城市中的各种女孩进行了分类，并对各种类型进行了深入研究。（IX, 2, 3.）

Flagg, James M. City People. *A Book of Illustrations*（New York, 1909）.［詹姆斯·弗莱格，《城市人：图解集》］

Freimark, Hans. *Moderne Geistesbeschwörer und Wahrheitssucher*, Vol. XXXVI in “Grossstadt Dokumente”（Berlin, 1905）.［汉斯·弗莱马克，《现代巫师与寻求真理者》］

分析了现代城市中的算命先生与“神秘领域”（occult fields）

中的人。研究了城市心智中所遗留的魔法残痕。（Ⅸ, 1, 2.）

Hapgood, Hutchins. *Types from City Streets*（New York, 1910）.［哈钦斯·哈普古德,《城市街头所见的类型》］

——. *The Spirit of the Ghetto*（New York and London, 1909）.［——,《犹太人区的精神》］

深入研究了纽约犹太区的生活，生动描写了各种人格类型。（Ⅴ,2.）

Hecht, Ben. *A Thousand and One Afternoons in Chicago*（Chicago, 1922）.［本·赫希特,《芝加哥的一千零一个下午》］

对芝加哥的各种场景、经历与人格类型进行了新闻报道式的描写。（Ⅴ, 3; Ⅸ.）

Mackenzie, C. "City People," *McClure's*, XLVII（August, 1916）, 22.［C. 222 麦肯齐,《城市人》］

Markey, Gene. *Men About Town: A Book of Fifty-eight Caricatures*（Chicago, 1924）.［基恩·马基,《城镇名人：五十八幅漫画集》］

Mensch, Ella（pseudonym）. *Bilderstürmer in der Berliner Frauenbewegung*.［艾拉·曼希（笔名）,《柏林妇女运动的反传统主义》］

描述了柏林女权主义运动中出现的人格类型。（Ⅸ, 2, 3.）

十、城市与乡村

城市与农村代表了现代文明的两极。二者的差别不仅是程度上的，更是本质上的，即城市和农村分别具有不同的利益、社会机制与人性。这两个世界既相互对立，又彼此补充。二者的生活方式互相影响，但绝非平等匹配。并且，我们对这些差异、对立和互相作用力的分析还仅仅停留在描述阶段。

1. 人们一直认为古代城市的发展是寄生式的。它通过技术与武力支配着农村，但却不对农村福利做出些许贡献。同样地，现代城市通常也被视为农村所必须承担的重负。不过，这一观点正在迅速消失，因为城市不再靠武力，而是通过发挥若干功能，使农村人口对其产生依赖，从而扩展其影响。经济学家一直对城市和农村之间的对立利益很感兴趣。并且，这种对立也开始扮演一种政治性角色，对当地、国家和国际上的一些事务产生影响。

Bookwalter, J. W. *Rural Versus Urban; Their Conflict and Its Causes: A Study of the Conditions Affecting Their Natural and Artificial Relation*（New York, 1911）.（Ⅹ, 2.）［J.W. 布克沃尔特，《农村与城市的冲突及其根源：对影响二者自然和人为关系的诸条件之研究》］

Damaschke, Adolf. *Die Bodenreform: Grundsätzliches und Geschichtliches zur Erkenntnis der sozialen Not*（19th ed.; Jena, 1922）.（Ⅵ, 10.）［阿道夫·达马什克，《土地改革：社会弊病的原理与历史》］

Reibmayr, A. “Die wichtigsten biologischen Ursachen der heutigen Landflucht,” *Arch. Für Rass. Und Gesellsch. Biol.*, Ⅶ（1911）, 349–376.［A. 莱伯梅尔，“当今农村人口外流的最重要的生物学原因”］

展现了德国农村人口的减少。也展现了饮酒、性病和其他因素对

城市人口的不利影响，以及城市对农村的影响。（Ⅶ, 2, 5; Ⅷ, 1.）

Ross, E. A. “Folk Depletion as a Cause of Rural Decline,” *Publ. Amer. Sociol. Soc.*, Ⅺ（1917）, 21–30.（Ⅶ, 3; Ⅷ, 1, 3; Ⅹ, 2.）［E.A. 罗斯，“人口减少是农村衰败的原因之一”］ 223

Roxby, P. M. *Rural Depopulation in England During the Nineteenth Century and After*, LXXI（1912）, 174–190.（Ⅷ, 3.）［P.M. 罗克斯比，《十九世纪及其后英国农村人口的减少》］

“Rural Depopulation in Germany,” *Scient. Amer. Suppl.*, LXⅧ（1908）, 243.（Ⅶ, 3.）［“德国农村人口的减少”］

Smith, J. Russell. *North America: Its People and Resources, Development, and the Prospects of the Continent as an Agricultural, Industrial and Commercial Area*（New York, 1925）.［J. 拉塞尔・史密斯，《北美：人口、资源、发展以及该大陆作为农业、工业和商贸区的发展前景》］

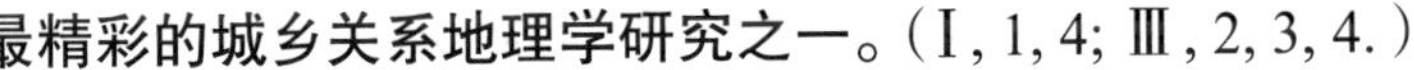

最精彩的城乡关系地理学研究之一。（Ⅰ, 1, 4; Ⅲ, 2, 3, 4.）

Vandervelde, E. *L'exode rural et le retour aux champs*（Paris, 1903）.（Ⅷ, 3.）［E. 凡德威尔德，《农村人口的外流与返乡》］

Waltemath. “Der Kampf gegen die Landflucht und die Slawisierung des platten Landes,” *Archiv für Innere Kolonisation*, Ⅸ（1916–1918）, 12.［沃尔特马什，“反对农村劳动力外流的斗争与平原地区的斯拉夫化”］

2. 城市生活产生了一些区别于农村生活的新型社会机制。由于城市的需要，家庭、邻里、社区和国家都转变为了新的机构，

具有不同的机制和功能。农村生活所具有的社会过程不适用于城市。一种新的道德秩序迅速地打破了以往文明的某些惯例。

Bowley, A. L. “Rural Population in England and Wales: A Study of the Change of Density, Occupations, and Ages,” *Jour. Royal Stat. Soc.*, LXXVII（1914）, 597-645.（Ⅶ, 2; Ⅷ, 2.）[A. L. 鲍利，“英格兰与威尔士的农村人口：对人口密度、职业与年龄变化的研究”]

Brunner, Edmund de S. *Churches of Distinction in Town and Country*（New York, 1923）.（Ⅵ, 5.）[埃德蒙·布鲁纳，《城镇与乡村的教堂差异》]

Busbey, L. W. “Wicked Town and Moral Country,” *Unpop. Rev.,* X（October, 1918）, 376-392.（X, 3.）[L.W. 巴斯贝，“邪恶的城镇与道德的乡村”]

Cook, O. F. “City and Country, Effects of Human Environments on the Progress of Civiliation,” *Jour. Hered.*, XIV（1921）, 253-259. [O.F. 库克，“城市与农村，人类环境对文明发展的影响”]

Galpin, Charles J. *Rural Life*（New York, 1918）. [查尔斯·盖尔平，《农村生活》]

目前对农村生活最精彩的分析之一，并且对城市生活与农村生活的比较研究也具有极大价值。（Ⅳ, 1, 2, 5; Ⅴ, 1, 2, 3; X, 1, 3.）

224 Gillette, J. M. *Rural Sociology*（New York, 1922）.（Ⅳ; Ⅴ,1, 2; Ⅵ, 8; X,1,3.）[J.M. 吉勒特，《农村社会学》]

Groves, E.R. “Psychic Causes of Rural Migration,” *Amer. Jour. Sociol.*,

XXI（1916），623–627.（Ⅳ, 5; Ⅶ, 3; Ⅹ, 1, 3.）[E.R. 格罗夫斯，“农村人口迁移的心理原因”]

Jastrow, J. “Die Städtegmeinschaft in ihren kulturellen Beziehungen,” *Zeitschr. Für Sozialwiss.*, Ⅹ（1907），42–51.[J. 加斯特罗，“城市之间的文化联系”]

讨论了城市生活所带来的一些新机构。

Morse, H. N. *The Social Survey in Town and Country Areas*（New York, 1925）.[H. N. 莫尔斯，《城镇与农村地区的社会调查》]

Peattie, Roderick. “The Isolation of the Lower St. Lawrence Valley,” *Geog. Rev.*, Ⅴ（February, 1918），102–118.[罗德里克·皮埃蒂，“圣劳伦斯河谷下游的隔离”]

本文对隔离产生的地方主义进行了精彩的研究。（Ⅳ, 5）

Prinzing, F. “Die Totgeburten in Stadt und Land,” *Deutsche Med. Wochenschr.*, XLIII（1917）. 180–181.[F. 普林辛，《城镇与乡村的死胎》]

死胎数量说明了城市与农村之间技术水平的差异。（Ⅷ, 1.）

Sanderson, Dwight. *The Farmer and His Community*（New York, 1922）.（Ⅴ,1,2,3.）[德怀特·桑德森，《农民及其社区》]

Smith, Arthur H. *Village Life in China: A Study in Sociology*（New York, Chicago, and Toronto, 1899）.[亚瑟·史密斯，《中国的农村生活：一项社会学研究》]

讨论了东方农村及其在社会机制中的位置。

Thurnwald, R. “Stadt and Land in Lebensprozess der Rasse,” *Arch. Für Rass. und Gesellsch. Biol.*, Ⅰ（1904），550–574, 840–884.

[R. 瑟瓦尔德,《种族发展历程中的城市与乡村》]

包含很好的书目。(Ⅶ, 3; Ⅷ, 1, 3.)

Tucker, R. S., and McCombs, C. E. "Is the Country Healthier Than the Town?" *Nat. Mun. Rev.*, Ⅻ (June, 1923), 291–295.(Ⅷ,1.) [R.S. 杜克，C.E. 麦克康姆斯，“农村比城镇更有益健康吗？”]

Welton, T. A. "Note on Urban and Rural Variations According to the English Census of 1911," *Jour. Royal Stat. Soc*, LXXVI (1913), 304–317.(Ⅶ, 3; Ⅷ; Ⅹ, 1.) [T.A. 威尔顿，“据 1911 年英国人口统计数据看城市与乡村的差异”]

3. 农村人与城市人不仅在人格上具有一些本质差异，城市中个体间人格的差异之大，也远远超过农村的情况，并且，城市中总有一些新的人格类型出现，其产生的速度也是农村无法相比的。农村人在很大程度上仍是其周围自然环境的产物，城市人则成为
225 了其所操作的机器的一部分，并且城市人所从事的技术活动有多少，他们就往往分化出多少种不同的类型。城市人与农村人在态度、情感与生活机制上的差别，类似于文明人与原始人之间的差别。随着城市逐渐地影响到农村，农村人也正经历着再造，最终这二者的差别可能会消逝。

Anthony, Joseph. "The Unsophisticated City Boy," *Century,* CIX (November, 1924), 123–128.(Ⅶ, 5.) [约瑟夫·安东尼，“单纯的城市男孩”]

Coudenhove-Kalergi, H. "The New Nobility," *Century*, CIX (November, 1924), 3-6.[H. 库顿霍夫-卡勒其，“新贵族”]

简明扼要地分析了农村人与城市人人格特点的显著差异。(Ⅸ, 1, 2, 3, 4; Ⅹ, 1, 2.)

Humphrey, Z. “City People and Country Folk,” *Country Life*, XXXVII (January, 1920), 35-37.[Z. 翰弗雷，“城里人与乡巴佬”]

McDowall, Arthur. “Townsman and the Country,” *London Mercury*, Ⅷ (August, 1923), 405-413.(Ⅳ, 5; Ⅸ, 2; Ⅹ, 1, 2.)[亚瑟·麦克杜沃尔，“城镇人与农村”]

Myers, C.S. “Note on the Relative Variability of Modern and Ancient and of Rural and Urban Peoples,” *Man*, Ⅵ(London, 1906), 24-26.[C.S. 梅厄斯，“现代与古代，农村人与城市人之间的相对可变率”]

一个人类学的研究。(Ⅷ.)

Vuillenmier, J. F. “A comparative Study of New York City and Country Criminals,” *Jour. Crim. Law and Criminol.*, Ⅺ (1921), 528-550.(Ⅶ, 5; Ⅸ, 2.)[J.F. 弗仑米尔，“纽约城市犯罪与农村犯罪的比较研究”]

十一、城市研究

理解城市与城市生活的尝试已经产生了两种类型的研究。一种是对城市方方面面的观察式研究，一种是将城市作为一个整体所进行的一系列系统的、综合的科学研究。各学科专业的专家对城市的研究兴趣都在增长，一系列组织与机构由此建立，而它们会定期搜集城市中的各种信息。这也促生了一系列技术杂志，这对城市研究十分重要。

226 1. 目前学界已对各式各样的城市进行了许多详尽而系统的研究。很多研究都是学者共同努力的结果，他们历时若干年，对世界上的各种城市生活都有所探索，并且一般都有着比较明确的研究目标。此处仅稍作列举。

Booth, Charles. *Life and Labor of the People of London*（16 vols.; London, 1892）.［查尔斯·布什，《伦敦人的生活与劳动》］

该研究试图将伦敦人描述为“受到教育、宗教与行政管理各方面的影响”，历时 17 年得以完成，包含了伦敦及其各方面生活信息的丰富材料。

Gamble, Sidney D. *Peking: A Social Survey*（New York, 1921）.［西德尼·甘布尔，《北京：一项社会调查》］

Harrison, Shelby M. *Social Conditions in an American City: A Summary of the Findings of the Springfield Survey*（New York, 1920）.［谢尔比·哈里森，《一个美国城市的社会状况：斯普林菲尔德调查的发现》］

Johnson, Clarence Richard. *Constantinople Today, or the Pathfinder Survey of Constantinople: A Study in Oriental Social Life*（New York and London, 1923）.［克拉伦斯·理查德·约翰逊，《今日之君士坦丁堡，或对君士坦丁堡的开创性调查：一项有关东方社会生活的研究》］

Kellogg, Paul U.（editor）. *The Pittsburgh Survey*（6 vols.; New York,

1914).[保罗·凯洛格,《匹兹堡调查》]

Kenngott, George F. *The Record of a City: A Social Survey of Lowell, Massachusetts*(New York, 1912).[乔治·肯格特,《城市记录：马萨诸塞州洛威尔市社会调查》]

Ostwald, Hans O.A. "Grossstadt Dokumente," (Berlin, 1905).[汉斯·奥斯瓦尔德,"大城市档案"]

该书共 50 卷，由不同的作者描述其在当地社区，以及柏林和欧洲其他大城市不同群体、不同人格类型人群中的个人经历与所见所闻。

Rowntree, B. Seebohm. *Poverty: A Study of Town Life*(London, 1901).[B. 西博姆·朗特里,《贫穷：城镇生活研究》]

Rowntree,B.S. and Lasker, Bruno. *Unemployment: A Social Study*(London, 1911).[B.S. 朗特里，布鲁诺·拉斯克,《失业：一项社会研究》]

2. 社会调查不仅是研究城市社区的一种技术，而且已发展为一场相当广泛的运动。从另一角度来看，社会调查是控制的一种方式。这些"调查"大多都只是对城市社区、农村社区内部行政管理、住房、司法、教育、娱乐等方面的考察；通常由该群体自
己进行，或者从外部请专家来进行。还有些研究是高度综合性的，227
包含社区的方方面面。目前有一种趋势，即系统性的社会研究正在取代社区生活的社会调查。后者强调对社区生活的诊断与治理，而前者则努力将客观的研究方法应用于城市生活的方方面面。

Aronovici, Carol. *The Social Survey*(New York, 1916).[卡洛尔·阿

罗诺维茨,《社会调查》]

Burns, Allen T. "Organization of Community Forces," *Proceedings of Nat. Con. Charities and Corrections*, 1916, pp. 62–78.[艾伦·彭斯,"社区力量的组织化"]

Elmer, Manuel C. "Social Surveys of Urban Communities," Ph.D. Thesis, University of Chicago(Menasha, Wisconsin, 1914).[曼纽尔·艾尔玛,"城市社区的社会调查"]

分析了直至 1914 年的社会调查,勾勒了城市社区调查的范围和方法。作者的另一篇文章《社会调查的技术》也属此类(Lawrence, Kansas, 1917)。

Kellogg, P. U., Harrison, S. M., and Palmer, George T. *The Social Survey Proceedings of the Academy of Political Science in the City of New York*, Vol. Ⅱ(July, 1912), 475–544.[P.U. 凯洛格,S.M. 哈里森,乔治.T. 巴尔莫,《纽约政治科学院社会调查状况》]

"The Social Survey and Its Further Development," *Publ. Amer. Statist. Assoc.*, 1915.["社会调查及其进一步发展"]

3. 很多期刊都有专门的版面刊登城市社区研究,比如《调查》(*Survey*),《社会力杂志》(*the Journal of Social Forces*),等等。下列期刊都与城市研究有关,涉及城市的方方面面。

The American City(monthly), New York.[《美国城市》]

月刊,现已出版 32 期。

American Municipalities(monthly), Marshalltown, Iowa.[《美国自

治市》]

月刊，现已出版49期。

Municipal and County Engineering(monthly), since 1890. Indiananapolis, Indiana.[《市县工程》]

月刊

The Municipal Journal and Public Works Engineer(weekly).[《市政杂志与公共建设工程师》]

周报，现已经出版34年。伦敦。

The National Municipal Review[《全国市政评论》]

月刊，美国市政同盟(National Municipal League)出版，现已出版14期，纽约。

Die Städte-Zeit.[《城市时代》] 228

至1917年已出版14期。

Der Städtebau. Monatsschrift für die künstlerische Ausgestaltung der Städte nach ihren wirtschaftlichen, gesundheitlichen, und sozialen Grundsätzen[《城市规划》]

月刊，创刊于1904年，柏林。

The Town-Planning Review[《城镇规划评论》]

利物浦大学(University of Liverpool)建筑学院城市设计系主办的刊物。现已出版11期，利物浦。

La Vie Urbaine.[《城市生活》]

至1924年出版7期。

主 题 索 引

（索引页码为原书页码，即本书边码）

人名索引

（索引页码为原书页码，即本书边码）

图书在版编目(CIP)数据

城市:有关城市环境中人类行为研究的建议/(美)罗伯特·E.帕克,(美)欧内斯特·W.伯吉斯著;杭苏红译.—北京:商务印书馆,2024
(汉译世界学术名著丛书:120年纪念版:珍藏本:增订本)
ISBN 978-7-100-23796-3

Ⅰ.①城… Ⅱ.①罗…②欧…③杭… Ⅲ.①城市—社会人类学—研究 Ⅳ.①C912.4

中国国家版本馆CIP数据核字(2024)第095667号

汉译世界学术名著丛书
(120年纪念版·珍藏本·增订本)
城市
——有关城市环境中人类行为研究的建议
〔美〕罗伯特·E.帕克
欧内斯特·W.伯吉斯 著
杭苏红 译
张国旺 校

商务印书馆出版
(北京王府井大街36号 邮政编码100710)
商务印书馆发行
北京市十月印刷有限公司印刷
ISBN 978-7-100-23796-3

2024年5月第1版 开本710×1000 1/16
2024年5月北京第1次印刷 印张21¼
定价:116.00元